Recht und Kultur

Philosophie und Transkulturalität

Herausgegeben von
Jacques Poulain (Paris),
Hans Jörg Sandkühler (Bremen),
Fathi Triki (Tunis)

Band 13

In Zusammenarbeit mit
den UNESCO-Lehrstühlen in Paris und Tunis

und
der Deutschen Abteilung «Menschenrechte und Kulturen»
des UNESCO-Lehrstuhls für Philosophie (Paris)
an der Universität Bremen

PETER LANG
Frankfurt am Main · Berlin · Bern · Bruxelles · New York · Oxford · Wien

Hans Jörg Sandkühler (Hrsg.)

Recht und Kultur

Menschenrechte und Rechtskulturen in transkultureller Perspektive

PETER LANG
Internationaler Verlag der Wissenschaften

Bibliografische Information der Deutschen Nationalbibliothek
Die Deutsche Nationalbibliothek verzeichnet diese Publikation in der Deutschen Nationalbibliografie; detaillierte bibliografische Daten sind im Internet über http://dnb.d-nb.de abrufbar.

Umschlaggestaltung:
Olaf Glöckler, Atelier Platen, Friedberg

ISSN 1618-467X
ISBN 978-3-631-60721-3

www.peterlang.de

Inhalt

Vorbemerkung

Unter dem Titel ›Recht und Kultur – Eigenrechte der Kulturen und universelle Menschenrechte‹ wurde am 19. November 2010 zum 8. Mal der *UNESCO-Welttag der Philosophie* von der Deutschen Abteilung ›Menschenrechte und Kulturen‹ des europäischen UNESCO-Lehrstuhls für Philosophie (Paris) in Bremen ausgerichtet. Im Jahre 2004 wurde hier diese Tradition in Deutschland initiiert, und inzwischen finden derartige Veranstaltungen an zahlreichen deutschen Universitäten und anderen Bildungsinstitutionen statt – wie auch weltweit in über 100 Ländern.

Im Jahre 2009 war die Veranstaltung in Bremen dem Thema ›Moral und Recht? Recht oder Moral?‹ gewidmet. Die Beiträge sind in erweiterter Form unter dem Titel ›Recht und Moral‹ im Felix Meiner Verlag in Hamburg erschienen.

Die *UNESCO-Welttage der Philosophie* sind den Zielen der Organisation der Vereinten Nationen für Bildung, Wissenschaft und Kultur verpflichtet. Gerade die Philosophie spielt in der UNESCO seit ihrer Gründung eine herausragende Rolle. Seit 1946 in Genf bekannte Intellektuelle, Philosophen und Schriftsteller eine Programmatik für eine humane Welt, für das friedliche Zusammenleben der Kulturen, kurz: für eine Welt der Achtung der Menschenwürde entwarfen, bestimmt das Engagement gegen Abhängigkeit, Hunger, Krieg und Diskriminierung und für Menschenrechte, internationale Gerechtigkeit und Demokratie die Programmatik der UNESCO.

Wie die oft polemische Debatte in Deutschland über Migranten und über Eigenrechte der Kulturen zeigt, ist das Thema ›Recht und Kultur‹ von brennender Aktualität. Über Integration wird häufig in einer Weise gesprochen, in der die Zumutung der Assimilation an eine sog. ›Deutsche Leitkultur‹ unter Preisgabe der eigenen kulturellen Traditionen kaum kaschiert ist. In einem Staat mit laizistischer Verfassung schleichen sich Religion und Weltanschauung ins Zentrum der Debatte, gerade so, als solle und könne der Platz der *rechtlich* universellen Menschenrechte neu besetzt werden.

Die hier versammelten Beiträge zeigen, dass dies nicht der Fall ist. Sie geben darüber hinaus Antworten auf die Frage, in welchem Maße und in welchen Grenzen Kulturen Eigenrechte beanspruchen können, wenn es um die Implementierung und kultur-kontextuelle Interpretation des universellen internationalen Rechts der Menschenrechte geht.

Irina Bokova, die neue Generaldirektorin der UNESCO, hat in ihrer Grußbotschaft zum UNESCO-Welttag der Philosophie 2010 betont, die Philosophie sei angesichts ihrer unterschiedlichen Strömungen in Geschichte und Gegenwart sowie ihres Beitrags zu kritischem Denken und wechselseitigem Verstehen eine »Schule der Diversität«.

Aber wird diese Diversität, wird die Vielfalt der Lebensformen, die unter den Begriff ›Kultur‹ subsumiert wird, hinreichend ernst genommen? Welchen Status hat der inflationär gebrauchte Begriff der Kultur, der so selbstverständlich und unproblematisch zu sein scheint? Ist ›Kultur‹ nicht ein sprachliches Universale, das seine Funktion darin hat, das Sprechen und die Verständigung zu ökonomisieren, d.h. durch Verkürzung zu erleichtern? Ist ›Kultur‹ nicht ein Konzept, in dem durch Abstraktion das Individuelle, die Individualität der Lebensweisen der Menschen, vergessen zu werden droht? Ist ›Kultur‹ vielleicht gar ein Begriff, der die Illusion einer in Wirklichkeit nicht existierenden Homogenität zu einem Substanziellen und Essenziellen macht? Wenn dies so wäre – welche Eigenrechte wären dann den unterschiedlichen Kulturen in ihrem Verhältnis zum Recht der Menschenrechte einzuräumen? Was bedeutete dann das, was man ›Kultur-Relativismus‹ nennt? Provoziert der Kulturrelativismus *Rechtsrelativismus*?

Die Philosophie kann als ›Schule der Diversität‹ in enger Verbindung mit den politischen und historischen Wissenschaften einen für Gesellschaft und Politik gewichtigen Beitrag zur Beantwortung der Frage leisten, was Recht in der Perspektive der Kultur und Kultur in der Perspektive des Rechts ist.

Deshalb widmen sich die Beiträge in diesem Band zum einen systematisch den Fragen, was unter ›Rechtskultur‹ zu verstehen ist, ob Kulturrelativisten universelle Normen fordern können und wie die universellen Menschenrechte in transkultureller Perspektive so verstanden werden können, dass Rechtsrelativismus vermieden wird; zum anderen sind sie historisch und systematisch den Menschenrechtsverständnissen, Menschenrechtspolitiken und Menschenrechtspraxen in Afrika, in der arabischen Welt und in China gewidmet.

Die Beiträge zu diesem Band sind aus Vorträgen anlässlich des UNESCO-Welttags der Philosophie 2010 hervorgegangen. Zusätzlich wurden die Aufsätze von Heiner Bielefeldt, Philippe Brunozzi, Udo Di Fabio, Matthias Kaufmann und Fathi Triki aufgenommen. Allen, die zu diesem Buch beigetragen haben, gilt mein Dank. Zu Dank verpflichtet bin ich auch der Universität Bremen für die großzügige finanzielle Förderung der Veranstaltung.

Bremen, im März 2011 Hans Jörg Sandkühler

Georg Mohr

Was ist eine Rechtskultur?

0. Einleitung

Die derzeitigen Diskussionen über den Geltungsbereich der Menschenrechte wie auch über die Bedingungen einer den Idealen von Gerechtigkeit und Frieden verpflichteten Weltordnung hat den Begriff des Rechts stärker in den Vordergrund des öffentlichen Interesses treten lassen, als dies noch vor wenigen Jahrzehnten der Fall war. Recht ist die notwendige Bedingung für die Verwirklichung von Gerechtigkeit und Frieden – das ist eine von vielen geteilte Überzeugung. Als eine notwendige Bedingung wiederum für die Gerechtigkeit weltumspannender Rechts- und Friedensverhältnisse gilt vielen die Anerkennung und weltweite Sicherung von Menschenrechten. Menschenrechte werden dabei verstanden als allgemeingültige Legitimitätsgrenzen nationaler wie internationaler Rechtsetzung. Und das heißt: Sie sollen die Funktion universal gültiger und somit global verbindlicher Metanormen haben, an der sich jede Legitimität beanspruchende Generierung von Rechtsnormen zu messen hat.

Nun hat sich in den letzten Jahren das Bewusstsein für den Umstand geschärft, dass normative Ordnungen, wie Moral und Recht es sind, historisch und kulturell kontextsensitiv sind. Das heißt, die Moralkodices und Rechtsordnungen sind nicht überall in der Welt gleichlautend; die entsprechenden Differenzen sind in Verbindung mit den historischen und kulturellen Rahmenbedingungen der betreffenden normativen Ordnungen (Recht, Moral) zu sehen. Ein naheliegender und in der heutigen Debatte häufig vertretener Schluss aus dieser Beobachtung ist die These des *Kulturrelativismus*. Sie besagt, in der starken, normativen Variante:

> These A: Man kann Moral- und Rechtsordnungen nicht abstrakt vergleichen. Sie sind jeweils in ihrem historischen und kulturellen Kontext zu beurteilen. Da Kulturen jeweils ihre eigene Dignität (‚Unantastbarkeit') haben, sind die für sie konstitutiven Moral- und Rechtsordnungen weder von einer anderen Kultur noch von einem ‚höheren', ‚absoluten' Standpunkt aus zu kritisieren. Die Idee universeller Menschenrechte ist daher unangemessen.

Die Gegenthese, gemeinhin als ‚*Universalismus*' bezeichnet, besagt, wiederum in einer starken, normativen Variante:

These B: Alle Moral- und Rechtsordnungen müssen sich von einem allgemeinen, höherrangigen (insofern ‚absoluten') Urteilsstandpunkt aus kritisieren lassen. Kulturelle Differenzen sind nur so weit legitim, wie sie mit universalen Legitimitätsprinzipien nicht konfligieren. Solche universal gültigen Legitimitätsprinzipien sind Menschenrechte.

Streng begrifflich sind die Gegensatzpaare übrigens andere, als sie in der Diskussion immer wieder unterstellt werden. Zu ‚relativ' ist der Gegensatz ‚absolut', und nicht ‚universal'. Zu ‚universal' ist der Gegensatz ‚partikular', und nicht ‚relativ'. Aber lassen wir das fürs Erste auf sich beruhen und beziehen uns der Einfachheit halber auf den derzeitigen Sprachgebrauch der Gegenüberstellung von ‚Relativismus (der Kulturen)' versus ‚Universalismus (der Menschenrechte)'.

Eine wesentliche Voraussetzung, um in dem Streit zwischen den Positionen der These A und der These B einen Schritt weiter zu kommen, ist, erst einmal genauer zu verstehen, um was genau es eigentlich geht und was auf dem Spiel steht. Zwischen der These vom *Eigenrecht der Kulturen*, die in These A enthalten ist, und der These von der *Universalität von Menschenrechten*, die in These B enthalten ist, scheint eine Spannung zu bestehen. Sind sie miteinander vereinbar? Diese Frage kann man von verschiedenen Seiten und auf verschiedene Weise in Angriff nehmen. Ich möchte so vorgehen, dass ich auf die beiden Begriffe des Haupttitels, „Recht" und „Kultur", zurückgreife und eingangs zwei Thesen aufstelle. Die erste These ist die These der *Kulturalität des Rechts* und besagt:

These C: Recht ist Teilsphäre und Produkt einer Kultur und daher selbst ein Kulturphänomen. Recht ist als *Rechtskultur* zu verstehen.

Die zweite These ist die der *Vereinbarkeit von Kulturalität und Universalität.* Die These besagt:

These D: Die Kulturalität des Rechts ist mit der Forderung nach Menschenrechten als universell gültigen Legitimitätsgrenzen positiver Rechtsetzung vereinbar.

Diese Thesen sollen im Folgenden dadurch inhaltlich weiter bestimmt und argumentativ unterstützt werden, dass der Begriff der Rechtskultur einer genaueren Analyse unterzogen wird. An diese Analyse schließen sich einige ergänzende Thesen an, die den normativen Grundgehalt einer Rechtskultur betreffen. Beginnen wir mit der Analyse des Begriffs der Rechtskultur. Was ist eine Rechtskultur?

1. Die Mehrdeutigkeit des Begriffs der Rechtskultur

Seit einigen Jahren findet sich häufiger, nicht nur in akademisch-juristischen oder fachphilosophischen Kontexten sondern auch in den Feuilletons von Tageszeitungen, die Rede von „Rechtskultur" im Singular oder „Rechtskulturen" im Plural. Dabei meint der *Singular „Rechtskultur"*

(a) so viel wie „nach Art des Rechts" im Unterschied zu nicht rechtlich geregelten Praktiken (z.B. Alltagspraktiken) oder
(b) „im Sinne rechtsstaatlicher Verfahren" (z.B. Gesetzesbindung der öffentlichen Gewalt, Rechtsgleichheit vor dem Gesetz, Rechtswegegarantie) im Unterschied etwa zu staatlicher Willkür.

Mit dem *Plural „Rechtskulturen"* (etwa in der Rede von „verschiedenen Rechtskulturen") wird auf die Pluralität von und die Differenzen zwischen verschiedenen Arten von Rechtsordnungen hingewiesen. Dabei geht es dann meist um signifikante Unterschiede und Abweichungen zwischen den normativen Prinzipien der betreffenden Rechtsordnungen und den mit ihnen verbundenen Praktiken regelhafter sozialer Konfliktlösungen.

Der Hinweis auf Differenzen zwischen Rechtsordnungen, auf abweichende Prinzipien und Praktiken kann sich beziehen

(a) auf *kulturelle* Unterschiede zwischen verschiedenen gleichzeitig existierenden Kulturen (*synchrone* Differenzen) oder
(b) auf den *historischen* Wandel der Rechtsordnungen innerhalb einer Kultur (*diachrone* Differenzen).

In einer weiteren, philosophisch relevanten Bedeutung wird mit dem Begriff der Rechtskultur der Inbegriff der in einer Kultur wirksamen normativen Grundorientierungen bezeichnet, die sich in den dort jeweils geltenden Rahmenbedingungen politisch-rechtlicher Verhaltensnormierung und Institutionalisierung manifestieren. Im dritten Abschnitt werde ich einige Grundlinien einer philosophischen Theorie der Rechtskultur zeichnen, die auf eine Explikation dieses Begriffs von Rechtskultur abzielt und unter anderem auch einen Beitrag zu dem vorhin angesprochenen Streit zwischen Universalismus versus Partikularismus leisten soll. Zunächst seien jedoch die wichtigsten Quellen genannt, aus denen sich die Grundannahmen einer philosophischen Rechtskulturtheorie speisen.

2. *Quellen einer philosophischen Theorie der Rechtskultur.*

Terminologisch taucht das Wort „Rechtskultur" (engl.: *legal culture*) seit den 1980er Jahren häufiger auf und ist zunächst zu einem Grundbegriff der *vergleichenden Rechtssoziologie* geworden. Verglichen werden vor allem (a) die Rechtskulturen verschiedener *Länder* (z.B. Frankreich – England) oder *Regionen* (z.B. Europäische Union – Afrikanische Union), darüber hinaus aber auch (b) historische Epochen der Rechts*entwicklung* eines Landes oder einer Region sowie (c) Recht und *Alltag*. In der vergleichenden Rechtssoziologie wird unter

„Rechtskultur" der „Inbegriff der in einer Gesellschaft bestehenden, auf das Recht bezogenen Wertvorstellungen, Normen, Institutionen, Verfahrensregeln und Verhaltensweisen" und damit die Gesamtheit „aller Erscheinungen des Rechts und des Rechtslebens" verstanden.[1]

Eine wichtige philosophiegeschichtliche Quelle der modernen Theorie der Rechtskultur ist die *Institutionentheorie* in Hegels Rechtsphilosophie. Ihr Grundgedanke ist, dass sich Rechtsbegriffe und Institutionen nicht aus einer (vermeintlich) zeitlosen Vernunft ableiten lassen, sondern sich über die Jahrtausende menschlicher Gesellschaftspraxis entwickelt haben. Die Völker haben die Institutionen, Verfahren und Regeln im Laufe ihrer Geschichte „gefunden".[2] Die Idee des Rechts ist ein Produkt der Geschichte einer Kultur und ihrer Normgenerierung. Als Produkt menschlicher Praxis ist eine Kultur mit ihren Institutionen ‚geronnene praktische Vernunft'.[3]

Eine weitere, zum Teil explizit an Hegel, zugleich aber auch an Kant anschließende Quelle ist die *Kultur- und Wertphilosophie des südwestdeutschen Neukantianismus* (Windelband, Rickert[4]). Dort werden seit Ende des 19. Jahrhunderts wichtige begriffliche Voraussetzungen für eine systematische Deutung des Rechts als „Kulturerscheinung" geschaffen. Die verschiedenen Kulturbereiche sind durch jeweils spezifische „Werte" konstituiert. Recht hat nach dieser Theorie einen spezifischen „Kulturwert": Gerechtigkeit. Der Rickert-Schüler

1 Th. Raiser, *Das lebende Recht. Rechtssoziologie in Deutschland*, Baden-Baden, 2. Aufl., 1995, 337f.

2 Vgl. L. Siep, Vernunftrecht und Rechtsgeschichte. Kontext und Konzept der Grundlinien im Blick auf die Vorrede. In: ders. (Hg.), *G. W. F. Hegel, Grundlinien der Philosophie des Rechts*, Berlin 1997, 18-20.

3 Vgl. J. Habermas, *Faktizität und Geltung. Beiträge zur Diskurstheorie des Rechts und des demokratischen Rechtsstaats*, Frankfurt/M. 1992, nennt eine Rechtsordnung ein „wie auch immer fragmentarisches Stück ‚existierender Vernunft' " (263) und fordert dementsprechend eine "kritische Aneignung einer institutionellen Geschichte des Rechts, in der die praktische Vernunft ihre Spuren hinterlassen hat" (249). Zur Idee einer ‚kritischen Interpretation' des Selbstverständnisses einer Rechtsgemeinschaft vgl. M. Walzer, *Kritik und Gemeinsinn. Drei Wege der Gesellschaftskritik.* Übers. und hg. von Otto Kallscheuer, Frankfurt/M. 1993, 7.

4 Vgl. H. Rickert, *Kulturwissenschaft und Naturwissenschaft*, Stuttgart 1986, Nachdruck der 7. Aufl., Tübingen 1926 (1. Aufl. Freiburg 1899).

Lask formuliert die Grundlagen der dann von Radbruch ausgearbeiteten „Kulturphilosophie des Rechts".[5]

Eine vierte Säule des Begriffs der Rechtskultur ist die in der neueren Geschichte der Rechtsphilosophie einflussreiche Theorie der *Rechtsprinzipien* (*principles*) von R. Dworkin und die darauf aufbauende Vorstellung von der Integrität einer Rechtskultur.[6] Solche Prinzipien sind – im Unterschied zu positiven Gesetzen – moralische und/ oder allgemeinrechtliche Grundsätze, die weder auf primäre noch auf sekundäre Regeln[7] reduzierbar sind, die aber dennoch (1) für den normativen Gehalt einer Rechtsordnung insgesamt konstitutiv sind und (2) in die Rechtspraxis auf dem Wege der Rechtsfortbildung hineinwirken. Sie betreffen die normativen Grundorientierungen einer Rechtskultur und als solche den Rechtfertigungszusammenhang von deren Rechtsnormen.

3. Grundzüge einer philosophischen Theorie der Rechtskultur

An die soweit in aller Kürze zusammengefasste Theoriegeschichte kann heute eine Philosophie der Rechtskultur anknüpfen.[8] Dazu sind zunächst einige allgemeine Bemerkungen zum Begriff der Kultur vorauszuschicken.

Ein allgemeiner Begriff von Kultur – im unbestimmten Singular – umfasst die Gesamtheit der Tätigkeiten des Menschen, ihrer Bedingungen, Äußerungsformen, strukturellen und normativen Grundlagen, der dabei eingegangenen Beziehungen und der hervorgebrachten Resultate. Dabei geht es nicht um besondere Teilbereiche, wie Kunst, Bildung etc. (die Kultursektoren sind), sondern darum, dass menschliche Tätigkeiten im Allgemeinen stets Standardisierungen des Den-

5 Vgl. E. Lask, *Rechtsphilosophie*. In: *Die Philosophie im Beginn des zwanzigsten Jahrhunderts*, Festschrift für K. Fischer, hg. v. W. Windelband, Heidelberg ^{2}1907; wiederabgedruckt in: E. Lask, *Gesammelte Schriften*, hg. v. E. Herrigel, Tübingen 1923, Bd. 1; G. Radbruch, *Rechtsphilosophie*, hg. v. E. Wolf u. H.-P. Schneider, 8. Aufl. 1932, Stuttgart 1973 (Studienausgabe hg. v. R. Dreier und St. Paulsen, Heidelberg ^{2}2003); dazu G. Mohr, Was kann eine Theorie der Rechtskultur vom Neukantianismus lernen? Zu Emil Lasks Rechtsphilosophie. In: R. Alexy/ L. H. Meyer/ St. Paulson (Hg.), *Neukantianismus und Rechtsphilosophie*, Baden-Baden 2002, 111-125.

6 Vgl. R. Dworkin, *Bürgerrechte ernstgenommen*. Übers. v. U. Wolf, Frankfurt/M. 1984 (*Taking Rights Seriously*, Cambridge/Mass. 1978); R. Dworkin, *Law's Empire*, Cambridge/Mass. 1986; Habermas, *Faktizität*, 1992; vgl. dazu G. Mohr, Die Idee der Integrität einer Rechtskultur. In: D. Losurdo (Hg.), *Geschichtsphilosophie und Ethik*, Frankfurt/M. 1998, 411-425.

7 Vgl. H.L.A. Hart, *The Concept of Law*, Oxford 1961, ^{2}1994, Kap. 5.

8 Vgl. G. Mohr, Zum Begriff der Rechtskultur. In: W. Goldschmidt (Hg.), *Kulturen des Rechts*, Hamburg 1998 (= *Dialektik* 1998, Heft 3), 9-29.

kens und Handelns ausbilden.[9] Vor allem auf diesen Aspekt der Standardisierung und Koordinierung von Tätigkeiten bezieht sich der Begriff der Kultur.

Der Plural „Kulturen“ hingegen – oder der qualifizierte Singular „die jeweilige Kultur“ oder „eine bestimmte Kultur“ – bezeichnet die konkreten Lebensformen (also konkreten Standardisierungsformen) einer bestimmten ethnisch, territorial und/oder sozial identifizierbaren Gemeinschaft, deren spezifische Praktiken, Sprache, normative Prinzipien und institutionelle Strukturen. Die Semantik des Kulturbegriffs verweist *zum einen* auf den Gedanken jeweils spezifischer Lebens*formen* und *Weisen* der Kultivierung. Das kulturelle Selbstverständnis einer Gesellschaft impliziert das Anerkenntnis der eigenen Kultur als einer Kultur neben anderen. Das ist der *implizite Relativismus* des Kulturenbegriffs.

Im Gegenzug zu diesem impliziten Relativismus kennzeichnet der Kulturbegriff *zum anderen* aber auch die *Nichtbeliebigkeit* und *historische Qualifizierung* des normativen Profils der jeweiligen Lebensform. Kulturen kommt eine gewisse Dignität zu, die mit der Vorstellung von einem historischen Gewachsensein assoziiert wird, in das viele Generationen Kultivierungsleistungen eingebracht haben. Sie sind das Werk von Menschen, das Resultat von Überlegung und Gestaltung.

Recht ist immer Teil, „Sphäre“ einer Kultur. Es ist ein Produkt des Umgangs einer Kultur mit normativen Fragen. Diese betreffen nicht nur konkrete Norminhalte, sondern auch allgemeine Prinzipien der Begründung und Legitimation von Normen und Verfahren. Recht bildet und entwickelt sich im Kontext einer Normkultur. Als Teilgebiet einer Normkultur steht das Recht in einem Wechselverhältnis mit anderen Teilgebieten, „Sphären“ dieser Kultur: Moral, Politik, Religion, Geschichtsbewusstsein etc.

Recht ist *kulturgeprägt*, aber auch seinerseits *kulturprägend*. Mit der Gestaltung und Fortbildung von Recht wird eine Normkultur (und mit ihr die Kultur als ganze) weiterentwickelt, in ihrem Charakter fortgestaltet oder verändert. Eine Rechtskultur verweist auf die allgemeine politische Kultur einer Gesellschaft und bietet ihrerseits den normativen Rahmen für die Entwicklung der „Kultur eines politischen Gemeinwesens“.[10]

Eine Rechtskultur umfasst außer Normen und Prinzipien auch solche Merkmale und Anforderungen, die nicht explizit Bestandteil einer positiven Rechtsordnung sind, die aber nicht schon deshalb zwingend als „überpositive“ Normen eines Natur- oder Vernunftrechts anzusehen sind. Wesentlich sind hier Praktiken der öffentlichen Meinungsbildung, der öffentlichen Austragung von Normkollisionen und Normwandeldiskursen, öffentlich zugängliche Debatten im Parlament und in höchsten Gerichten. Recht ist zu verstehen aus einem integrativen

[9] Vgl. etwa K. P. Hansen, *Kultur und Kulturwissenschaft. Eine Einführung*, Tübingen, Basel 1995.

[10] Vgl. P. Häberle, *Europäische Rechtskultur. Versuch einer Annäherung in zwölf Schritten*, Frankfurt/M. 1997 (1. Aufl. Baden-Baden 1994), 16-20.

Gesamtzusammenhang menschlicher Praxis und der Dynamik ihrer Normengenerierung.

Von daher kann Recht als eine *Selbstinterpretation der Kultur*, in der es steht, verstanden werden. Vor diesem Hintergrund erscheint das Recht als ein wichtiges Medium für die Selbstinterpretation und das *Reflexivwerden* einer Kultur. In ihrer Rechtskultur artikuliert eine Kultur ihre *Selbstreflexivität*, und dies sowohl als *Selbstdeutung* wie auch als *Selbstkritik*. Es entsteht ein reflexives System der Legitimierung von Verbindlichkeitsansprüchen. Über diese Eigenschaft der normativen Reflexivität sind auch einzelne (z.B. nationale) Rechtskulturen, sofern sie sich als Kulturen verstehen, von Haus aus für diskursive Vermittlungen und Integrationen mit anderen Rechtskulturen prinzipiell offen. Der Begriff der Rechtskultur referiert auf politisch-rechtlich verfasste Gemeinschaften, ohne diesen ein essentialistisches oder nationalistisches und damit auf Exklusion abgestelltes Integrationsprofil zu unterstellen.

Die Konjunktur des Kulturbegriffs seit den 1980er Jahren ist nicht zuletzt Ausdruck einer entschiedenen Zurücknahme neuzeitlicher Letztbegründungsansprüche und der daran häufig gebundenen Hierarchisierungen von epistemischen, normativen und evaluativen Standards insgesamt. Dies betrifft vor allem auch die Bewertung von Moralen und Rechtsordnungen. An die Stelle der Hierarchie von (richtigen vs. unzulänglichen) Moralen oder Rechtsordnungen tritt die – zunächst wertungsindifferente – Differenz von Normkulturen und damit die grundsätzliche Anerkennung des *interkulturellen Pluralismus* als eines Faktums. Eine Rechtskultur als ganze beansprucht, auch aus externen Perspektiven differenter Normkulturen als für ihre Teilnehmer verbindlich geachtet zu werden und nicht jedweder externen Kritik unvermittelt und als ganze zur Disposition zu stehen. Sie hat Anspruch auf *Integrität*. Ihre Teilnehmer, verstanden als Akteure, sind Moral- und Rechtsbildner und anerkennen sich als solche wechselseitig.[11] Da eben dies den Akteuren aller Rechtskulturen gemeinsam ist, schulden sie sich auch *interkulturell wechselseitige Anerkennung als Moral- und Rechtsbildner*.

Diese Anerkennung geht einher mit der Einsicht, dass Normsysteme keine Produkte homogener Kulturen, sondern auch intern, also *intrakulturell pluralistisch* verfasst sind. Eine mit dem Begriff der Rechtskultur operierende Theorie setzt weder voraus, dass die kleinsten, stabilsten Einheiten von Normkulturen *de facto* homogen sind, noch ist sie auf das (durchaus fragliche) *Ideal* einer anzustrebenden Homogenität festgelegt. – Die Rede von „Normkulturen“ akzentuiert diesen Umstand des doppelten, interkulturellen und intrakulturellen Pluralismus.

11 Vgl. M. Walzer, *Lokale Kritik – globale Standards. Zwei Formen moralischer Auseinandersetzung*. Übers. v. C. Goldmann, Hamburg (*Thick and Thin. Moral Argument at Home and Abroad*, Notre Dame, 1994; und: Nation and Universe, Tanner Lectures on Human Values, 1990).

In einer Theorie, die den Begriff der Rechtskultur ins Zentrum stellt, ergibt sich aus dem faktischen interkulturellen und intrakulturellen Pluralismus ein *normativer Pluralismus*. Das *Faktum* der internen und externen Pluralität von Normkulturen wird als *normativ relevantes* Konstituent insbesondere von Rechtskulturen verstanden. Normativ differenzierte soziale Gemeinschaften lassen sowohl intern wie extern Raum für vernünftige Meinungsverschiedenheiten. Die strukturelle Universalisierung der reziproken Anerkennung von Moral- und Rechtsbildnern ist wesentliches Moment einer als Rechtskultur reflexiv gewordenen Kultur.

Mit dem Begriff der Rechtskultur wird verwiesen auf den Umstand, dass gesellschaftlich wirksame Rechtsnormen Resultate der Verständigung zwischen Teilnehmern von Kulturen sind, die als Moral- und Rechtsbildner verstanden werden. Die Maßstäbe für die Begründung und Kritik von Normen und Verfahren des Rechts sind dementsprechend innerhalb der kritisierten Kultur selbst zu identifizieren. Sie müssen sich auf die allgemeinen Rechtfertigungsstandards der betroffenen Rechtskultur selbst beziehen. Das ist der *methodische Internalismus* der Rechtskulturtheorie. Dieser besagt nicht, dass die Interpretation und Kritik einer Rechtskultur sich damit begnügen dürfte, lediglich etablierte und als solche dokumentierte normative Standards der betreffenden Kultur zu einer bestimmten Zeit heranzuziehen. Eine Rechtskultur erschöpft sich nicht in den zu einem Zeitpunkt faktisch proklamierten und zwangsbewehrten Normen. Mindestens zweierlei ist zusätzlich zu berücksichtigen: Zum einen ist die Legitimität der faktisch wirksamen Normen im Lichte der höherrangigen Moral- und Rechtsprinzipien der betreffenden Normkultur zu qualifizieren. Zum anderen sind auch latente Visionen und Tendenzen, die sich in verschiedenen Bereichen einer Kultur manifestieren (öffentliche Debatten, informelle Kritik- und Meinungsdemonstrationen, Literatur, Kunst, Film, Musik) als solche zu erkennen und wiederum im Lichte der höherrangigen Moral- und Rechtsprinzipien der Kultur zu würdigen. Von größter Bedeutung sind hier Leiderfahrungen reflektierende soziale Kämpfe um Anerkennung, die Kritik der sie auslösenden sozialen, wirtschaftlichen und politisch-rechtlichen Umstände und die sich in dieser Kritik konkretisierenden normativen Ziele.[12] Es ist demnach für die kritische Interpretation einer Rechtskultur wesentlich, dass sie die von den betreffenden ‚Kulturbildnern' als geltungsbegründende und –begrenzende Metanormen in Anspruch genommenen Moral- und Rechtsprinzipien identifiziert.

Auch international und *transnational* bilden sich Rechtskulturen heraus. Dies geschieht in dem Maße, in dem über die Grenzen von Rechtsgemeinschaften hin-

[12] Vgl. insbes. Habermas, *Faktizität*, 1992; J. Habermas, Die postnationale Konstellation und die Zukunft der Demokratie. In: ders., *Die postnationale Konstellation. Politische Essays*, Frankfurt/M. 1998, 91-169; A. Honneth, *Kampf um Anerkennung*, Frankfurt/M. 1992; D. Senghaas, Der Kampf geht weiter. In: *Die Woche* vom 11. Dezember 1998, 21.

aus Transaktionen und Kooperationen durch Standardisierungen und Koordinierungen ermöglicht und auf Dauer gestellt werden sollen. Dadurch treten Rechtskulturen ihrerseits in eine Reflexion ihrer jeweiligen Legitimitätsstandards sowie über deren Vereinbarkeit ein.

Die *Universalismus-Partikularismus*-Debatte ist unter diesen Voraussetzungen neu zu betrachten. Eine Lösung des Problems der Normenbegründung und legitimen Rechtsfortbildung in transnationalen Rechtskulturen setzt eine Unterscheidung zwischen verschiedenen Ebenen von Rechtskulturen voraus. Mit Bezug auf die derzeitige weltpolitische Lage scheint die folgende Unterscheidung zwischen vier Ebenen von Rechtskulturen adäquat zu sein:

(1) *nationale* Rechtskulturen (nationalstaatlich positivierte Rechtsordnungen),
(2) *regional-transnationale* Rechtskulturen (z.B. Europäische Union),
(3) *global-transnationale* Rechtskultur (tendenziell weltweit gültige Verträge wie Kyoto-Abkommen oder Internationaler Strafgerichtshof), und
(4) *globale Menschen*rechtskultur.[13]

Wichtig ist hierbei, dass diese Ebenen in ihrer jeweiligen Relevanz für die Generierung und Positivierung konkreter Rechtsnormen auf einander zu beziehen sind. Der geschichtlich irreversible Prozess der Verrechtlichung internationaler Beziehungen macht eine differenzierte Theorie der Rechtfertigungsbeziehungen zwischen den vier Ebenen erforderlich. Dabei kommt der vierten Ebene, der *Menschenrechtsidee als Regulativ einer global inklusiven Rechtskultur*, ein besonderer legitimatorischer Rang zu.[14]

4. Menschenrechte und Rechtssubjektivität

Menschenrechte sind ein fundamentaler Normtyp in dem Sinne, dass sie den normativen Orientierungsrahmen dafür abstecken, was es überhaupt heißen soll, eine Kultur menschlichen Zusammenlebens mit den Mitteln des Rechts, d.h. eine

[13] Vgl. G. Mohr, Voraussetzungen und Chancen postnationaler Integration. In: M. Kaufmann (Hg.), *Integration oder Toleranz? Minderheiten als philosophisches Problem*, Freiburg und München 2001, 226-238; G. Mohr / C. von Villiez, Europa zwischen nationaler und globaler Rechtskultur. In: R. Elm (Hg.), *Europäische Identität – Paradigmen und Methodenfragen*, Baden-Baden 2002, 177-198; C. von Villiez, *Grenzen der Rechtfertigung? Internationale Gerechtigkeit durch transnationale Legitimation*, Paderborn 2005.

[14] Vgl. G. Mohr, 2002, Politische Integration im postnationalen Zeitalter. Von der Repräsentation vorpolitischer Identität zu transnationalen Rechtskulturen. In: H. J. Sandkühler/ F. Triki (Hg.), *Die Aufgabe der Philosophie in der transkulturellen Welt. La tâche de la philosophie dans le monde transculturel*, Frankfurt/M. 2002, 39-54.

‚Rechtskultur', zu gestalten. Ihren hohen legitimatorischen Rang beziehen Menschenrechte aus dem Umstand, dass sie Metanormen sind, mit denen eine Rechtskultur die Maßstäbe festlegt, an die positives Recht gebunden ist. Es ist ein historisches Faktum, dass *die* Menschenrechte, wie sie in den völkerrechtlich bindenden Pakten vorliegen, *selbstgesetzte* Normen sind. Sie sind das Produkt historischer Kämpfe. Aber auch für die *Idee* der Menschenrechte gilt, dass sie historisch entdeckt und erkämpft wurde.

Menschenrechte artikulieren die elementarsten Voraussetzungen dessen, was es heißt, dass Menschen *handeln* und als Handelnde *überhaupt Rechte haben*. Menschenrechte konstituieren die *Rechtssubjektivität* und *Rechtsintersubjektivität* von Menschen. Sie sind von dem Gedanken getragen, dass sich Menschen nur als Menschen begegnen, wenn sie sich als *Rechtssubjekte* anerkennen. Nicht diese oder jene Moral, sondern die Idee des Rechts als wechselseitige Anerkennung von Personalität und damit von Sphären der Manifestation von wechselseitig selbstbestimmter Freiheit ist ein geeigneter Ausgangspunkt für die Begründung von Menschenrechten. Diese sind zu verstehen als grundlegende Rechte derart, dass nur unter ihrer Voraussetzung überhaupt Menschen als Rechtssubjekte und damit ‚als Menschen unter Menschen' betrachtet werden.[15]

5. Menschenrechte und Selbstgesetzgebung

Menschenrechte sind *selbstgesetzte* und *selbstverpflichtende Maßstäbe*. Sie sind zu verstehen als *Selbstverpflichtung der politisch-rechtlichen Selbstgesetzgebung*.[16] Gerade als solche haben sie die für den Legitimationsanspruch von Rechtskulturen höchstrangige normative und legitimierende Funktion.

Dass es solche Metanormen gibt, ist selbst wesentliches Merkmal einer Rechtskultur. Sie sind die Artikulation der Reflexivität einer Rechtskultur und damit eine hochrangige Kulturleistung von Moral- und Rechtsbildnern. Mit ihr etablieren diese die Identität von Normautor und Normadressat und damit die Idee der Selbstgesetzgebung als Prinzip der Volkssouveränität.

Tatsächlich liegt in diesem auf den Begriff der Rechtskultur abhebenden Zugang zum Recht, wie sich nun zeigt, die These beschlossen, dass Selbstgesetzgebung ein Wesensmerkmal von Rechtskulturen ist. Das heißt im Umkehrschluss:

15 Vgl. G. Mohr, Sind die Menschenrechte auf ein bestimmtes Menschenbild festgelegt? Plädoyer für eine Umkehr der Beweislast. In: H. J. Sandkühler (Hg.), *Menschenrechte in die Zukunft denken. 60 Jahre Allgemeine Erklärung der Menschenrechte*, Baden-Baden 2009, 65-78; G. Mohr, Moralische Rechte gibt es nicht. In: H. J. Sandkühler (Hg.), *Recht und Moral*, Hamburg 2010, 63-80.

16 Vgl. G. Mohr, Menschenrechte, demokratische Rechtskultur und Pluralismus, in: M. Plümacher, V. Schürmann, Freudenberger (Hg.), *Herausforderung Pluralismus*. Festschrift für Hans Jörg Sandkühler, Frankfurt/M. 2000, 315-326.

Rechtsordnungen, die keine Selbstgesetzgebung vorsehen, sind nach dieser These keine *Rechtskulturen*, sondern *Zwangsordnungen*. Damit erweist sich der Begriff der Rechtskultur als normativer Begriff.

Es scheint des Weiteren in der Konsequenz dieses Arguments die These zu liegen, dass Rechtskulturen mit ihrer immanenten Tendenz zur reflexiven, metanormativen Selbstbegründung durch selbstgesetzte Menschenrechte auch ein immanentes ‚Telos' der Demokratie als Institutionalisierungsform von Selbstgesetzgebung und Volkssouveränität in sich tragen.

6. Partikularismus als Universalismus

Ich komme zur Ausgangsfrage zurück: Ist die Anerkennung eines Eigenrechts der Kulturen vereinbar mit einem Universalismus der Menschenrechte? Die These, mit der ich diese Frage beantworte, lautet: *Der wohlverstandene Partikularismus ist ein Universalismus.*

Unter Partikularismus sei verstanden die Einforderung der Anerkennung der Partikularität einer Kultur, einer Gesellschaft (einer Moral, einer Religion) und ihrer Integrität. Der Partikularismus tritt in der Regel mit einer antiuniversalistischen Rhetorik auf. Der Universalismus wird häufig empfunden und erlebt als Bedrohung der eigenen, ‚anderen' Kultur durch eine imperialistisch agierende politische Hegemonialmacht. Der Partikularismus ist der Absicht nach eine politische Verteidigung politisch bedrohter Kulturen. Dies wird im nordamerikanischen Kommunitarismus nicht so deutlich wie in den Debatten in entkolonialisierten Ländern. Aber wie sieht die Begründung für diese Position unter einem nüchternen philosophischen Licht aus? Die Begründung des Partikularismus rekurriert auf folgendes Argument:

> Die Partikularität (einer Kultur etc.) ist das Produkt menschlicher (sozialer, historischer) Aktivität. Menschen erschaffen ihre Kultur als Lebensraum. Dieser ist gemäß Vorstellungen und Werten gestaltet, die die Mitglieder der betroffenen Kultur als wertvoll und wesentlich erachten. Sie betrachten sie als wert und würdig, kultiviert und geschützt zu werden.

Nun ist die Forderung nach Schutz der Partikularität aber offensichtlich eine universalistische Forderung, dann nämlich, wenn die These nicht bloß eine politische ad-hoc-Forderung nach dem Schutz der eigenen Kultur, sondern ein philosophisches Prinzip der Schutzwürdigkeit kultureller Partikularität ist. Die Prämisse dieses Prinzips ist allerdings, dass die Begründung des Partikularismus selbst nicht willkürlich ist, sondern sich auf das fundamentale kulturelle Merkmal der Erzeugung eines Lebensraums durch Menschen bezieht. Das Argument wird unter dieser Voraussetzung also lauten:

> *Prima facie* verdient jede besondere Kultur als menschliche Selbsterschaffung die Wertschätzung seitens der Anderen, solange jede andere Kultur von ihr ebenfalls respektiert werden möchte.

Der Partikularismus in diesem Sinne einer rationalen normativen Position ist im Grunde ein Universalismus, nämlich ein *Universalismus der universalen wechselseitigen Wertschätzung der kulturellen Selbsterschaffung des Menschen.* Das impliziert keineswegs, dass jede Praxis allein dadurch, dass sie eine menschliche Praxis ist, a priori gerechtfertigt und gegen jede Kritik immun ist. Die Implikation ist vielmehr diese, dass, wer beansprucht, seine Praxis durch Rekurs auf das Prinzip des Schutzes der Kulturen zu rechtfertigen, die Begrenzung seines Rechts durch den normativen Sinn des Universalismus der Würde der partikularen Kulturen akzeptiert.

Der wohlverstandene Universalismus in dem Sinne, in dem er mit dem wohlverstandenen Partikularismus koinzidiert, schließt philosophisch jede Form des kolonialistischen Chauvinismus, des Rassismus, der Apartheid und des ‚Orientalismus'[17] aus. Er ist deren genaues Gegenteil: das kritische Programm *par excellence gegen* jede dieser Deformationen der Menschheit und der Humanität. Jedenfalls müsste er es sein. Der Verdacht, dass der Universalismus nur eine sublimierte philosophische Form des Kolonialismus sei, wird dadurch geschürt, dass die Rhetorik des Universalismus politisch tatsächlich dazu verwendet wird, um imperialistische Politik (vermeintlich) zu rechtfertigen. Doch ist dies eine Täuschung des philosophischen Bewusstseins der Menschheit: Die kategoriale Differenz zwischen deskriptivem Universalismus (Unterschiede egalisieren) und normativem Universalismus (wechselseitige Anerkennung und gleiche Rechte) wird unterschlagen. Der wohlverstandene Universalismus legitimiert keine Hegemonialmachtpolitik, sondern verbietet sie. Eine der wichtigsten Aufgaben der Philosophie und der Politik ist heute die Konzeptualisierung und Konkretisierung eines normativen Universalismus, der auf einer Kritik des Kolonialismus aufbaut und als solcher ein non-kolonialer Universalismus wäre.[18]

[17] Vgl. E. W. Saïd, *Orientalism*, with a new Preface by the author to the Twenty-Fifth Anniversary Edition, New York 2003 (1st ed. 1978).

[18] Vgl. G. Mohr, Die Fallen der verlogenen Humanismen. Geschichte und Rechtfertigung von einem postkolonialen Standpunkt. In: J. Poulain, u.a. (Hg.), *Gerechtigkeit, Recht und Rechtfertigung in transkultureller Perspektive*, Frankfurt/M. 2010, 217-233.

Thomas Sukopp

Kann ein Kulturrelativist universelle Normen fordern? Wege interkultureller Menschenrechtsbegründungen

Die Frage, ob eine Kulturrelativistin universelle Normen fordern kann, mutet dann merkwürdig an, wenn wir per Definition die Kompatibilität eines Kulturrelativismus und der Forderung universeller Normen ausschließen. Hier geht es mir um eine Vereinbarkeit bestimmter Lesarten des Kulturrelativismus und eines Normen-Universalismus.

Um die Frage zu beantworten, ob und unter welchen Voraussetzungen Kulturrelativisten und Kulturrelativistinnen universelle Normen fordern können, fasse ich im ersten Abschnitt Kulturrelativismus relativ weit und gehe kurz auf einige wichtige Konzepte ein, die immer wieder im Zusammenhang mit dem Stichwort ‚Kulturrelativismus' fallen (Abschnitt 2). Im Hauptteil (Abschnitt 3) ist zu klären, ob wir unter bestimmten Bedingungen kulturrelativistische Positionen mit dem Anspruch universeller Normen vereinbaren können. Meine Frage nach der Möglichkeit, universelle Normen zu fordern, zielt auf die Klärung wichtiger Voraussetzungen ihrer Begründbarkeit. Da in anderen Beiträgen des vorliegenden Bandes ebenfalls Geltung und Begründungen universeller Normen thematisiert werden, fasse ich mich sehr kurz.

Die Relevanz der Frage ist extrem hoch. Wir haben alle in den letzten Monaten mehr oder weniger aufmerksam die Diskussion miterlebt, die unter ‚Integrationsdebatte' gefasst wird. Dabei geht es sicher auch um sozialpolitische Fragen, um Ängste vor religiösem Fundamentalismus, um das schwierige Selbstverständnis einer wie auch immer christlich-abendländisch geprägten Kultur.[1] Es geht auch darum, dass jemand ein Thema besetzt hat und eine Weltsicht vertritt, die zu vielerlei Kritik herausfordert. Es sind auch kulturrelativistische Argumente, die dazu führen können, sowohl die Inkompatibilität einer islamisch geprägten Kultur mit einer christlich-jüdisch geprägten Kultur zu behaupten als auch gegenseitige Toleranz zu fordern. Einmal mehr ist es wichtig zu betonen, dass Kul-

1 Zum Kulturbegriff siehe etwa Birinci 2008, 2ff.; Sukopp 2005, 139ff. Zu einem menschenrechtsfokussierten Kulturbegriff, insbesondere in Bezug auf den Themenkomplex ‚Kulturelles Erbe und kulturelle Menschenrechte' siehe Francioni 2008, 6ff. Selbst wenn man Kulturrelativismus im Hinblick auf die Bedeutung, insbesondere auf die geforderte oder bereits implementierte Universalität der Menschenrechte, für eine irrelevante Position hält, so spielt der Kulturbegriff immer noch für die vielfältigen Menschrechtsdiskurse eine Rolle (siehe Afshari 2010. 2f.)

tur erstens mehr ist als Religion[2] und zweitens oft etwas anderes als Religion.[3] Der innere Kern einer Religion ist in den öffentlichen Debatten meist nicht gemeint, auch wenn es einfach ist, Religion und Kultur gleichzusetzen oder zu vermischen, sondern was eigentlich gemeint ist, sind kulturelle Emblematiken. Das sind meist visuelle Zeichen der Religion, also Kirchtürme, Moscheen, Synagogen, so wie Werte und Haltungen, Traditionen, die aus der Religion direkt oder über Umwege in die Gesellschaft getragen werden. Kultur ist viel mehr als Religion, etwa auch Technik. Die Komplexität des Kulturbegriffs mag uns stören, doch für den Umgang mit kulturell gefärbten Problemen hilft es bereits, dass sich Menschen, die einer Ethnie angehören und sich einer Tradition verpflichtet fühlen sich verschiedenen Kulturen zugehörig fühlen können.[4]

2 Zur Kritik an der Auffassung, dass Religion *der* zentrale Bestandteil einer Kultur ist siehe etwa Schwan 2001, 31. Ein prominentes Beispiel, das uns warnt, Religion und Kultur zu konfundieren, gibt nach wie vor Samuel Huntington, dessen Thesen z.B. wegen mangelnder begrifflicher und methodischer Transparenz kritisiert werden. Von einem „Clash of Civilisations" ist leicht die Rede. Letztlich spricht Huntington aber nicht von Zivilisationen im Sinne eines möglichst umfassenden Kulturbegriffs. Seine Thesen sind im wesentlichen Voraussagen, die schwer kritisierbar sind. Selbst wenn es einen Konflikt oder gar Krieg Islam gegen westliche Zivilisation gibt, so sind die Gründe und Frontstellungen noch lange nicht so zu verorten, wie Huntington dies tut. Die Kritik an Huntington lässt sich so zusammenfassen: (Schwan 2001, 31): a) Die Einteilung in sieben oder acht Zivilisationen ist willkürlich und nicht nachvollziehbar. Das Konzept Zivilisation ist nicht ausreichend definiert. Die Begriffe Kultur und Religion werden synonym verwendet. b) Kritiker bezweifeln, ob die Konflikte zwischen Zivilisationen auf die Unvereinbarkeit von weltanschaulichen Normen und Werte der unterschiedlichen Zivilisationen zurückzuführen sind. c) Außerdem wird Huntington vorgeworfen, den Begriff der Ethnie unreflektiert zu verwenden (Hummel/Wehrhöfer 1996, 8, 15ff.). Nehmen wir mit Henry M. Broder (2001, zitiert nach Göller 2003, 270) an, dass der Kampf der Kulturen stattfindet. Dann ist Huntingtons These immer noch fragwürdig, denn ‚Kulturen' sind keine essentialistischen starren Einheiten. Huntington (Galtung 2001, zitiert nach Göller 2003, 270, Fußnote 3) stellt einen „clash of religions" eher als einen Kampf der Kulturen fest. Da zivilisatorische Analysen bei Huntington fehlen, sollte Huntington nicht von Kultur in dieser losen oder gar leichtfertigen Weise sprechen.

3 Wenn wir etwa An-Na'ims weite Kulturdefinition heranziehen, dann ist Kultur die Gesamtheit der Werte, Institutionen und Verhaltensweisen, die in einer Gesellschaft verbreitet sind (siehe Breau 2007, 144).

4 Diese Sicht kann aus kulturanthropologischer Perspektive überzeugend kritisiert werden (siehe Preis 1996, 289).

1. Was Kulturrelativismus heißen kann

Ich fasse Kulturrelativismus[5] zunächst als eine Form des ethischen Relativismus auf. Genauer schließt der Kulturrelativismus die Formulierung, Begründung und Implementierung von Werten, Normen, z.B. auch Rechten wie Menschenrechten ein. Außerdem geht es im Für und Wider des Kulturrelativismus auch um die Rechtfertigung unterschiedlicher Lebenspraxen sozialer, politischer, kultureller, religiöser Art. Konkreter meinen wir damit Strategien der Lebensführung, Rechtfertigung von Familienhierarchien, politische Ordnungen, Geschlechterverhältnisse, Generationenkonflikte u.a. Die Behauptung einer Relativistin kann formal so beschrieben werden: Wenn A als B in Bezug auf eine Kultur C ist, dann gilt A relativ zu C. Genauer:

Eine	*ist*	*in Bezug auf eine Kultur C*
• Praxis		• angemessen
• Handlung		• üblich
• Norm (ethisch oder juristisch)		• geboten
• Maxime		• handlungsleitend
• Tradition		• wertvoll
• Weltanschauung		• verbreitet

Eine Kultur in diesem Sinn könnte das sein, was wir z.B. ‚islamisch' bzw. ‚muslimisch' oder ‚christlich' bezeichnen in Bezug auf die Organisation und Hierarchie einer Großfamilie oder der Auslegung eines Menschenrechts gemäß der Scharia. Der Kultur-Begriff wird an dieser Stelle weitgehend offen gelassen. Wer von Kultur spricht, kann so Unterschiedliches meinen wie traditionelle Werte einer Religionsgemeinschaft, den Glauben an Demokratie als beste Staatsform oder die Bevorzugung eines individualistischen Lebensstils. Was ein Kulturrelativist behaupten kann, ist also Folgendes:[6]

5 Sukopp 2010, Sp. 1350-1353 und Sukopp 2005, 141-147; Donnelly 1984, 400ff. betont, dass ein Kulturrelativismus meist nicht mit Bezug auf die Geltung von Menschenrechten vertreten oder kritisiert wird, was für meine Argumentation allerdings nicht von Nachteil ist.

6 Den grundlegenden Konflikt und die daraus resultierende Unvereinbarkeitsthese zwischen ‚Universalismus' und ‚Relativismus' macht Preis wie folgt deutlich (Preis 1998, 288): [C]ultural relativists see the Universal Declaration on Human Rights as enumarating rights and freedoms which are culturally, ideologically, and politically nonuniversal. The argue that current human rights possess a distinctively ‚Western' or ‚Judeo-Christian' bias, and hence, are an ‚ethnocentric' construct with limited applicability."

- Beschneidung kann nicht mit westlichen Maßstäben kritisiert werden.
- Eine Tradition ist wert, Bestand zu haben, weil sie Bestandteil eines alten Kultes ist, der identitätsstiftend oder sonst wie wertvoll ist. Die Begründung ist optional.
- Chinesische Werte sind anders als westliche Werte, weil die Hierarchisierungen der chinesischen Gesellschaft nicht mit denen der westlichen Gesellschaften verglichen werden kann.
- Die Trennung von Staat und Kirche ist kulturell bedingt und Staaten (bestimmter kultureller Prägung) können andere Staaten nicht gerechtfertigt wegen (mangelnder) Trennung staatlicher und kirchlicher Autorität kritisieren.
- Menschenrechte gelten relativ bezogen auf einen Kulturkreis, der sich etwa durch gemeinsame Religionspraxis charakterisieren lässt. (Kurzkritik: Die Kulturkreislehre arbeitet zwar mit dem Begriff ‚Kulturkreis', aber die jüdische Kultur kann als Kultur ohne Territorialität aufgefasst werden, obgleich die jüdische Kultur für Europa prägend ist.

Solche Behauptungen sind gravierenden Einwänden ausgesetzt: So lässt sich etwa argumentieren, dass wir auch innerkulturell Folgen der Trennung von Staat und Kirche kritisieren können bzw. dass Kulturrelativisten nicht den Fehler begehen sollten, das zu legitimieren, was sie an oder in fremden Kulturen kritisieren.

Der ethische Relativismus beschränkt also den Gültigkeitsbereich moralischer Wertungen. Der kulturelle Relativist beschränkt den Gültigkeitsbereich kultureller Phänomene. Wir gebrauchen Relativismus im engeren Sinn wie oben erläutert und beschränken ihn auf *kulturelle Phänomene mit ethischer Relevanz*. Einem Kulturrelativisten geht es auch im deskriptiven Bereich um die Feststellung kulturabhängiger, jeweils verschiedener und – in einer toleranten Lesart – gleich gültiger Positionen. Wenn der ethische Relativismus in dieser Form zutrifft, dann scheidet Moral als interkulturelles Verständigungsmedium aus, „dann kann Gewaltfreiheit nicht durch moralische Gewaltächtung, sondern lediglich durch kluge Gewaltvermeidung erreicht werden, dann muss man allein auf die Koordinierungskompetenz der vormoralischen Rationalität setzen."[7]

Wenn der ethische Relativismus zutrifft, dann hat auch der kulturelle Relativismus gute Argumente auf seiner Seite. Fraglich ist, ob Rationalität die Kompetenz hat, die Kersting ihr zuspricht. In einigen kulturrelativistischen Varianten wird das gerade bestritten. Fraglich ist ebenfalls, wie weit diese Rationalität allein in Demokratien Geltung beanspruchen kann.

[7] Kersting 2001, 12.

2. *Bemerkungen über das Verhältnis von Universalismus, Relativismus, Multikulturalismus und Pluralismus*

Um Missverständnissen vorzubeugen, die aus unterschiedlichem Gebrauch einiger wichtiger Begriffe resultieren, schlage ich folgende Unterscheidungen und Abgrenzungen vor:

Erstens sind ein starker *Universalismus und Relativismus* auf den jeweiligen Gebieten bzw. Ebenen entgegengesetzte und nicht vereinbare Positionen. Ein ethischer Universalist behauptet also, dass wenigstens einige Normen universell, d.h. unabhängig von kulturellen, sozialen, politischen, weltanschaulichen, religiösen oder sonstigen Umständen gelten. Er behauptet, eine zeitlose, für alle Menschen – oder wenigstens für alle Philosophen – prinzipiell gültige Begründung einiger Normen zu haben. Geltung heißt zunächst moralische Geltung.

Es ist also für alle Menschen zu allen Zeiten aus Gründen verboten, Menschen gegen ihren Willen zu töten. Wer nur diese eine Norm für universell gültig hält, wird schwer Universalist genannt werden können. Ein Universalist hält also mindestens eine weitere Norm für universell gültig. Er glaubt oft, dass es eine intersubjektive oder gar objektive Begründungsinstanz gibt und beruft sich auf Rationalität, Gott, Natur, anthropologische Konstanten (biologische Gemeinsamkeiten), Gerechtigkeit. Auf der Ebene von Denkströmungen kann man sich auf Humanismus, Aufklärung oder anderes berufen. Die Universalistin geht davon aus, dass es ethikrelevante Bereiche menschlichen Lebens gibt, die nicht kulturimprägniert oder geschichtlich geprägt sind. Gleichwohl berücksichtigt sie kulturelle Kontextualisierungen, d.h. sie bettet beispielsweise Menschenrechte in die jeweilige Kultur ein.[8]

Multikulturalismus kann als Tatsache aufgefasst werden, die Relativismus motiviert, aber noch nicht begründet. Aus der Tatsache der Koexistenz verschiedener Religionsgemeinschaften oder anderer Kulturen im weiten Sinn folgt noch kein Relativismus, weder ein ethischer noch ein kultureller. Friedliche Koexistenz in multikulturellen Gesellschaften spricht eher für einen kleinsten gemeinsamen Nenner gemeinsam akzeptierter Regeln im Umgang miteinander.[9]

Pluralismus ist in den meisten Lesarten sowohl mit Universalismus und Relativismus vereinbar. Einzig ein Pluralismus, der ein Nebeneinander gleich gut begründbarer und gleichwertiger ethischer Positionen behauptet, ist mit einem Universalismus nicht vereinbar. Ein kultureller Pluralismus, der die Koexistenz verschiedener Kulturen intra- und interkulturell einschließt, kann immer noch

8 Hamm 1995, 22.

9 Was Multikulturalismus bedeuten kann diskutieren etwa Parekh (Parekh 1999) und Nicholson (Nicolson 1998). Nicholson diskutiert die drei Sichtweisen von Searle, Rorty und Taylor über den Zusammenhang von Philosophie und Multikulturalismus. Zum Verhältnis von Multikulturalismus und Pluralismus siehe ebenfalls Parekh, der bereits jede einzelne Kultur als „internally plural“ (Parekh 1999, 2) auffasst.

universalistisch in Bezug auf die Formulierung und Realisierung universeller Normen argumentieren.

Partikularismus schließt Universalismus[10] nicht unbedingt aus und steht mit dem Relativismus in engem Zusammenhang. Gemäß dem Partikularismus ist es nicht möglich, gültige Moralprinzipien zu begründen.[11] Wenn das Universalisierungsprinzip analytisch wahr ist, dann ist moralisch neutral und schon aus formal-logischen Gründen wahr. Wenn Partikularisten behaupten, das Universalisierungsprinzip sei mit ihrer Position unvereinbar, dann meinen sie also ein angereichertes, substanzielles Universalisierbarkeitsprinzip. Es gibt also zwei Möglichkeiten: Das Universalisierbarkeitsprinzip ist analytisch wahr bzw. eine Bedingung für moralisches Argumentieren. Dann sind Universalismus und Partikularismus miteinander vereinbar. Wenn Universalismus und Partikularismus tatsächlich unvereinbar sind, dann kann das Universalisierbarkeitsprinzip nicht analytisch wahr sein und ist keine notwendige Bedingung für moralisches Urteilen. Dann ist immer noch offen, ob der Partikularismus oder das Universalisierbarkeitsprinzip zutreffen. Wer die erste Alternative vertritt,[12] der kann gegen die These argumentieren, dass Universalisierbarkeit moralische Prinzipien impliziert. Er unterscheidet zwischen zwei Formen der Universalisierbarkeit, die beide von Hare (einem prominenten Verfechter der Universalisierbarkeit als Notwendigkeit moralischen Urteilen) vertreten werden. „(U_R) Wenn die Handlung *h* richtig ist, so ist auch jede Handlung richtig, die *h* in moralischer Hinsicht gleicht. (U_S) Wenn die Handlung *h* richtig ist, so ist auch jede Handlung richtig, die h in allen nicht-moralischen Eigenschaften gleicht.“[13]

U_R ist analytisch wahr und auch Partikularisten müssten schon aus Gründen interner Konsistenz U_R anerkennen. U_S ist dagegen nicht analytisch wahr und trotzdem kein Problem für Partikularisten, wenn man Schroth folgt.

3. *Kulturrelativismus und universelle Normen: Ein Plädoyer für partielle Vereinbarkeit*

Um nicht den Anschein zu erwecken, als sei der Wunsch, ein Universalismus möge begründungsfähig sein, Vater meiner Gedanken, seien einige Argumente für den Kulturrelativismus genannt.

10 Dass Universalismus und Partikularismus ihrerseits als „relative terms“ zu verstehen sind, macht Birinci (Birinci 2008) deutlich. Birinci plädiert dafür, Universalismus und Partikularismus nicht als einander ausschließenden Konzepte aufzufassen.

11 Schroth 2002, 608.

12 Ebd., 609ff.

13 Ebd., 609.

3.1 Aber wir sind doch alle Kulturrelativisten ...

Ein Kulturrelativist hat eine Reihe guter Argumente auf seiner Seite.[14] Von einer interkulturellen Perspektive ist es z.B. sehr schwer, Menschenwürde als Begründungsinstanz für Menschenrechte stark zu machen. Welcher Gott verleiht Menschenwürde? Rechtfertigt Menschenwürde unveräußerliche Rechte? Können Menschenrechte aus einer wie auch immer verstandenen Menschenwürde abgeleitet werden oder konstituiert erst die Achtung von Menschenrechten Menschenwürde? Universalistinnen stehen hier vor großen Schwierigkeiten. Selbst wenn Menschenrechte per definitionem Universalität beanspruchen, so wird der Kulturrelativismus oft einwenden, dass das Konzept des Universalismus selbst ein westliches Konzept ist, so dass es eben europäische, asiatische und afrikanische Menschenrechte gibt. Religiös motivierte Begründungen christlicher Menschenrechte können etwa auf der Legitimationsinstanz Bibel beruhen, so dass sich die Frage nach mehr oder weniger toleranter Lesart der Bibel als der Quelle von Menschenrechten stellt.

Weiter können kulturrelativistische Positionen direkt aus dem Vergleich verschiedener Menschenrechtserklärungen abgeleitet werden, etwa, wenn wir die *African (Banjul) Charter of Human and People's Rights* mit der *Allgemeinen Erklärung der Menschenrechte* vergleichen. Zwar finden wir eine relativ große Schnittmenge der dort jeweils kodifizierten Rechte (Schutz vor der Verletzung körperlicher Integrität, das Recht auf Leben, positive wie negative Freiheiten, Recht auf Besitz und das Recht auf Bildung, doch gibt die *Cairo Declaration on Human Rights in Islam* (of August 5th, 1990) dem Universalisten auch Anlass zur Sorge. Die Kairo-Erklärung enthält Passagen, die Einfallstore für die Beschränkung bestimmter Rechte und Freiheiten sind. Insbesondere werden bestimmte traditionelle Geschlechterrollen gerechtfertigt, z.B. in Art. 6, in dem von den Rechten und Pflichten von Frauen die Rede ist.[15]

Schließlich können wir aus der historisch gewachsenen Genese der verschiedenen Generationen von Menschrechten kulturrelativistisch ableiten, dass die jeweils im historischen Kontext vorherrschen Welt- und Menschenbilder oder Ideologien wesentlich zu den Menschenrechten gehören und dass der Universalismus die kulturelle Imprägniertheit der Menschenrechte nicht leugnen sollte.

[14] Nur wenige Autoren sprechen dem Kulturrelativismus in toto Relevanz ab (siehe etwa Afshari 2010, 1). Einschlägige Darstellungen der Argumente für einen Kulturrelativismus finden sich bei Silvermann 2005, 247-274, insbesondere 268f. und Breau 2007, 137-165. Preis (1996, 191f.) bespricht die einflussreiche Kritik, die u.a. von Adamantia Pollis und Peter Schwab vorgebracht wurde, Menschenrechte seien „Westliche Konzepte mit beschränkter Anwendbarkeit" (Preis 1996, 191). Eine konzise Analyse des Kulturrelativismus findet sich etwa bei Reichert 2006, 23-36, insbesondere 28-32.

[15] Okin 1998, 323f.

Für den liberalen Ironiker Rorty ist menschliche Kultur Kunst, Wissenschaft, Politik, Religion Literatur und – eben auch – Philosophie. Wenn er von Kultur spricht, dann vertritt er – auf den ersten Blick – eine starke Inkommensurabilitätsthese. Damit ist gemeint, dass es *keine* Behauptungen gibt, deren Gültigkeit vom kulturellen Kontext *unabhängig* ist bzw. nicht von ihm determiniert wird.[16] ‚Richtigkeit' ist für Rorty eine Funktion der Sprache, weil Erkenntnis weder abbildtheoretisch im Sinne einer realistischen Interpretation noch anders erklärt werden kann. Unabhängig von einem kulturellen Kontext kann es keine Richtigkeit sprachlicher Sätze geben. ‚Richtigkeit' und ‚Akzeptanz' werden nicht nur auf eine bestimmte Lebensweise oder Kultur bezogen, sondern sie werden auch weitestgehend oder ganz von ihr determiniert. Damit vertritt Rorty eine These der Kontextabhängigkeit unseres Denkens, Handelns, Sprechens. Da Rorty auch kein Wahrheitskriterium gelten lässt, kommt es in Diskussionen darauf an zu überzeugen und damit Wahrheit zu konstituieren. Rorty bevorzugt den wahrheitsindifferenten Konsens in pragmatischer Lesart. Dieser reicht nicht über die kultur- und lebensformspezifische Reichweite hinaus.[17] Damit bestreitet Rorty nicht nur die Gültigkeit kontextunabhängiger Aussagen, sondern auch die Gültigkeit jeglicher Aussagen. Vertritt Rorty also die folgenden drei Thesen?

1. Jede Kultur, Lebensform oder Sprache hat ihre eigene Realitätssicht, die nur für sie charakteristisch ist.
2. Aussagen, die über den Zusammenhang mit einer Kultur hinausgehen, können nicht formuliert werden, weil jede Realitätssicht singulär und einzigartig ist.
3. ‚Realität' ist immer eine bestimmte ‚Realität', die in Bezug auf eine andere ‚Realität' nicht als ‚objektiver' oder ‚angemessener' bezeichnet werden kann. Alle ‚Realitäten' sind gleich gültig und gleich berechtigt.

Rorty vertritt keinen radikalen Relativismus dieser Art. In einer Kultur werden Regeln der Kommunikation, oder – modisch gesagt – des Diskurses eingehalten, d.h. normative Elemente wenigsten für eine bestimmte Gruppe als verbindlich akzeptiert. Dass es kulturell unterschiedliche ‚Realitäten' gibt, ist auch unbestritten. Dass es keine Übersetzbarkeit bzw. einen kleinsten gemeinsamen Nenner kulturell geprägter Meinungen oder Handlungsweisen gibt, ist bisher nicht gezeigt worden. Rortys Position ist insgesamt unhaltbar. Beginnen wir mit einem Einwand, den Göller stark macht, der aber nicht der beste Einwand gegen Rorty ist. Rorty sensibilisiert uns mit seiner Betonung kulturell verschiedener Realitäten nicht gerade für die Anerkennung kultureller Vielfalt. Viel eher schließt er „aufgrund der Propagierung einer eigenkulturellen Wir-Gruppe und aufgrund der

[16] Göller 2003, 272.
[17] Ebd., 277.

Orientierung an einem bloß pragmatisch-persuasiven Konsens keinesfalls kulturimperialistische und kulturchauvinistische Tendenzen“[18] aus.

3.2 Zur Vereinbarkeit von Kulturrelativismus und universellen Normen: Thesen

3.21 Ein starker, radikaler Kulturrelativismus muss universelle Normen ablehnen

In drei Thesen gefasst, behauptet ein starker Kulturrelativismus: (i) Moralprinzipien sind kulturrelativ, d.h. sie gelten jeweils für eine oder mehrere Kulturen, aber nicht universell. (ii) Die jeweils verschiedenen Moralprinzipien sind gleich gültig und können interkulturell nicht verglichen bzw. bewertet werden. (iii) Es ist unzulässig bzw. sinnlos, Moralprinzipien der eigenen Kultur auf andere Kulturen zu übertragen.

Wenn Kulturen jeweils so stark unterschiedlich sind, dass ihr Einstellungsinventar inkommensurabel ist und wenn Kulturen die einzige rechtfertigende Quelle von moralischen Werten sind, so Donnelly[19], dann sind Rechtfertigungen für universelle Normen ausgeschlossen. Ähnlich extrem, nur am anderen Ende der Skala angesiedelt, finden wir die Position, dass Kulturen irrelevant sind für die Gültigkeit moralischer Rechte und Regeln.[20] Ich halte beide Sichtweisen für verfehlt, was im weiteren Verlauf der Argumentation deutlich werden wird.

3.2.2 Viele Forscher und Forscherinnen erkennen Kulturrelativismus an und versuchen, eine Vereinbarkeitsthese zu stützen.

Zunächst gilt es festzuhalten, dass gerade von einer jüngeren kulturanthropologischen Sicht die Spaltung in ‚fremde’ und ‚eigene’ Kultur und die klassisch oft als kulturrelativistisch argumentierende Anthropologie gut kritisiert werden kann. Diese eher unerwartete Argumentationshilfe[21] *An Anthropological Critique* lässt sich so skizzieren: Kulturen sind keine statischen, homogenen, festgezurrten Entitäten: Die ‚Wir’ und ‚die Anderen’-Spaltungen sind im Zeitalter globaler Mobilität, kulturellem Kontakt und dem Schwinden vieler Zentrum-Peripherie-Unterscheidungen fragwürdig geworden. Insofern ist also bereits die Rede von ‚Normen gelten jeweils in einer Kultur’ problematisch.

[18] Ebd., 274.
[19] Donnelly 1984, 400.
[20] Ebd.
[21] Preis 1996, 289ff.

Als weitere Fürsprecher und Fürsprecherinnen seien beispielhaft Susan Breau,[22] Jack Donnelly,[23] Tore Lindholm[24] und Abdullah An-Na'im[25] genannt. In den Worten von Breau: „Die Allgemeine Erklärung der Menschenrechte kann auf alle Menschen angewendet werden so, wie sich Menschenrechte und unterschiedliche Kulturen ergänzen und gegenseitig stärken können."[26]

Die Grundidee besteht darin, dass gerade die Kulturrelativistin die Idee universeller Normen fordern sollte, denn der gegenseitige Respekt für kulturelle Diversität und Pluralität kann erst durch die Norm der individuellen Freiheit und des gegenseitigen Respekts Realität werden.

Eine Voraussetzung für die Widerlegung der These, Menschenrechte seien nicht nur europäischen Ursprungs, sondern gelten auch nur für den europäischen Kulturkreis, ist der Nachweis interkultureller Argumentationslinien für „einen gemeinsamen Rahmen, in dem wir über Freiheit (des Gewissens) und Religionsfreiheit"[27] nachdenken können.

Jack Donnelly argumentiert, dass der gemäßigte Kulturrelativismus sehr wohl ein „comprehensive set"[28] von prima facie universellen Menschenrechten anerkennt und seltene sowie lediglich beschränkte lokale Abweichungen ihrer universellen Geltung zulässt.

Wie kann nun ein schwacher Universalismus begründet werden? Gerade der kultursensitive kompatibilistische Universalismus nivelliert kulturrelativistische Einsichten nicht, sondern ist eine Voraussetzung für eine Pluralität der Kulturen bei gleichzeitiger Anerkennung einiger Normen, die man als vormoralisch, moralisch oder juridisch bestimmen kann: a) Recht auf Leben und körperliche Unversehrtheit, b) Recht auf Teilnahme am öffentlichen Leben, c) basale Freiheitsrechte u.a.

Abgeleitet werden diese Rechte vormoralisch aus minimalanthropologischen Voraussetzungen, wir können auch von basalen Interessen sprechen, die interkulturell fast alle Menschen haben. Sie bieten den Rahmen oder die Voraussetzungen für das, was man gelingendes oder wahrhaft menschliches Leben nennen könnte. Sie verpflichten nicht zur Anerkennung eines bestimmten Menschenbildes, denn gerade die Pluralität der Menschenbilder wird gerade durch die Achtung bestimmter Normen erst ermöglicht.

22 Breau 2007, 137-165.
23 Donnelly 1984, 400-419; Donelly 2007, 281-306 und Donelly 2008, 194-204.
24 Lindholm 2008, 17-39.
25 An-Na'im 1990, 331-367.
26 Breau 2007, 138.
27 Little, Sachedina, Kelsey 1988, 213-239, hier 216.
28 Donnelly 1984, 401.

Alle Menschen haben wegen basaler und deswegen nicht kulturspezifischer oder kulturimprägnierter Tatsachen elementare Bedürfnisse. Fast alle Menschen haben die folgenden Interessen der Bedürfnisbefriedigung:[29]

1. Interesse am eigenen Überleben, zu dessen Sicherstellung Nahrung, Kleidung, Behausung notwendig sind;
2. Interesse an der Unverletzbarkeit der eigenen Person;
3. Interesse am Schutz des Privateigentums;
4. Interesse an Mindesteinkommen bzw. an materieller Mindestversorgung.

Falls 2 bis 4 nicht gesichert sind, kann auch 1 in Gefahr sein.

Eine anthropologisch basierte Würdekonzeption steht in engem Zusammenhang mit dem eben Gesagten. Würde folgt hier nicht aus der Gottesebenbildlichkeit, sondern aus der Verletzlichkeit jedes Menschen. Sie wird erst durch gegenseitiges würdevolles Begegnen (Verzicht auf Verletzung der körperlichen Integrität, gegenseitige Achtung der Autonomie, gegenseitige Anerkennung von Interessen etc.) konstituiert. Dann ist Würde ein „Gestaltungsauftrag"[30], und eine Voraussetzung zur Achtung von Menschenrechten.

Wir können noch etwas weiter gehen und die Bedürftigkeit des Menschen hervorheben. Es folge aus unserer „Verletzlichkeit, Hilfsbedürftigkeit, Nacktheit keine normative Funktion; sie sind bloß Indikator unzumutbarer Verhältnisse, die unsere Aufmerksamkeit so auf sich ziehen können, dass wir uns möglicherweise veranlasst sehen, dagegen vorzugehen. Anders gesprochen: Wir allein können uns und der Welt die Freundlichkeit erweisen, Bedürfnisse und Wünsche in einklagbares Recht zu verwandeln."[31] Ich möchte es stärker formulieren: Wenn man universelle Normen stark machen möchte, dann geht es hier nicht um Freundlichkeit, sondern um die Forderung nach Transformation vormoralischer anthropologischer Befunde in Menschenrecht, das in juridischen und möglicherweise vormoralischen Rechten ausbuchstabiert wird.

Um welche anthropologischen Befunde handelt es sich? Die Idee einer anthropologischen Universalität, die Jack Donnelly[32] diskutiert, ist alt: Bei Shakespeare im *Kaufmann von Venedig* appelliert Shylock[33] daran, dass auch Nicht-

29 Kersting 2001, 20.

30 Wetz 1998, 11.

31 Ebd., 175.

32 Donnelly 2008, 281 und S. 284.

33 „And what's his reason? I'm a Jew! Hath not a Jew eyes? Hath not a Jew hands, organs, dimensions, senses, affections, passions? Fed with the same food, hurt with the same weapons, subject to the same diseases, healed by the same means, warmed and cooled by the same winter and summer as a Christian? If you prick us, do we not bled? If you tickle us, do we not laugh? If you poison us, do we not die? And if you

christen ähnliche Schmerzen empfinden und ähnliche Rechte genießen sollten. Selbst ein anthropologischer Minimaluniversalismus[34] nicht tragfähig sein sollte, so wird in der jetzt zu diskutierenden Debatte zwischen Jack Donnelly und Michael Goodhart deutlich, dass erstens der Universalismus[35] weder relativismusblind ist, und zweitens dass ein Relativismus durchaus anschlussfähig an einen Universalismus sein kann. Dazu müssen wir einige Universalismen unterschieden, die in Menschenrechtsdebatten leider nicht immer mit hinreichend unterschieden werden.

Donnelly geht zwar davon aus, dass es eine „historisch/anthropologische Universalität der Werte zeit- und kulturübergreifend“[36] gibt. Abweichend von seiner Sicht bestreite ich allerdings, dass wir „Werte wie Gerechtigkeit, Fairness und menschliche Bedürfnisse mit Praktiken, die diese Werte realisieren sollen“ immer dann vermischen, wenn wir für eine anthropologische Universalität plädieren. Erstens sind Menschenrechte eng und nicht nur zufällig an Werte wie Gerechtigkeit, Fairness oder ‚das gute Leben’ (ein berühmter von Aristoteles abgeleiteter Terminus) gebunden: ‚Gebunden’ heißt, dass meine Argumentationsrichtung folgende ist: Suchen wir nach einem minimalanthropologischen und minimalinterkulturellen Konsens, der sicher nicht die Begründung aller von uns gewünschten universellen Menschenrechte motivieren wird. Jedoch erlaubt die Anerkennung menschlicher Bedürfnisse wie oben ausgeführt die Schlussfolgerung: Wir fassen menschliches Leben in einem Sinn auf, der über die Aufrechterhaltung biologischer Funktionen hinausgeht, und Kommunikation mit anderen Menschen, kulturellen Austausch, Planung der Zukunft, die Möglichkeit, religiös oder spirituell zu leben, einschließt.[37] Trotz der starken argumentativen Verkürzung ist möglicherweise bereits jetzt plausibel, dass es auf einer theoretischen Ebene ein Wechselspiel zwischen der Begründung von Werten und Konzepten wie Gerechtigkeit oder Fairness und Menschenrechte gibt: Gerechtigkeit wird

wrong us, shall we not revenge? If we are like you in the rest, we will resemble you in that.” (zit. nach Craig (Ed.) 1962, 625).

34 Obwohl in Diskussionen oft eine starke Aversion gegen anthropologische Ansprüche – gleich wie bescheiden sie sein mögen – zu vernehmen ist, machen eine Reihe ganz unterschiedlich argumentierender Autoren und Autorinnen anthropologische Annahmen im Zusammenhang mit der Universalität von Menschenrechten: Martha Nussbaum, Robert Alexy, John Rawls, Clifford Geertz, Ernst Tugendhat, Wolfgang Kersting und Heiner Bielefeldt.

35 Die hier unterschiedenen Universalismen können aus Platzgründen nicht weiter erörtert werden. Donnelly unterscheidet konzeptionelle, substanzielle, funktionale und anthropologische Universalität und die zugehörigen Universalismen (siehe dazu Donnelly 2007, 281-306 und 2008, 194-204; Goodhart 2008, 183-193; Sukopp 2009, 357-364).

36 Donnelly 2008, 284.

37 Nussbaum 1995 sowie Nussbaum 1997 und 2000.

konstituiert und realisiert, wenn wir die Ansprüche von Menschenrechten realisieren. Oder anders formuliert: Werte wie Gerechtigkeit oder Fairness gewinnen ihre Bedeutung und Wichtigkeit in Abhängigkeit von den normativ geforderten und faktisch jeweils einzufordernden Menschenrechten.[38]

3.2.3 Ihrer Idee nach müssen Menschenrechte in interkultureller Perspektive universelle Ansprüche erheben und bewegen sich zwangsläufig im Spannungsfeld von Pluralismus, Kultursensitivität und Universalismus

Die Argumentation zielt darauf ab, Kultursensitivität und Pluralismus nicht nur als vereinbar, sondern mehr noch als Voraussetzungen für universelle Menschenrechte zu konzeptualisieren. Dazu reicht es nicht, den universellen Anspruch der Menschenrechte bereits als Begründung zu akzeptieren. Allerdings ist eine universelle Begründung von Menschenrechte etwa apriorisch oder aufgrund einer universellen, abstrakten Vernunft weder erreichbar, noch nötig oder geboten.

Ein naheliegender methodologischer Einwand gegen die These, Kultursensitivität, Pluralismus, Kulturrelativismus u.ä. seien mit Konzepten universell gültiger Menschenreche vereinbar, ist, dass auf der Suche nach Konsens oder nach einem kleinsten gemeinsamen interkulturellen Nenner viele Ansprüche eben auf der Strecke bleiben, also gerade der Kern vieler Menschenrechts-Ideen geopfert werden muss. Diesem Einwand begegne ich mit einer anspruchsvollen Charakterisierung von Menschenrechte, die im Folgenden argumentativ unterfüttert werden muss:

> Menschenrechte sind vorstaatliche Rechte, die jedem Menschen als Person gegenüber den organisierten Kollektiven zukommen. ‚Vorstaatlich' meint, dass die Menschenrechte nicht vom Staat verliehen sind, sondern dass es umgekehrt eine Hauptaufgabe jedes Staates sein soll, die Menschenrechte zu schützen.[39]

38 Genauer ist damit gemeint, dass im Rahmen einer funktionalen Universalität der Menschenrechte allein Menschenrechte innerhalb einer staatlichen Ordnung den vielfältigen Bedrohungen einer wie auch immer gearteten menschlichen Lebensform Einhalt geboten werden kann. Menschenrechte sind unverzichtbar für das, was man mit Nussbaum "truly human functioning" (Nussbaum 2001, 83) nennen kann. Die Universalität der Menschenrechte wird gestützt durch die gerechtfertigte Forderung, dass wir es hier eben nicht mit bloß verliehenen Rechten zu tun haben: „Menschenrechte im strengen Sinn subjektiver Rechte sind viel mehr genau die generellen und nicht erworbenen Rechte, von denen moralisch berechtigt gefordert werden kann, dass sie schon allein mit juridischen Mitteln durchgesetzt werden können, so dass ihre Berücksichtigung nicht den Kontingenzen des politischen Mehrheitswillens überlassen bleibt.“ (Wildt 1998, 142)

39 Sutter 2000, 129.

Vorstaatlichkeit besteht hier im doppelten Sinne, da Menschenrechte wesentlicher Bestandteil des Menschseins vor jeder Vergesellschaftung sind und als Legitimätsvoraussetzung jeder Staatenbildung vorausgehen: „[...] die Menschenrechts*idee* ist ein ebenso *integraler* wie *unverzichtbarer* Faktor, wenn überhaupt eine rechtstaatliche Ordnung mit dem Anspruch auf Legitimität begründet werden soll. Sie muss einer solchen Begründung *selbst immanent* sein."[40]

Dieser Gedanke reformuliert letztlich ein transzendentales Argument Kants[41], das trotz vielerlei Kritik ein Ankerpunkt zu sein scheint. Sicherlich reicht es begründungstheoretisch nicht aus, Menschrechte „ihrem (formalen) Begriff nach"[42] als *universell* auszuweisen, also als Rechte, die für alle Menschen gleichermaßen gelten, d.h. *egalitär* sind und die ausnahmslos, also *kategorisch* gelten, da sie keinem Menschen abgesprochen werden können. Doch so hoch sollte die Messlatte schon liegen, wenn man der Idee der Menschenrechte Rechnung tragen möchte. Offensichtlich hätte eine apriorische Begründung in interkultureller Perspektive Vorteile gegenüber der doch mühseligen Berücksichtigung von kulturrelativistischen Argumenten, kultureller Diversität, Pluralität und dem vielstimmigen Polylog. Wenn etwa „Menschenrechte [...] als objektive Entitäten (etwa als Platonische Ideen) [gelten], die prinzipiell von allen Menschen erkannt (geschaut) werden können"[43], dann wäre damit auf den ersten Blick viel gewonnen. Doch eine solche Forderung ist – abgesehen davon, dass diese Strategie bisher wenig erfolgversprechend war – in der Sicht des Autors grundsätzlich verfehlt. Eine philosophische Begründung zielt nämlich nicht auf einen ‚diktierbaren Er-

40 Göller 1999, 17.

41 Kant argumentiert, die Freiheit eines jeden müsse mit der Freiheit eines anderen gemäß „einem allgemeinen Gesetz zusammen bestehen" können. Auf der anderen Seite muss auch der Staat die Freiheit der Bürger achten, wenn er kein despotischer Staat sein will. Es gibt ein allgemein formulierbares, ein allen potenziell einsichtiges Gesetz, welches als eine Grundnorm für alle positiven Gesetze gilt. Die Prinzipien Freiheit und – daraus ableitbar – Selbstständigkeit und Gleichheit, sind nicht „Gesetze, die der schon errichtete Staat giebt, sondern nach denen alleine eine Staatserrichtung, reinen Vernunftprincipien des äußeren Menschenrechts überhaupt gemäß, möglich ist" (Kant 1795, 49).
Modern und aktuell ist hier die Forderung, dass ein Staat, will er ein Rechtsstaat sein, nicht grundlegende Rechtsnormen erlassen oder verleihen kann. Im Gegenteil: Er muss sich ihnen gemäß verhalten, wenn er nicht als despotisch oder tyrannisch gelten will. Staaten sollten, mit Kant gesprochen, das Prinzip eines universellen Menschenrechts nicht antasten, weil dieses erst eine Bedingung für die Möglichkeit der Existenz eines Rechtsstaates ist. Die Begründungsrichtung wird von Kant umgedreht, indem ein Staat seine Legitimität durch das Beachten des Menschenrechtsgedankens erst unter Beweis stellt und Rechte und Freiheiten dadurch legitimiert, dass er sie gewährt.

42 Lohmann 1998, 63.

43 Paul 1999, 23.

gebniskatalog' (hier eine Liste der zu begründenden Menschenrechte). Das hieße nämlich, dass Philosophie den Selbstanspruch haben müsste, „Prinzipien der Menschenrechtsbegründung als Wissensinhalte"(Schweidler) aufzufassen, die nach erfolgreicher Begründung an die Stelle des zu Begründenden treten. „Die Begründung einer möglichem Wissen noch zugrundeliegenden Überzeugung kann nur zugleich eine Begründung für die Unersetzbarkeit dieser Überzeugung durch ihre philosophische Begründung sein. Insoweit verlangt die Einlösung des Begründungsanspruchs die Revision dieses Anspruchs selbst."[44] Zweitens ist es fraglich, ob wir überhaupt eine ‚rein' philosophische Begründung anstreben sollten. Auch wenn man Gregor Paul[45] nicht zustimmen mag, so zeigt sich in den Debatten der interkulturellen Philosophie[46], dass Studien aus anderen Disziplinen mindestens die philosophische Begründungshegemonie zweifelhaft erscheinen lassen, nach der es vorrangig um normative Geltung gehe und Fragen der Durchsetzbarkeit, der Plausibilität, nach Überzeugungskraft, Vertrautheit oder Fremdheit zweitrangig seien.

3.2.4 Gerade aus einer interkulturellen Perspektive können Kultursensitivität, Kulturrelativität und ein moderater Universalismus miteinander vereint werden.

In Weiterentwicklung der Argumente für die zweite These (3.2.2) wird hier dezidiert aus einer Perspektive einer interkulturellen Philosophie argumentiert. Dabei muss ich Einiges voraussetzen, was ich nicht näher ausführen kann, weise aber auf folgende Vorentscheidungen kurz hin.

Wir sollten *erstens* nicht davon ausgehen, dass es kulturelle Universalien als kulturunabhängige konkrete bedeutungsvolle Inhalte gleich welcher Art für die gesamte Menschheit gibt, denn es ist Kultur bzw. es sind die Kulturen selbst, die ihre Universalien erst plausibel machen und ermöglichen.[47]

44 Schweidler 1994, 42.

45 „[V]iele der nominell philosophischen Beiträge sind eher (gruppen)psychologische, soziopolitische und historische Studien als philosophische Erörterungen. Sie sind weniger mit Fragen der Gültigkeit einer moralischen Norm als mit Fragen ihrer Überzeugungskraft, Glaubwürdigkeit, Durchsetzbarkeit, Vertrautheit (Traditionalität) oder Fremdheit in einer spezifischen Kultur befasst." (Paul 2000, 398)

46 Wer sich einführend fundiert über die wichtigsten Diskursfelder informieren möchten, dem seien die Monographien von Paul (Paul 2008), Wimmer (Wimmer 2002) und Mall (Mall 2000a) sowie die Aufsätze von Mall (Mall 2000b) und Paul (Paul 1999) empfohlen. Zur interkulturellen Philosophie der Menschenrechte siehe Mall 2000c, 127-149.

47 Panikkar 2000, Abs. 55: "There cannot be cultural universals, for it is culture itself which makes possible (and plausible) its own universals."

Zweitens bezweifelt Interkulturalität nicht die vielfältigen Relativitäten einer Kultur, ohne sie zu verabsolutieren. Relativität wird stattdessen ihrerseits relativiert, d.h. Relativität ist jeweils in einer und für eine Kultur gültig und innerhalb der jeweiligen kulturellen Parameter.[48]

Drittens gibt es fundamentale Ähnlichkeiten und gemeinsame Strukturmerkmale der verschiedenen philosophischen Traditionen, sei es afrikanische, chinesische, indische oder abendländisch-griechische Philosophie. Die These der universellen Anwendbarkeit philosophischer Konzepte speist sich aus der Ansicht, dass wir interkulturelles Philosophieren nicht vor kurzer Zeit erfunden haben und dass wir aus der Perspektive einer bestimmten großen philosophischen Traditionslinien – über die Identifizierung und Akzeptanz etwa der griechisch-abendländischen Philosophie hinaus – Philosophie als weltweites Konzept anwenden und im Polylog fortentwickeln.[49] In den Worten Malls:

> As a universal enterprise of mankind, philosophy can very well be universal and still remain compatible with the internal cultural differentiation. Added to this, it is wrong to think that there is one fully homogeneous Indian or European or Chinese philosophy.[50]

Damit verbindet sich außerdem die Sicht, dass zunächst Philosophieren ein transkulturelles Unternehmen ist, das sich auftrennt in griechische, indische und chinesische Philosophie und nicht etwa umgekehrt.[51]

Viertens sind Kulturen eben keine ‚reinen Kulturen', sondern integrieren jeweils bereits Merkmale des vermeintlich Fremden: „There is no pure own culture just as there is no pure other culture. The same is true for philosophy. The ramifications of cultures are intricate and can be traced back into the past almost endlessly."[52]

Zweifellos gibt es weitere Bedingungen, unter denen interkulturelle Philosophie erst gelingen kann.[53] Auch wenn hier eine vorsichtig optimistische Sicht auf die theoretische Anerkennung universeller Menschenrechte befürwortet wird, sollen die immensen global-politischen Schwierigkeiten ihrer Durchsetzbarkeit nicht verschwiegen werden.[54] Die oben genannten Voraussetzungen einer inter-

48 Panikkar 2000, Abs. 82.

49 Mall 1998, 17.

50 Ebd., 15.

51 Mall 2000a, 2.

52 Mall 2000b, Abs. 1; siehe auch Wimmer 2004, 8ff.

53 Siehe dazu etwa Wimmer 1993, 29-40.

54 Hinkmann 2000, 185 spricht davon, dass „in der politischen Praxis die zumindest verbale Anerkennung der Menschenrechte [zwar] noch nie so groß war wie heute", allerdings die inhaltliche Bestimmung und mangels „einheitlicher Interpretation" derzeit nicht möglich ist. Auch wenn wir von einer solchen Interpretation weit ent-

kulturellen Sicht auf die Menschenrechte sind hier ein wichtiges Rüstzeug für die Zurückweisung einer Unvereinbarkeitsthese:

Die Unvereinbarkeitsthese oder vornehm Inkommensurabilität kulturell geformter Werte, Normen, Traditionen etc. ist erstens überbewertet und wird zweitens gerade in jüngster Zeit durch Ergebnisse einer interkulturellen Philosophie der Menschenrechte in Frage gestellt.

Zwei Beispiele mögen genügen: Nie Jing-Bao[55] verweist auf die fundamentale, aber leider auf populären Missverständen gegründete, immer wieder behauptete unüberwindliche Kluft zwischen nichtwestlichen Kulturen und westlich geprägten Menschenrechten. Er plädiert gegen ein mantraähnlich wiederholtes Stereotyp. Das Stereotyp lautet: Menschenrechte und kulturelle Werte nichtwestlicher Kulturen lassen sich nicht vergleichen. Auf jeden Fall zeigt sich immer wieder, dass universelle Menschenrechte aus der Hybris europäischer Kultur entspringen.

Erstens zieht sich der Kampf vieler Chinesen für die Achtung der Menschenwürde, Menschenrechte und individuellen Freiheitsrechte wie ein roter Faden durch chinesische Kulturen. *Die* chinesische Kultur, angeblich geprägt von Kollektivismus und Autoritätsgläubigkeit (und konterkariert zum westlichen Individualismus und Liberalismus) gebe es, so Jing-Bao eben nicht. Er verweist etwa auf plurale Sichtweisen in bioethischen Fragen, die direkten Bezug zu Menschenrechten haben.

Zweitens ist die Befürwortung universeller Menschenrechte in der Geschichte des politischen und kulturellen Lebens (abgesehen von der Ära des Maoismus) im 20. Jahrhundert eine Konstante gewesen. In der Formulierung der *Allgemeine[n] Erklärung der Menschenrechte* lassen sich Einflüsse des Konfuzianismus und Daoismus nachweisen. Beide haben außerdem ihre Traditionen des Individualismus. Schließlich: „It is crucial not to confuse, as the authorities in the East-Asian countries often do, the secondary values such as respecting the authorities and harmony with the fundamental or primary ideals such as Dao, the mandate of Heaven, the primacy of morality, humanity, righteousness, human dignity, and individuality."[56]

fernt sind, weise ich nachdrücklich darauf hin, dass eine „einheitliche" Interpretation für eine hier vertretene Kompatibilität von Kulturrelativismus und der Geltung universeller Normen nicht nötig ist. Ein solches Vorgehen würde einmal mehr denen das Wort reden, die „die Behauptung der Universalität der Menschenrechte als spezifisch westliches Konstrukt [bezeichnen] und in Frage stellen" (Hinkmann 2000, 185).

55 Jing-Bao 2005, 251-257.

56 Jing-Bao 2005, 255.

Zum zweiten Beispiel: In einem aktuellen Forschungsprojekt[57] wurde nach europäischen und indischen Gemeinsamkeiten in den metaphysischen Voraussetzungen für Menschenrechte gesucht: Überraschende Ergebnisse sind sowohl der relativ breite – anhand historischer wie zeitgenössischer Quellen auffindbare Konsens – als auch relativ breite Übereinstimmungen genuin verschiedener metaphysischer Legitimationsbasen für Menschenrechte, z.B. ‚Würde' (lat. dignitas) im christlich-abendländischen Kulturraum bzw. deren indische Entsprechungen (Sanskr. svayata oder svayaśas). Zweitens konnten analog ‚ahimsa' als eine gemeinsame west-östliche Basis für universelle Menschenrechte ausfindig gemacht werden, die das Verhindern von (menschlichem) Leid als eine Grundvoraussetzung für ethisches Handeln und die Begründung von universalen Menschenrechten nahelegt.

Dass die durch die Konformität ihres Kastensystems geprägte indische Gesellschaft ein mit Rechten und Pflichten innerhalb der sozialen Gemeinschaft belegtes Individuum voraussetzt, konnte bereits eruiert werden.

Ob darüber hinaus ein grundlegender Autonomiebegriff auch in der kollektivistisch geprägten Hindutradition zu verorten ist, mögliche Termini für ‚Autonomie' könnten svayata oder svayaśas sein, bedarf einer weiteren Analyse von traditionellen Quellentexten, da hier weitgehend Neuland in der Forschung betreten wird.

4. Fazit und Ausblick

Die hier vorgelegte Argumentation ist eingebettet in vielfältige Debatten um Für und Wider eines Kulturrelativismus, der zunächst expliziert wird (Abschnitt 1). Dazu ist es nötig den Kulturbegriff weit zu fassen, und insbesondere eine verkürzende und verzerrende Gleichsetzung von Kultur und Religion zu vermeiden. Da Kulturrelativismus entweder im Anschluss oder in Abgrenzung zu Multikulturalismus, einem erweiterten normativen Relativismus, einem normativen Universalismus und Partikularismus vertreten oder abgelehnt wird, ist eine Klärung wichtiger Zusammenhänge zwischen diesen unterschiedlichen Konzepten nötig. Im Ergebnis ist ein Ausschluss bzw. eine klare Frontstellung von Universalismus und Relativismus bereist aus definitorischen Gründen keineswegs offensichtlich oder gar geboten (Abschnitt 2).

Um eine Vereinbarkeitsthese von Kulturrelativismus und normativen Universalismus am Beispiel der Menschenrechte vertreten zu können, werden zunächst

[57] Das Projekt wird unter der Leitung von Uwe Voigt von Mario Schulte und dem Autor des vorliegenden Beitrags durchgeführt. Ich danke an dieser Stelle dem Kompetenzzentrum für Kultur- und Bildungswissenschaft der Universität Augsburg für die großzügige finanzielle Unterstützung und Mario Schulte für wertvolle Hinweise zur vorliegenden schriftlichen Fassung des Aufsatzes.

einige Argumente für den Kulturrelativismus skizziert (Abschnitt 3.1). Insbesondere die universalistische Argumentation einer letztlich christlich fundierten Menschenwürde als Legitimationsinstanz für universelle Menschenrechte veranlasst Kulturrelativisten dazu, von einer Kulturimprägniertheit *der* ,westlichen Menschenrechte' zu sprechen.

Ein daraus abgeleiteter, starker und radikaler Kulturrelativismus ist in der Tat mit einem normativen Universalismus unvereinbar (Abschnitt 3.2.1), da er inkommensurable normative Einstellungsinventare annimmt und bestenfalls intrakulturell Normen als universell ausweisen kann. Gegen eine solche Unvereinbarkeitsthese argumentieren viele Autoren und Autorinnen, dass ein Kulturrelativismus mit der Forderung universeller Menschenrechte vereinbar ist (Abschnitt 3.2.2). Dazu muss zunächst keine Perspektive einer interkulturellen Philosophie eingenommen werden, die Formulierung eines anthropologischen Minimaluniversalismus bzw. die Analyse dessen, was verkürzt Universalismus genannt wird, reichen dazu aus. Die Diskussion einer Debatte zwischen Jack Donnelly und Michael Goodhart verdeutlicht, dass die zu unterscheidenden Universalismen nicht relativismusblind sind und zudem der Relativismus an bestimmte Formen des Universalismus anschlussfähig ist. Dass Menschrechte ihrer Idee nach in interkultureller Perspektive universelle Ansprüche erheben und sich zwangsläufig im Spannungsfeld von Pluralismus, Kultursensitivität und Universalismus bewegen (Abschnitt 3.2.3), kann eine Vereinbarkeit von Kulturrelativismus und normativen Menschenrechtsuniversalismus zunächst nur motivieren, erhellt aber den Selbstanspruch der Menschenrechtsidee. Zentral ist hier die Charakterisierung von Menschrechte als vorstaatliche Rechte, die ein Staat, sofern er als Rechtsstaat gelten möchte, allen Menschen einräumen muss. Die abschließende These, dass gerade aus einer interkulturellen Perspektive Kultursensitivität, Kulturrelativität und ein moderater Universalismus miteinander vereint werden können (Abschnitt 3.2.4), geht von einigen Voraussetzungen einer interkultureller Philosophie aus. Nicht verkannt wird die Einschätzung, dass jegliche universelle Normen zunächst innerkulturell gelten. Anhand zweier Beispiele wird dafür argumentiert, dass wir gleichzeitig die kulturelle Einbettung der Menschenrechte anerkennen können und trotzdem für die Anerkennung menschlicher Invarianten argumentieren sollten. Damit sind kulturübergreifende, allen Menschen gemeinsame Konstanten bzw. Rahmenbedingungen menschlichen Lebens gemeint, die dann freilich in jeder Kultur unterschiedlich ausgeformt werden.[58]

[58] Panikkar 2000, Abs. 58: „There are no cultural universals. But there are, for sure, *human invariants*. Every man eats, sleeps, walks, speaks, establishes relationships, thinks [...] But the way according to which each one of the human invariants is lived and experienced in each culture is distinct and distinctive in each case.“

Literatur

Afshari, R., 2010, Human Rights, Relevance of Culture and Irrelevance of Cultural Relativism. In: *Opinion*, November 4, (http://www.roozonline.com/english/news3/newsitem/article/human-rights-relevance-of-culture-and-irrelevance-of-cultural-relativism.html, zuletzt eingesehen am 5. 1. 2011).

Alexy, R., 1998, Zur Institutionalisierung der Menschenrechte im demokratischen Verfassungsstaat. In: S. Gosepath/ G. Lohmann (Hg.), *Philosophie der Menschenrechte*. Frankfurt/M., 244-264.

Bielefeldt, H., 1995, Muslim Voices in the Human Rights Debate. In: *Human Rights Quarterly*, 17, 587-617.

Birinci, G., 2008, *Global Pluralism versus Universal Human Rights* (www.wiscnetwork.org/ljubljana2008/getpaper.php?id=128, University of Ljubljana, Second Global International Studies Conference, zuletzt eingesehen am 8. 1. 2011).

Breau, S. C., 2007, Human Rights and Cultural Relativism: The false dichotomy. In: J. Rehman/ S. C. Breau (Hg.), *Religion, Human Rights and International Law*. Leiden, 137-165.

Cook, J. W., 1999, *Morality and Cultural Differences*, New York/ London.

Craig, W. J., (Ed.), 1962, *The Comedies of William Shakespeare*. London/ Oxford.

Darnell, R., 1998, *And along came Boas : continuity and revolution in Americanist anthropology*. Amsterdam/ Philadelphia.

Donnelly, J., 2007, The Relative Universality of Human Rights. In: *Human Rights Quarterly* 29, 281-306.

Donnelly, J. 2008, Human Rights: Both Universal and Relative (A Reply to Michael Goodhart). In: *Human Rights Quarterly* 30, 194-204.

Donnelly, J., 1984, Cultural Relativism and Universal Human Rights. In: *Human Rights Quarterly*, Vol. 6, No. 4, 400-419.

Francioni, F., 2008, Culture, Heritage and Human Rights: An Introduction. In: F. Francioni/ M. Scheinin (eds.), *Cultural Human Rights*, Leiden.

Göller, T., 2003, Sind Kulturen und kulturelle Realitätssichten inkommensurabel? In: M. Kaufmann (Hg.), *Wahn und Wirklichkeit – Multiple Realitäten. Der Streit um ein Fundament der Erkenntnis*, Frankfurt/M. u. a., 269-283.

Goodhart, M. 2008, Neither Relative nor Universal: A Response to Donnelly. In: *Human Rights Quarterly* 30, 183-193.

Hamm, B./ Nuscheler, F. (Eds.), 1995), Zur Universalität der Menschenrechte. In: *INEF Reports des Instituts für Entwicklung und Frieden der Gerhard-Mercator-Universität GH Duisburg*, Heft 11.

Hinkmann, J., 1996, *Philosophische Argumente für und wider die Menschenrechte*, Marburg.

Jing-Bao, N., 2005, Cultural values embodying universal norms: A Critique of a popular assumption about cultures and human rights. In: *Developing World Bioethics* Vol. 5, 3, 251-257.

Johnson, T. H., 2007, Cultural relativism: interpretations of a concept. In: *Anthropological Quarterly* 80, 3, 791-802.

Kant, I., 1795, Ueber den Gemeinspruch: Das mag zwar für die Theorie richtig sein, taugt aber nicht für die Praxis. In I. Kant, *Zwo Abhandlungen über moralische und politische Gegenstände*, Frankfurt/M./ Leipzig.

Kersting, W., 2001, Plädoyer für einen nüchternen Universalismus. In: *Information Philosophie*, 1, 8-22.

Li, X., 2007, A cultural critique of cultural relativism. In: *American Journal of Economics and Sociology*, 66, 1, 151-171.

Lindholm, T., 2008, The Cross-Cultural Legitimacy of Universal Human Rights: Plural Justification across Normative Divides. In: F. Francioni/ M. Scheinin (eds.): *Cultural Human Rights*. Leiden, 17-39.

Little, D./ A. Sachedina/ J. Kelsay, 1988, Human rights and the World's Religions: Christianity, Islam and Religious Liberty. In: Little, D./ J. Kelsay/ A. A. Sachedina (Eds.), *Human Rights and the conflict of Cultures: Western and Islamic Perspectives on Religious Liberties*. Columbia, South Carolina, 213-239.

Mall, R. A., 2000a, *Intercultural Philosophy*. Lanham u.a.

Mall, R. A., 2000b, The Concept of an intercultural Philosophy. In: *polylog: Forum for Intercultural Philosophy*, 1. (http://them.polylog.org/1/fmr-en.htm, zuletzt eingesehen am 28. 1. 2011)

Mall, R. A., 2000c, Interkulturelle Philosophie und die Idee der Menschenrechte. In: J-C. Wolf (Hg.), *Menschenrechte interkulturell*. Freiburg (Schweiz), 124-149.

Mall, R. A., 1998, Philosophy and Philosophies – Cross-Culturally Considered. In: *Topoi*, 17, 15-27.

Nicholson, C. J., 1998, Three Views of Philosophy and Multiculturalism: Searle, Rorty, and Taylor. In: *Paideia* (http://www.bu.edu/wcp/Papers/Educ/EducNich.htm, zuletzt eingesehen am 11. 2. 2011).

Nussbaum, M. C., 2001, Symposium on Amartya Sen's Philosophy: 5: Adaptive preferences and women's options. In: *Economics and philosophy*, 17, 67-88.

Nussbaum, M. C., 2000, *Women and human development: the capabilities approach*, Cambridge.

Nussbaum, M. C., 1997, Capabilities and Human Rights. In: *Fordham Law Review* 66, 273-300.

Nussbaum, M. C./ Glover, J. (Eds.), 1995, *Women, Culture, and Development: A Study of Human Capabilities*. Oxford.

Okin, S. Moller, 1998, Konflikte zwischen Grundrechten. Frauenrechte und die Probleme religiöser und kultureller Unterschiede. In: S. Gosepath/ G. Lohmann (Hg.), *Philosophie der Menschenrechte*, Frankfurt/M., 310-342.

Panikkar, R., 2000, Religion, Philosophy and Culture. In: *polylog: Forum for Intercultural Philosophy*, 1 (http://them.polylog.org/1/fpr-en.htm, zuletzt eingesehen am 28.1.2011).

Parekh, B., 1999, *What is multiculturalism?* (Multicultiralism: a symposium on democracy in culturally diverse societies, http://www.india-seminar.com/1999/484/484%20parekh.htm, zuletzt eingesehen am 11. 2. 2011).

Paul, G., 2008, *Einführung in die interkulturelle Philosophie*, Darmstadt.

Paul, G., 2001, Philosophie der Menschenrechte. Ergebnisse eines Projekts. In: *polylog. Forum für interkulturelle Philosophie*, 3, Abs. 1-19

(http://agd.polylog.org/3/ppg-de.htm, viewed on 16/03/09).
Paul, G., 2000, Komparative und interkulturelle Philosophie und ihr Szenario im deutschsprachigen Raum. In: A. Wierlacher u.a. (Hg.): *Jahrbuch Deutsch als Fremdsprache 26*, München, 381-412.
Paul, G., 1999, Komponenten einer Philosophie der Menschenrechte. Ein Beitrag zur Operationalisierung interkultureller Verständigung über Normen und Werte. In: T. Göller (Ed.), *Philosophie der Menschenrechte: Methodologie, Geschichte, kultureller Kontext*, Göttingen.
Preis, A-B., 1996, Rights as Cultural Practice: An Anthropological Critique. In: *Human Rights Quarterly*, Vol. 18, No. 2, 286-315.
Rachels, J., ^{2}1993, *The Elements of Moral Philosophy*, New York.
Reichert, E., 2006, Human Rights: An Examination of Universalism and Cultural Relativism. In: *Journal of Comparative Social Welfare*, 22, 1, 23-36.
Schroth, J., 2002, Universalisierbarkeit und Partikularismus. In: A. Beckermann/ C. Nimtz (Eds.), *Argument und Analyse: Ausgewählte Sektionsvorträge des 4. internationalen Kongresses der Gesellschaft für analytische Philosophie*, Paderborn.
Schweidler, W., 1994, *Geistesmacht und Menschenrecht*. Freiburg im Breisgau/ München.
Silvermann, S., 2005, The Boasian and the Invention of Cultural Anthropology. In: Barth et al., *One Discipline, four Ways. British, German, French, and American Anthropology*, Chicago, 257-274.
Sullivan, J. G., 2003, *On Relativism – Cultural and Ethical* http://facstaff.elon.edu/sullivan/rachels-relativism.htm, viewed on 16/03/09.
Sukopp, T., 2010, Artikel „Kulturrelativismus". In: H. J. Sandkühler et al. (Hg.), *Enzyklopädie Philosophie, Band 2 (I-P)*, Hamburg.
Sukopp, T., 2009, On the Relativity and Universality of Human Rights. Or: Is Universalism More than "Wishful Thinking"? In: V. S. Singh/ R. K. Panda (eds.), *Pre-Proceedings of the "International Conference on Language, Mind and Social Construction"*, Mumbay, 357-364.
Sukopp, T., 2005, Wider den radikalen Kulturrelativismus – Universalismus, Kontextualismus und Kompatibilismus. In: *Aufklärung und Kritik*, 2, 137-155.
Tanesini, A., 1997, Ethics without Foundations: the Question of Universalism. In: *Surfaces* Vol. 114 (v.1.0A – 28/06/97), 4-8 (http://www.pum.umontreal.ca/revues/surfaces/pdf/vol7/tanesini_2.pdf, zuletzt eingesehen am 6. 1. 2011).
Tilley, J. J., 2000, Cultural Relativism. In: *Human Rights Quarterly* 22, 501-547.
Wetz, F.-J., 1998, *Die Würde des Menschen ist antastbar*, Stuttgart.
Wildt, A., 1998, Menschenrechte und moralische Rechte. In: S. Gosepath/ G. Lohmann (Hg.), *Philosophie der Menschenrechte*, Frankfurt/M., 124-145.
Wimmer, M., 2004, *Interkulturelle Philosophie. Eine Einführung*, Wien.
Wimmer, M., 2002, *Essays on Intercultural Philosophy*, Chennai, India.
Wimmer, M., 1993, Die Idee der Menschenrechte in interkultureller Sicht. In: H. Kimmerle/ R. A. Mall (Hg.), *Philosophische Grundlagen der Interkulturalität*, Amsterdam/ Atlanta, 29-40.

Hans Jörg Sandkühler

Universalität und Transkulturalität der Menschenrechte. Ein Plädoyer gegen Rechtsrelativismus[1]

Warum gibt es die Menschenrechte als Normen des internationalen und Verfassungsrechts? Es müsste nichts *normiert,* nichts *gesollt* werden, lebten wir bereits im Zeichen von Gleichheit und Gerechtigkeit. In der Welt, in der wir leben, ist das, was *gesollt* ist, keine offene Frage: Gesollt ist der Schutz der *Menschenwürde.* Ihre Unantastbarkeit ist die fundamentale Rechtsnorm, die in den Menschen- und Grundrechten konkretisiert sind. Die Würdenorm ist als Sollen notwendig, weil die Menschenwürde und die Menschenrechte *de facto* verletzt werden.

Menschenrechte[2] sind Rechte, die jedem Menschen ungeachtet aller seiner sonstigen Eigenschaften allein kraft seines Menschseins zukommen (sollen).[3] Dies ist ein einfacher, aber kein selbstverständlicher Satz. *Kommen* – wie naturrechtlich gedacht – den Menschen ihre Rechte ‚von Natur aus' und unveränderbar *zu*? Oder *sollen* sie ihnen – wie juridisch und politisch pragmatisch gedacht – durch Verrechtlichung sich historisch wandelnder moralischer Ansprüche zukommen? Ich werde – thesenartiger und ärmer an Begründungen, als ich es mir wünschte – in sieben Abschnitten und einer kurzen Bilanz die Auffassung begründen, dass (i) die Menschenrechte nur als *juridische Rechte* zur Verwirklichung moralischer Ansprüche führen können[4], dass sie (ii) juridisch universali-

1 Für Kritik und Anregung zu diesem Beitrag danke ich insbesondere Sarhan Dhouib.

2 Vgl. meinen ausführlichen enzyklopädischen Artikel ‚Menschenrechte' in Sandkühler 2010.

3 Von Begriffsbestimmungen zu ‚Menschenrechten' ist zu erwarten, dass sie angeben, was unter der Zuschreibung von Rechten ‚ungeachtet aller sonstigen Eigenschaften des Menschen' verstanden werden soll. Auf breites Einvernehmen kann die folgende Bestimmung rechnen: Menschenrechte sind „Rechte, die [...] allen Menschen kraft ihres Menschseins und unabhängig von ihrem Alter, ihrer Hautfarbe, ihrem Geschlecht, ihrer Staatsangehörigkeit oder ihrer sozialen Herkunft gemeinsam sein sollen [...] Rechte, die durch ihren ursprünglichen und unveräußerlichen Charakter damit auch nicht verweigert, die grundsätzlich nicht entzogen werden können, auf die aber auch niemand (freiwillig oder gezwungenermaßen) verzichten kann„ (Arndt 1981, 25).

4 Zur Debatte darüber, ob es *‚moralische Rechte'* gibt oder nur von zu verrechtlichenden *‚moralischen Ansprüchen'* gesprochen werden kann, vgl. Kervégan 2010, Mohr 2010, Sandkühler 2010a.

sierbar und universell *sind* und (iii) kulturrelativistische Strategien Rechtsrelativismus, Entuniversalisierung und den Verlust von Menschenrechtsschutz zur Folge haben. Menschenrechte sind Rechte, die wir ungeachtet unserer kulturellen Herkunft haben. Das Prinzip trankultureller Rechtsgeltung[5] wird – wie ich abschließend zeigen werde – von den vier islamisch-arabischen Menschenrechtserklärungen[6] und auch – wenn auch in geringerem Maße – von der afrikanischen *Charta der Menschenrechte und Rechte der Völker*[7] verletzt.

Was Menschenrechte *sein sollen*, ist sowohl auf der Ebene moralischer Überzeugungen als auch auf der Ebene ethischer und rechtsphilosophischer Begründungen strittig. Doch was Menschenrechte *sind*, ist bzw. wird im Internationalen Recht als Ergebnis deliberativer – in zunehmendem Maße zivilgesellschaftlich beeinflusster – zwischenstaatlicher Prozesse definiert. Über ihre normativen Gehalte, die Begründungen ihrer Akzeptabilität, die Formen ihrer Implementierung, die mit ihnen verbundenen Sanktionen und die institutionellen Formen ihres Schutzes wird es weiterhin politische Konflikte geben. Eine Welt ohne Menschenrechtsverletzungen ist nicht in Sicht. Es empfiehlt sich, Kants anthropologischen Realismus nicht zu verdrängen: Der „Gang der Menschengattung zur Erreichung ihrer ganzen Bestimmung" ist „in kontinuierlicher Gefahr [...], in die alte Rohigkeit zurückzufallen".[8] Wer die Menschenrechte als juridische Rechte denkt, teilt mit Kant zwei Prämissen einer kritischen Anthropologie: (i) „Die Menschen bedürfen bei ihrer natürlichen Bösartigkeit und in ihrer darum sich unter einander drängenden Lage einer Macht, die jeden größeren Haufen derselben unter dem *Zwange öffentlicher Gesetze* halte und dadurch jedem sein Recht sichere"; und (ii) „wenn wir auch keine theoretisch hinreichenden Gründe hätten: wenn die Politiker uns ganz andere Mittel anpriesen, so müssen wir doch *so handeln, als ob* das Menschliche Geschlecht immer zum Besseren hinstrebe."[9]

1. Zum Begriff und zum Status der Menschenrechte

Die Menschenrechte sind hinsichtlich ihrer Geltung ein Implikat des Menschseins. Hinsichtlich ihrer Entstehung in der Geschichte sind sie aus *Unrechtserfahrung* entstanden, und aus solcher Erfahrung werden sie weiter entwickelt werden. Die in Revolutionen eingeklagten und im 20. Jahrhundert unter dem Eindruck der Verbrechen des Kolonialismus, Imperialismus, Nationalsozialismus, Faschismus, Militarismus und Stalinismus formulierten Menschenrechts*an*-

5 Vgl. Sandkühler 2004, 2006.

6 Vgl. den Beitrag von Fathi Triki in diesem Band.

7 Vgl. hierzu den Beitrag von Rainer Tetzlaff in diesem Band.

8 Kant, *Mutmaßlicher Anfang der Menschengeschichte*, AA VIII 123, Anm. 2.

9 Kant, *Ein Reinschriftfragment zu Kants ,Streit der Fakultäten,* (aus dem Nachlass: bis 1798), Loses Blatt Krakau. In: Kant-Studien 51 (1959/60), 5-8. (Hervorh. v. mir)

sprüche sie sind gerichtet auf weltbürgerrechtliche Lebensverhältnisse ohne Diskriminierung, Unterdrückung, Hunger, Not und Krieg. Menschenrechtsansprüche haben einen *moralischen Gehalt;* sie können aber weder aus einer bestimmten Moral begründet noch ohne ihre *positiv-rechtliche Form* durchgesetzt und geschützt werden. Sie begründen Ansprüche gegenüber nichtstaatlicher – vor allem ökonomischer – Gewalt und gegenüber den Staaten bzw. Staatengemeinschaften, deren Rechtssysteme im Interesse bestmöglicher Grundrechtegewährung und -verwirklichung auf den je höchsten Entwicklungsstand der Menschenrechte verpflichtet sind.

Die individuellen Rechte der Menschen haben eine universelle transkulturelle juridische Geltung. Ihre Geltung muss nicht begründet werden. Zu begründen ist und in politisch-kulturellen Kontexten unterschiedlich begründet werden ihre Akzeptanz und die Formen ihrer Applikation.

Die Menschenrechte bilden, abgeleitet vom fundamentalen moralischen Wert und von der basalen Rechtsnorm ‚Menschenwürde', in der Hierarchie der Normen das Fundament des Rechtsnormensystems. Sie sind auch dann mit *Drittwirkung* – also über die Staaten hinaus auch Individuen und Gruppen – verpflichtende Normen, wenn sie nicht im innerstaatlichen Recht positiviert sind; sie verlangen mehr als nur rechtskonformes Verhalten, nämlich die Anerkennung und Achtung der Menschenwürde und der Ansprüche aller auf ein menschenwürdiges Leben.

Neuere Menschenrechte-Erklärungen betonen zunehmend *Bedingungen* der Realisierbarkeit der Menschenrechte So heißt es in der Präambel des *Internationalen Pakts über bürgerliche und politische Rechte* vom 19. 12. 1966 (1976 in Kraft getreten), „dass im Einklang mit der Allgemeinen Erklärung der Menschenrechte das Ideal freier Menschen, die frei von Furcht und Not sind, nur erreicht werden kann, wenn Verhältnisse geschaffen werden, unter denen jeder seine wirtschaftlichen, sozialen und kulturellen Rechte sowie seine politischen und Bürgerrechte genießen kann". Nicht anders als von den Grundrechten geht auch von den Menschenrechten eine *Rundumwirkung* aus. *Pflichten* sind den Menschenrechten – wie allen Rechtsnormen – eingeschrieben; sie müssen nicht eigens ‚erklärt' werden.

2. Normenbegründungen in pluralistischen Gesellschaften

Pluralismus ist in modernen Gesellschaften eine Tatsache. Hinsichtlich des Verhältnisses von Recht und Moral ist er zugleich ein Problem. Das Problem besteht nicht in erster Linie in Konflikten zwischen einander angeblich ‚fremden' Groß-Kulturen wie Europa, der arabischen Welt, Lateinamerika, Afrika und Asien. Schwierigkeiten entstehen vielmehr gerade im *Inneren* der Gesellschaften – zwischen Egoismus und Solidarität, zwischen Freiheit und Achtung von Rechten. *De facto* führt der Pluralismus zu Relativismus, zu partikulären Ansprüchen auf die Geltung *meiner* Wahrheit, *meiner* Moral; relativiert wird auch die Geltung von Rechtsnormen: *mein* Recht. Der Rechtsrelativismus hat Gründe in der Mutmaßung eines Vorrangs der privaten Moral vor dem öffentlichen Recht und besonderer Rechtskulturen vor universellem Recht. Hinsichtlich möglicher Normenbegründungen in pluralistischen Gesellschaften lautet die entscheidende Frage: „Kann eine Rechtsgesellschaft ohne Rekurs auf moralische und politische ‚substanzielle' Wahrheiten bestehen? Ist ein wertneutraler Positivismus fähig, die *rechtliche* [...] Kohärenz einer pluralen Gesellschaft zu garantieren?"[10]

Es ist unter den Bedingungen des faktischen Pluralismus weder innerhalb einer Kultur noch hinsichtlich der Beziehungen zwischen Kulturen sinnvoll, die Menschen- und Grundrechte aus *einem* ethischen Prinzip ableiten zu wollen, das als allein ‚richtig' behauptet wird und zu dem allgemeiner Konsens verlangt und gegebenenfalls mit Zwang durchgesetzt wird. Ein solches Prinzip kann keine transkulturelle Geltung h aben. Das Recht der Menschenrechte muss in der Perspektive des Rechts auf Dissens bei gleichzeitiger Achtung jener Freiheit der Lebensgestaltung weiterentwickelt werden, die mit der Achtung des Anderen vereinbar ist. Hieraus folgt die Notwendigkeit einer *neutralen* Rechtskonzeption. Aus der Neutralitätsforderung folgt nicht, die Rechtskonzeption müsse *wert*neutral sein; sie muss vielmehr in dem Maße den von der großen Mehrheit der Menschen geteilten moralischen Intuitionen und Werteinstellungen entsprechen, dass zwischen Recht und Unrecht unterschieden werden kann.

Das Recht muss seine Funktion als offener Universalismus erfüllen. Geschlossene Universalismen – wie die von Religionen – tendieren zum Oktroy und führen zur Exklusion des Heterogenen, des ‚Fremden'. Offener Universalismen ist republikanisch und demokratisch, fordert die Inklusion der Differenz und achtet die Freiheit der Alterität. Er verlangt nach Prinzipien der Gleichheit und der Allgemeinheit des Rechts, die gegenüber den Welt- und Selbstverständnissen neutral sind.

Wie sollte denn auch angesichts der Vielfalt konkurrierender epistemischer Evidenzen und Überzeugungen[11], Moraleinstellungen und Wertpräferenzen[12] *eine* Moral, *eine* Ethik, den privilegierten Anspruch erheben können, von allen als Grundlage ihrer Rechtsansprüche und ihres Handelns anerkannt zu werden?

10 Kervégan 2010a, 1665. Zur Begriffs- und Problemgeschichte des Verhältnisses von Moral und Recht vgl. ebd.

11 Vgl. zu einer Einführung in die Theorie der Überzeugungen, der Wissenskulturen und des Wissens Sandkühler 2009.

12 „Unsere Begriffe Ethik, Moral und Sittlichkeit" – schreibt Uwe Wesels in *Juristische Weltkunde. Eine Einführung in das Recht* – „umschreiben ein Feld innerer Einstellungen, für das sich heute im wesentlichen jeder einzelne selbst verantwortlich fühlt, unabhängig von anderen und von den eher äußerlichen Vorschriften des Rechts oder von Sitten und Gebräuchen." (Wesel 1993, 47).

Wie problematisch derartige Ansprüche sind, zeigen jüngste Stellungnahmen der katholischen Kirche[13], ‚christlich-abendländische' Kommentatoren des Grundgesetzes[14], frühere Versuche – z.B. in der DDR –, eine ‚sozialistische Moral' in Verfassungsrang zu erheben[15] und die religiös-islamische Reduktion von Rechten auf die Gebote der Shari'a.

Die *eine* Moral, die *eine* ethische Letztbegründung gibt es nicht in der Weise, dass jemand legitimiert wäre, sie einer Gesellschaft zu oktroyieren. Mit einer Formulierung Georg Mohrs: „Nicht diese oder jene Moral, sondern die Idee des Rechts als wechselseitige Anerkennung von Personalität und damit von Sphären der Manifestation von selbstbestimmter Freiheit ist ein geeigneter Ausgangspunkt für die Begründung von Menschenrechten. Diese sind zu verstehen als grundlegendste Rechte derart, dass nur unter ihrer Voraussetzung überhaupt Menschen als Rechtssubjekte und damit als Menschen betrachtet werden."[16]

Deshalb kommt dem internationalen Menschenrechte-Recht eine immer größere Bedeutung zu. *Seine Rechtsnormen sind der Spiegel einer universalisierbaren und universalisierten Moral; sie vereinigen in sich die moralischen Intuitionen, die in der gegenwärtigen Welt den breitest möglichen Konsens stiften.* Dieses Recht, das zugleich Moral *ist*, gewinnt seinen transkulturellen universellen Geltungsgrund daraus, dass es gegenüber Ideologien, Weltanschauungen, Religionen und daraus abgeleiteten subjektiven, partikulären Präferenzen *neutral* ist.

13 „Immer wenn das Naturrecht und die Verantwortlichkeit, die es einschließt, geleugnet werden, wird auf dramatische Weise der Weg zum ethischen Relativismus auf individueller Ebene frei und der Weg zum staatlichen Totalitarismus auf der politischen Ebene. Die Verteidigung der allgemeinen Menschenrechte und der Grundsatz vom absoluten Wert und Würde der Person erfordern ein Fundament. Ist dieses Fundament nicht gerade das Naturrecht mit seinen unverbrüchlichen Werten, auf die es verweist?" (Benedikt XVI., 2010, Das Naturrecht ist das Fundament der Menschenrechte und der Menschenwürde. Zweite Katechese zum heiligen Kirchenlehrer Thomas von Aquin. http://www.zenit.org/article-20813?l=german. Abruf: 26. 6. 2010).

14 Im Grundgesetzkommentar Maunz/Dürig wurde noch 1994 bezüglich Art. 1 (1) GG (Unantastbarkeit der Menschenwürde) die These vertreten, es sei „niemals unjuristisch, wenn man zur Interpretation des von der Verfassung rezipierten, ihr vorausliegenden Rechts spezifisch christliche Lehren verwendet [...] Die christliche Naturrechtsauffassung umspannt stets auch die gültige profane Lehre [...] Sollte irgendwo das profane Naturrecht zu Abweichungen vom christlichen führen, so ist im Zweifel nichts anderes als die Überprüfung auf historische Abfälschungen nötig, um wieder auf die gemeinsame christliche Wurzel zu stoßen." (Th. Maunz/ G. Dürig, Grundgesetz. Kommentar, Bd. I, Art. 1-12, Lieferungen 1-31, München 1994, Rdnr. 15 und ebd., FN 2).

15 So in Art. 19 (3) der Verfassung der DDR (1968, in der Fassung vom 7. Oktober 1974).

16 Mohr 2009, 75f. Statt von einer „Begründung" wäre besser vom ‚Verständnis' der Menschenrechte zu sprechen.

Spontane moralische Solidarität ist angesichts der ‚ungeselligen Geselligkeit' der Menschen, von der Kant spricht, und unter den Bedingungen einer ungerechten Weltordnung nicht erwartbar. Realistisch erwartbar und im Internationalen Recht zumindest teilweise bereits verwirklicht ist der *juridische Kosmopolitismus* des Menschenrechte-Rechts.

3. Die Menschenrechte und der Staat

Als Ausweg zwischen der Skylla einer Naturrechts-Metaphysik und der Charybdis eines Recht und Moral radikal trennenden ‚harten' Rechtspositivismus à la Kelsen[17], für den ich nicht plädiere, bietet sich ein transzendentales Argument an, das zwar kein empirisches Korrelat hat, aber die Bedingung der Möglichkeit des Rechts der Menschenrechte ausdrückt: Die Menschen gewähren sich die Menschenrechte wechselseitig, und diese universellen Rechte existieren *juxtastaatlich*, neben dem Staat, weil der Staat sie weder verleihen noch entziehen kann.

Dieses Argument ist der Ausgangspunkt einer *kritischen normativen Rechts- und Staatstheorie.* Staatskritik ist eine ständige Aufgabe. Das Politische als Matrix der Menschenrechtsentwicklung durch Staaten auszublenden, wäre blauäugig. *De facto* fehlt es vielen Staaten an menschenrechtlicher Legitimität. Recht und Staat bilden eine problematische Einheit. Der Staat ist einerseits die permanente potentielle Bedrohung der *Freiheits*rechte; andererseits ist er als rechtssetzende Institution die notwendige Voraussetzung von Freiheit*rechten.* Der Staat soll den Missbrauch der Freiheit durch Individuen und Gruppen unterbinden, und das Recht muss den Staat zum *Rechtsstaat* domestizieren. „Der Rechtsstaat" – so Horst Dreier in seinem Kommentar zu Art. 20 GG – „formuliert verfassungstheoretisch den Anspruch, politische und gesellschaftliche Macht im Gemeinwesen primär nach Maßgabe von Recht und Gerechtigkeit auszuüben, auch im Widerspruch zur politischen Opportunität der Macht. Rechtsstaatlichkeit prägt die Strukturen und die Ziele staatlichen Handelns, das nicht nur begrenzt, sondern auch gewährleistet wird."[18] „Der Rechtsstaat schützt seine Bürger durch die Gewährleistung elementarer Rechtlichkeit. Verfassungsrechtsdogmatisch umfaßt der grundgesetzliche Rechtsstaat die Gesamtheit der Regeln, Grundsätze und

[17] Vgl. Hans Kelsens *Reine Rechtslehre*: „Die unter Voraussetzung einer relativistischen Wertlehre erhobene Forderung, Recht und Moral und somit Recht und Gerechtigkeit zu trennen, bedeutet [...], daß, wenn eine Rechtsordnung als moralisch oder unmoralisch, gerecht oder ungerecht bewertet wird, damit das Verhältnis der Rechtsordnung zu einem von vielen möglichen Moralsystemen und nicht zu ‚der' Moral ausgedrückt und sohin nur ein relatives, kein absolutes Werturteil gefällt wird" (Kelsen 1992, 68).

[18] Dreier 2004, Art. 20, Rn. 1.

Prinzipien, die [...] als Ausprägung des Rechtsstaats gelten, indem sie staatliche Machtausübung rechtlich binden, organisieren und begrenzen."[19] Auf die Bedrohung der Freiheitsrechte antwortet der Rechtsstaat in Form von *Verrechtlichung*. Verrechtlichung ist sowohl eine Folge der Kritik der Macht als auch eine Antwort darauf, dass Menschen geneigt sind, sich auch dann subjektiv moralisch ‚berechtigt' zu fühlen, wenn sie unter Missachtung der Rechte Dritter handeln. An die Menschenrechte gebundene Verrechtlichung ist in der Form der *Verrechtsstaatlichung* Kritik sowohl defizienter moralischer Einstellungen als auch des Macht- und Gewaltstaats.

4. Die Revolutionierung des Internationalen Rechts

Von besonderer Bedeutung für die Frage, wie begrenzt heute die Macht und Gewalt von Staaten ist, ist eine mit den Nürnberger und Tokyoter Kriegsverbrecherprozessen beginnende revolutionäre Veränderung, mit der das Internationale Recht das Niveau des Menschenrechte-Rechts erreicht: Alle Staaten sind einem System des Rechts unterworfen, in dem bestimmte menschenrechtliche Normen *erga omnes* (gegenüber allen) unbedingt gelten: dauerhafte Normen (*peremptory norms*), zwingendes Recht (*jus cogens*) als fundamentale Prinzipien des internationalen und nationalen Rechts. Staaten sind zum einen verpflichtet, schwerwiegenden Verstößen gegen Normen des zwingenden Völkerrechts jegliche Anerkennung zu verweigern. Zum anderen sind sie verpflichtet, keinerlei Beihilfe oder Unterstützung zu ihrer Aufrechterhaltung zu leisten. Während das traditionelle Völkergewohnheitsrecht die Zustimmung von Staaten zu Verträgen voraussetzte, sind die *jus-cogens*-Normen nun „unabhängig von der vertraglichen Übernahme aufgrund allgemeinen Völkerrechts"[20] für alle Staaten bindend.

Gemäß dem *Wiener Übereinkommen über das Recht der Verträge* (1969, 1980 in Kraft getreten) ist jeder Vertrag, der eine *peremptory norm* verletzt, *ex tunc* null und nichtig. Das *jus cogens* verbietet nach Auffassung der UN-Völkerrechtskommission (2001)[21] Verbrechen gegen die Menschlichkeit, Völkermord,

[19] Ebd., Rn. 36.

[20] Klein 2005, 162.

[21] Mit der Annahme der Resolution 56/83 (2001) haben die Mitglieder der UN-Generalversammlung die 59 Entwurfsartikel *(Draft Articles)* der UN-Völkerrechtskommission zustimmend zur Kenntnis genommen. Sie stellen ‚Grundregeln *(basic rules)* des humanitären Völkerrechts' und Bestandteile des *jus cogens* dar. ILC, Draft Articles on Responsibility of States for Internationally Wrongful Acts, UN-Dok. A/56/10 (2001), Nr. 76 = UN-Dok. A/RES/56/83 (2001), Annex: Art. 40, Commentary (3): „The obligations referred to in article 40 arise from those substantive rules of conduct that prohibit what has come to be seen as intolerable because of the threat it presents to the survival of States and their peoples and the most basic human values." Art. 41 (2): „Kein Staat erkennt einen Zustand, der durch eine schwerwie-

Angriffskriege, Versklavung, Rassendiskriminierung, Apartheid und Folter; es gebietet Grundnormen des humanitären Völkerrechts und das Recht auf Selbstbestimmung. Bezüglich Zivilpersonen gelten Verbote mit zwingendem Rechtscharakter wie das der vorsätzlichen Tötung, Folterung oder unmenschlichen Behandlung, der vorsätzlichen Verursachung großer Leiden, der rechtswidrigen Verschleppung oder Verschickung, der rechtswidrigen Gefangenhaltung, der Verweigerung eines ordentlichen Gerichtsverfahrens, der Geiselnahme sowie der ungerechtfertigten, in großem Ausmaß rechtswidrig und willkürlich vorgenommenen Zerstörung und Aneignung von Eigentum. Schwerwiegende Verstöße gegen zwingende internationale Normen gelten der Staatengemeinschaft als „*intolerable*“[22] und sind völkerrechtlich daher mit „besonders einschneidenden Rechtsfolgen sanktioniert“.[23]

Diese Rechtsrevolution ist zu berücksichtigen, wenn man (i) beurteilen will, was Staaten sind und was sie sein sollen, und wenn man (ii) die transkulturelle Universalität[24] der Menschenrechte gegen Kultur- und Rechtsrelativismus verteidigen will.

Die seit der Allgemeinen Erklärung von 1948 zunehmend konkret und im Detail normierten zivilen, politischen, ökonomischen, sozialen und kulturellen Menschenrechte haben zwar ökonomische, soziale, politische und kulturelle Kontexte ihrer Genese. Doch aus ihrer kontextuellen kulturellen Relationalität folgt keine Relativierung ihrer Geltung, *kein Rechtsrelativismus.*[25]

5. Kulturalität und Transkulturalität der Menschenrechte

Für essenzialistische Begründungen der Kultur-Kontextualität der Menschenrechte[26] gilt dasselbe wie für ethischen Fundamentalismus. Es steht zwar jedem frei, Letztbegründungsstrategien zu wählen; philosophische oder theologische

gende Verletzung im Sinne des Artikels 40 herbeigeführt wurde, als rechtmäßig an oder leistet Beihilfe oder Unterstützung zur Aufrechterhaltung dieses Zustands.“ Staaten sind nach Art. 41 (1) verpflichtet, der schwerwiegenden Verletzung einer Verpflichtung aus einer zwingenden Rechtsnorm kollektiv „mit rechtmäßigen Mitteln ein Ende zu setzen“. Vgl. zur Rechtsgrundlage Art. 39-51 der UN-Charta.

22 ILC, Commentaries to the Draft Articles on Responsibility of States for Internationally Wrongful Acts, UN-Dok. A/56/10 (2001), Nr. 77 (S. 59ff.).

23 Kadelbach 1992, 23.

24 Die These Yersu Kims (2005, 63), Universalität sei „eine regulative Idee im kantischen Sinne“, ist viel zu schwach, um der faktischen Universalität des Internationalen Rechts gerecht werden zu können.

25 Benhabib 2002, 28, warnt zu Recht vor der Position des „relativism of frameworks“, wie sie z.B. J.-F. Lyotard und R. Rorty vertreten.

26 Vgl. Abou 1984.

Begründungskonkurrenz kann sogar für die öffentliche Debatte fruchtbar sein; allgemeine Zustimmung darf aber weder erwartet noch erzwungen werden.

Ich plädiere für Realismus, Pragmatismus und eine moderate rechtspositivistische Distanz zu jedem überhöhten Begriff von Kultur, der – so Sheila Benhabib – als alleiniger „identity marker and differentiator" zum allgemein verbreiteten Synonym für *Identität* geworden ist.[27] Dies gilt nicht zuletzt auch für Erklärungen der Vereinten Nationen, insbesondere für Konventionen der UNESCO. In ihrem ‚Übereinkommen über den Schutz und die Förderung der Vielfalt kultureller Ausdrucksformen' (2005) heißt es in Art. 1, Ziel der Konvention sei es, „den Dialog zwischen den Kulturen anzuregen, um weltweit einen breiteren und ausgewogeneren kulturellen Austausch zur Förderung der gegenseitigen Achtung der Kulturen und einer Kultur des Friedens zu gewährleisten; d) die Interkulturalität zu fördern, um die kulturelle Interaktion im Geist des Brückenbaus zwischen den Völkern weiterzuentwickeln". Die Dialog- und Brückenbau-Strategie geht von abgrenzbaren und homogenen Kulturen und Identitäten aus. Im Unterschied hierzu plädiert Benhabib „for a recognition of the radical hybridity and polyvocality of all cultures": Wie Gesellschaften, seien auch Kulturen nicht holistisch, sondern vielstimmig, vielschichtig und dezentriert.[28] In ihrer Verneinung der Frage „Is universalism ethnocentric?" stellt Benhabib zwar das Schwinden sowohl von fälschlicherweise aus Theoremen der Inkommensubilität und Unübersetzbarkeit, d.h. aus epistemologischem Pluralismus und Relativismus auf die Kultur übertragenen Annahmen als auch des Habitus der Selbstkritik westlicher Intellektueller – die Menschenrechte seien ‚europäisch, weiß und männlich' – fest; doch „false assumptions about cultures, their coherence and purity"[29] seien noch immer gang und gäbe.

Vergleichbar argumentiert auch Amartya Sen: „Wenn man die Weltbevölkerung nach Zivilisationen oder Religionen unterteilt, gelangt man zu einer ‚solitaristischen' Deutung der menschlichen Identität, wonach die Menschen einer und nur einer Gruppe angehören (die hier durch Zivilisation oder Religion definiert ist, während man früher die Nationalität oder die Klassenzugehörigkeit in den Vordergrund stellte). Mit einer solitaristischen Deutung wird man mit ziemlicher Sicherheit fast jeden Menschen auf der Welt mißverstehen. Im normalen Leben begreifen wir uns als Mitglieder einer Vielzahl von Gruppen – ihnen allen gehören wir an."[30]

Genau dies drückt der von W. Welsch zu Beginn der 1990er Jahre geprägte Begriff ‚*Transkulturalität*' aus, der „die veränderte Verfassung heutiger Kultu-

27 Benhabib 2002, 1.

28 Ebd., 25. Marramao 2010, 12, plädiert dafür, die „Cartografies of the World of Modernity" statt vom „Fact of Pluralism" von der „Reality of the Hybrid" her anzulegen.

29 Benhabib 2002, 25.

30 Sen 2007, 8.

ren" bezeichnet. „Diese sind nicht mehr, wie das klassische Kulturkonzept es wollte, in sich geschlossene, homogene Kugeln, sondern sie weisen intern vielfältige Differenzen auf und sind extern stark miteinander verflochten. Insofern stehen heutige Kulturen jenseits (*trans*) des traditionellen Designs der Kulturen".[31] Zeitgenössische Kulturen sind „intern durch *Hybridisierung* gekennzeichnet. Für eine jeweilige Kultur sind tendenziell alle anderen Kulturen zu Binnengehalten geworden".[32] Man kann sich deshalb fragen, ob das Konzept ‚Trans*kulturalität*' nicht auch noch – entgegen der Intention – der Präsupposition der Kultur als ‚*identity marker and differentiator*' verhaftet ist. Ein geeigneteres Konzept ist freilich noch nicht in Sicht.

Und die Rechtskultur[33] der Menschenrechte? Am Machterhalt interessierte Potentaten bestellen nach wie vor das – so der nigerianische Literatur-Nobelpreisträger Wole Soyinka – „weite Feld kultureller Alibis", „die uns noch immer daran hindern, die Unteilbarkeit der Menschheit im Rahmen eines gemeinsamen Ethos von Recht und Würde zu verwirklichen".[34] Es komme deshalb darauf an zu erkennen, „daß sich die meisten zwischenmenschlichen Konflikte entlang der häufig unterschätzten und weitgehend unerforschten Achse entzünden, deren Pole wir akkurat als ‚Macht' und ‚Freiheit' benennen können".[35]

Die Vielfalt menschlicher Lebensweisen *und* die Universalität des Würde-Prinzips[36] stecken den Raum ab, in dem eine Interpretation der Menschenrechte möglich ist, „die der modernen Welt *auch aus der Sicht anderer Kulturen* gerecht wird".[37] Der intellektuelle Diskurs und die politische Aushandlung müssen allerdings zwei mögliche Fallen vermeiden:

Die erste gründet in der Verwechslung des Universalismus mit einem *Egalitarismus*, der vergisst, dass Menschen nicht in jeder Hinsicht gleich sind und Ungleichheit nicht *per se* negativ ist. Die Ungleichheit der in ihren Rechten Gleichen ist dann zu respektieren, wenn sie den Selbstzweck und die Autonomie von Menschen ausmacht und deshalb vor dem Zwang zu Uniformität bewahrt werden muss.[38] Plädiert man für Gleichheit, dann gründet das Plädoyer vernünftigerweise nicht in der Behauptung, dass alle gleich *sind*, sondern in der Forderung nach gleicher Achtung, nach einer *Gleichheit der Möglichkeiten*, ein Leben

31 Welsch 2010, 2771f.
32 Ebd., 2773.
33 Vgl. hierzu den Beitrag von Georg Mohr in diesem Band.
34 Wole Soyinka 1999, 37.
35 Ebd., 40.
36 Vgl. Sandkühler 2007.
37 Habermas 1999, 216f. Vgl. Sandkühler 2004, 2006.
38 Zu einem kulturwissenschaftlichen Verständnis der Grundrechte und zu deren kulturkontextueller Implementierung vgl. Häberle1994, 299ff.

in Freiheit zu führen.[39] Anerkannte Ungleichheit verlangt nach besonderem Schutz – man denke z.B. an Kinder- und Behindertenrechte, aber auch an Minderheitenrechte.

Die zweite Falle besteht in einem „zynischen, kulturalistisch orientierten Relativismus“: „Mit einer kulturalistischen Reduzierung der menschenrechtlichen Missstände in den nicht-westlichen Regionen auf deren kulturelle Ursprünge und mit einem damit verbundenen zynisch-resignativen Lob der Differenzen arbeiten wir“ – so K. Mishima – „den jeweils herrschenden Machteliten in die Tasche.“[40] Der mit dem kulturalistischen Relativismus[41] verbundene Rechtsrelativismus bestreitet, dass unterschiedliche Rechtskulturen in einem allgemeinen und universellen Recht so harmonisiert werden können, dass sie menschenrechtlichen Ansprüchen nicht widersprechen. Der Rechtsrelativismus lenkt von dem Grund des Bedürfnisses nach Recht ab. Kofi Annan hat diesen Grund so beschrieben: „Wer kann leugnen, dass wir alle nach einem Leben streben, das frei ist von Angst, Folter und Diskriminierung? Wer kann bestreiten, dass wir uns alle ein Leben wünschen, in dem wir unsere Ziele frei verfolgen und uns frei entfalten können? Wann haben Sie eine freie Stimme gehört, die ein Ende der Freiheit gefordert hätte? Wo haben Sie einen Sklaven für die Sklaverei streiten hören? Wann haben Sie ein Opfer von Folter gehört, das die Handlungen des Peinigers gebilligt hätte? Wo haben Sie den Toleranten nach Intoleranz rufen hören?“[42] An anderer Stelle hat er erklärt: „Selbst der extremste moralische Relativist muss in diesem Sinn zum Universalisten werden.“[43]

Dies ist die Perspektive, in der die von der UNESCO am 2. November 2001 in Paris verabschiedete *Allgemeine Erklärung zur kulturellen Vielfalt* einklagt: „Niemand darf unter Berufung auf die kulturelle Vielfalt die Menschenrechte und Grundfreiheiten verletzen, wie sie in allgemein anerkannten internationalen Vereinbarungen festgeschrieben sind, noch ihren Umfang einschränken.“

Die von Heiner Bielefeldt geforderte „Wachsamkeit gegen die Gefahren eines – nicht selten auch strategisch eingesetzten – Kulturrelativismus, durch den die internationalen Menschenrechtsstandards in ihrer Legitimität und Wirksamkeit

39 Vgl. Sen 1992.

40 Mishima 2005, 127f.

41 „Der Kulturrelativismus kann als eine Form des ethischen Relativismus aufgefasst werden. Er steht in engem Zusammenhang mit einem Ethnopluralismus. In drei Thesen gefasst, behauptet ein starker Kulturrelativismus: (i) Moralprinzipien sind kulturrelativ, d.h. sie gelten jeweils für eine oder mehrere Kulturen, aber nicht universell. (ii) Die jeweils verschiedenen Moralprinzipien sind gleich gültig und können interkulturell nicht verglichen bzw. bewertet werden. (iii) Es ist unzulässig bzw. sinnlos, Moralprinzipien der eigenen Kultur auf andere Kulturen zu übertragen.“ (Sukopp 2010, 1350). Vgl. hierzu auch den Beitrag von Thomas Sukopp in diesem Band.

42 Kofi Annan 1997, 132.

43 Kofi Annan 1999, 93.

geschwächt zu werden drohen"[44], ist ebenso geboten, wie seine Mahnung richtig ist, „in der Debatte um das Verhältnis von Menschenrechten und kulturellem Pluralismus [gelte] es daher immer wieder zu fragen: Wer sind denn diejenigen, die sich in der internationalen Politik als Repräsentanten der kulturellen Identität ihrer Völker ausgeben? Wer hat sie in ihrer Sprecherrolle legitimiert?"[45]

Ein Grund für diese Mahnung ergibt sich aus der im Prinzip nur zu begrüßenden Weiterentwicklung der Menschenrechte in ihrer ‚Dritten Generation'. Seit der Resolution 41/128 der Generalversammlung der Vereinten Nationen vom 4. 12. 1986 ist das – v.a. von Staaten der sog. Dritten Welt[46] eingeklagte – ‚Recht auf Entwicklung' (Selbstbestimmung)[47] der Völker anerkannt. Die Resolution geht davon aus, „dass Entwicklung ein umfassender wirtschaftlicher, sozialer, kultureller und politischer Prozess ist, der die ständige Steigerung des Wohls der gesamten Bevölkerung und aller Einzelpersonen auf der Grundlage ihrer aktiven, freien und sinnvollen Teilhabe am Entwicklungsprozess und an der gerechten Verteilung der daraus erwachsenden Vorteile zum Ziel hat". In Teil I, Art. 1 heißt es: „Alle Völker haben das Recht auf Selbstbestimmung. Kraft dieses Rechts entscheiden sie frei über ihren politischen Status und gestalten in Freiheit ihre wirtschaftliche, soziale und kulturelle Entwicklung." Ich wiederhole: Dies *ist* nach dem Zeitalter des Kolonialismus ein Fortschritt. Er hat allerdings seinen Preis. Die Kosten bestehen in der seitdem anscheinend unaufhaltsamen Tendenz, (i) die Individualrechte zugunsten von Kollektivrechten zu schwächen, damit (ii) die negativen Freiheitsrechte, die Abwehrrechte der Individuen gegen Staaten, und die sozialen Gewährleistungsrechte zugunsten von Pflichten gegenüber Kollektiven zurückzunehmen und (iii) diese Kollektive durch Tradition und/oder Religion, d.h. durch kulturelle Identität zu definieren.

Dies ist der wesentliche Kontext des politisch-ideologischen Scheinarguments, der ‚Westen' (bzw. ‚Norden') klage in liberalistischer und individualistischer Perspektive die Freiheiten des *Individuums* ein und klammere die kommunitaristisch begründete Orientierung an den *Pflichten gegenüber der Gemein-*

[44] Ebd., 73.
[45] Bielefeldt 1999, 43.
[46] Vgl. Tomuschat 1982.
[47] Vgl. Chu Chen 1976.

schaft aus.[48] Deshalb seien die im ‚Abendland' entstandenen Menschenrechte für nicht-westliche Kulturen nicht geeignet.

Gewiss – es gehört *intrinsisch* zum Prinzip sowohl der Menschenwürde als auch der Menschenrechte, dass niemand Dritten eine bestimmte Interpretation ihrer Geltung oktroyieren darf. Deshalb kann Kulturen, Gesellschaften und Staaten ein Verständnis- und Interpretationsspielraum nicht abgesprochen werden. Differenzierungs*verbote* und Differenzierungs*gebote*, die der Gerechtigkeitsnorm ‚*suum cuique*' und den Erfordernissen schützenswerter Ungleichheit entsprechen, gelten auf der Ebene der Menschenrechte, wie sie für nationale Grundrechte gelten. Sie umfassen (i) *Verbote* wie etwa das Verbot von gegen die Menschen- und Grundrechte verstoßender sowie verfassungswidriger Differenzierung, das Verbot sozialer, gegen Menschenrechte- und Grundrechte verstoßender Ungleichheit, das Verbot der Diskriminierung der Frauen und der Diskriminierung von Ausländern u.a.m.; und sie schließen (ii) *Gebote* wie das der Chancengleichheit und Gleichverteilung sowie der Gleichbehandlung durch die Gesetzgebung ein. Bezieht man dies auf das Problem der Universalisierbarkeit der Menschenrechte unter je besonderen kulturellen Bedingungen ihrer Akzeptanz und Implementierung, dann begrenzen Differenzierungs*verbote* und eröffnen Differenzierungs*gebote* Auslegungsspielräume. Die Kriterien zur Beurteilung der Angemessenheit der Auslegung und die Maßstäbe der Kritik bei Menschenrechtsverletzungen sind aber ungeachtet kulturell unterschiedlicher Moralen in den Normen des positivierten Menschenrechte-Rechts zu finden.

48 So heißt es z.B. in ‚The Bangkok Declaration' (1993): „*Noting* the progress made in the codification of human rights instruments, and in the establishment of international human rights mechanisms, while *expressing concern* that these mechanisms relate mainly to one category of rights […] *Recognizing* that the promotion of human rights should be encouraged by cooperation and consensus, and not through confrontation and the imposition of incompatible values […] *Recognize* that while human rights are universal in nature, they must be considered in the context of a dynamic and evolving process of international norm-setting, bearing in mind the significance of national and regional particularities and various historical, cultural and religious backgrounds".
Vergleichbar wird in der ‚Asian Human Rights Charter' (1998) gefordert: „Notwithstanding their universality and indivisibility, the enjoyment and the salience of rights depend on social, economic and cultural contexts. Rights are not abstractions, but foundations for action and policy. Consequently we must move from abstract formulations of rights to their concretization in the Asian context by examining the circumstances of specific groups whose situation is defined by massive violations of their rights. It is only by relating rights and their implementation to the specificity of the Asian situation that the enjoyment of rights will be possible. Only in this way will Asia be able to contribute to the world-wide movement for the protection of rights."

6. Arabisch-islamische Staaten und die Menschenrechte

6.1 Menschenrechtserklärungen seitens autoritärer Regime

Die dem Anspruch nach auf ‚das' islamische Recht[49] gestützten, tatsächlich aber nur auf das zwischen dem 8. und 12. Jahrhundert entwickelte klassische (sunnitische) islamische Recht zurückgreifenden und neuere Reformdiskurse und Reformen ausblendenden arabisch-islamischen Menschenrechtserklärungen[50] widersprechen der juridischen Universalität der Menschenrechte. Eine Kritik dieser Erklärungen ist notwendig, doch es sind folgende Punkte zu berücksichtigen, soll die Kritik sich nicht pauschal gegen ‚den Islam' richten und Islamophobie schüren:

(i) Wer die arabisch-islamischen Erklärungen kritisiert, sollte nicht ausblenden, dass es Einschränkungen der ‚notstandsfesten' Menschenrechte auch im Westen gibt, wie nicht nur die Preisgabe von Freiheitsrechten zugunsten von Sicherheitsinteressen und Versuche der Religitimierung von Folter im ‚Kampf gegen den Terrorismus' zeigen.

(ii) Es gibt weder ‚den' Islam noch ‚das' islamische Recht noch ein einhelliges arabisch-islamisches Menschenrechtsverständnis.[51] S. Dhouib erläutert hierzu: Der Menschenrechtsbegriff gehört „zum ‚*Undenkbaren*' innerhalb des Denksystems der klassischen islamischen Jurisprudenz. [...] das Denkbare innerhalb des Denksystems der klassischen arabisch-islamischen Kultur war die Beziehung zwischen Gott und dem Menschen. Mit dem Durchbruch des positiven Rechts wurde vor allem das zwischenmenschliche Verhältnis und somit der Menschenrechtsdiskurs in den Vordergrund gestellt. Daher ist es bei der Behandlung des Menschenrechtsdiskurses im Islam angebracht, zwischen zwei unterschiedlichen Wert- und Rechtssystemen zu unterscheiden [...]. Im ersten Rechtssystem bzw. in der Pflichtenlehre ist die Rede vom *Gottesrecht*; im zweiten hingegen von *Menschenrechten* [...]. Der Rechtsbegriff entspricht im klassischen Arabisch dem Begriff *al-haq* (pl. *hūqūq*), der eines der zahlreichen Attribute und einer der Namen ist, die die Muslime Gott zusprechen. In der Aussage ‚*Allah al-haq*' meint

[49] Vgl. zum islamischen Recht Schacht 1964; Spies/Pritsch 1964; Maududi 1990; Al-Midani 2004; Baderin 2005; Rohe 2009.

[50] Zur Geschichte der islamischen Menschenrechtserklärungen vgl. Al-Midani 2004. Zu deren islamisch-theologischen Grundlagen vgl. Johnston 2007. Zum ‚Menschenrechtsschutz im islamisch-arabischen Raum' vgl. Hummer/Karl 2008, Teilbd. I/2. 93. Zum Stellenwert der Menschenrechte im Islam und zu Kontroversen innerhalb islamischer Koran-Interpretationen vgl. Mawdudi 1976, Mayer 1990a, Schwartländer 1993, Bielefeldt 1998, 2000, An-Na'im/Baderin 2010.

[51] Vgl. die vom Deutschen Institut für Menschenrechte hg. *Bibliographie: Islam und Menschenrechte*, zusammengestellt v. S. Tillmann/ A. Würth. (Stand: 10. 12. 2004).

der Begriff ‚*al-haq*' sowohl das Wahre als auch das Recht im Gegensatz zum Falschen. In einem theologischen Sinne, der für die islamische Jurisprudenz relevant ist, bedeutet dies, dass Gott die Quelle und zugleich der Empfänger der Rechte sei. Hierauf basiert auch die Formel ‚Gottesrecht' (*haq Allah*) und damit *vice versa* die Lehre der Pflichten (*fara'id*) der Menschen gegenüber Gott. Es ist diese Auffassung bezüglich des Rechts bzw. der Pflichten, die den unterschiedlichen islamischen Erklärungen für Menschenrechte zur Grunde liegt. [...] Man kann der islamischen bzw. der islamisierten Auffassung der Menschenrechte vorwerfen, dass sie die Rechte mit dem Inhalt der modernen Menschenrechte füllt, obwohl der Begriff eigentlich eine Pflichtenlehre und nicht einen Begriff von menschlichen Rechten ausdrückt. Hieraus erklärt sich, dass die verschiedenen islamischen Menschenrechtserklärungen Pflichten vor Augen haben, wenn sie von Rechten als Menschenrechten sprechen. Dies liegt vermutlich daran, dass die klassische islamische Jurisprudenz über keine hinreichende systematische und umfassende Subjekt-Theorie verfügt, um von einem Rechtssubjekt sprechen zu können. Erst mit der arabischen Moderne, die im 19. Jahrhundert entstanden ist, konnte innerhalb des Reformdiskurses der arabischen Intellektuellen, Philosophen und Juristen ein Rechtssubjektbegriff theoretisch entwickelt werden. In diesem kulturellen und philosophischen Zusammenhang hat sich die kritische Auseinandersetzung mit der europäischen Moderne im arabisch-islamischen Kulturraum entfaltet."[52]

(iii) Die vier arabisch-islamischen Erklärungen gründen in konservativen, in den betreffenden Ländern keineswegs allgemein geteilten Islam-Interpretationen, insbesondere Shari'a-Interpretationen. „*[S]hari'a*' شريعة [bedeutet] im religiösen Recht das religiöse Gesetz. Allerdings hat *shar'i* شرْعي zwei Bedeutungen: Allgemein bezeichnet der Begriff das Legitime, und die für die Religion spezifische Bedeutung ist das, was zum religiösen Gesetz gehört. Die Verbindung der beiden Bedeutungen impliziert, dass das religiöse Gesetz das ist, dessen Legitimität selbstevident ist und deshalb von der ‚*fitra*' bzw. von der Natur abhängt, die Gott dem Menschen verliehen hat."[53]

Die islamisch-arabischen Menschenrechtserklärungen sind Ausdruck politischer Interessen autoritärer Staaten. Sie entsprechen nicht ‚dem Islam', sondern politischen Rechtsauffassungen mit islamistischer Tendenz. Die iranische Friedensnobelpreisträgerin Shirin Ebadi sagte dazu: „Diejenigen, die unter Berufung auf die kulturellen Unterschiede und die Werterelativität sich weigern, die Menschenrechte einzuhalten, sind in Wirklichkeit rückständige Unterdrücker, die ihr diktatorisches Wesen unter der Maske

52 Dhouib 2010, 173f.

53 Vgl. Marzouki 2010, 122; vgl. hierzu auch Mayer 1990.

der Kultur verdecken und im Namen der nationalen oder religiösen Kultur die Absicht hegen, ihre eigene Nation zu unterdrücken und zu terrorisieren."[54]

(iv) Behauptungen wie die des iranische Vertreters bei den UN 1981 zur *Allgemeinen Erklärung der Menschenrechte*, sie sei „eine säkulare Interpretation der judäo-christlichen Tradition, die von Muslimen nicht ohne Bruch des islamischen Rechts befolgt werden könne", verdrängen aus politisch-ideologischen Motiven die Tatsache, dass an ihrer Aushandlung islamische Staaten im Vergleich mit anderen sogar überproportional beteiligt waren, nämlich die 10 von 56 Staaten.[55]

(v) Zu berücksichtigen ist schließlich auch, was Kofi Annan 1999 zu Motiven anti-westlicher Kritik so bilanziert hat: „Die meisten Muslime sind sich der Tatsache bewusst, dass ihre Religion und ihre Zivilisation einst große Teile Europas, Afrikas und Asiens dominiert haben. Sie wissen, dass dieses Reich nach und nach verloren ging und dass fast jedes muslimische Land unter direkte oder indirekte westliche Kontrolle geriet. Heute ist der Kolonialismus vorüber, aber viele Muslime lehnen sich gegen ihre offensichtliche Ungleichheit gegenüber dem Westen im Bereich der Machtpolitik auf. Viele verspüren ein Gefühl der Niederlage und der Benachteiligung. Ihr Groll wurde durch die ungerechte Behandlung der Palästinenser oder – in jüngster Zeit – durch die an Muslimen im ehemaligen Jugoslawien begangenen Gräueltaten noch verstärkt."[56]

Während alle anderen regionalen Menschenrechtsinstrumente religiös und weltanschaulich neutral und kulturenübergreifend konzipiert sind, gilt dies für die islamisch-arabischen Menschenrechtserklärungen nicht. Sie behaupten einen islamischen Universalismus gegen die universellen Rechtsnormen des internationalen Menschenrechte-Rechts. Die 1981 vom *Islamrat für Europa* in Verbindung mit der konservativen *Muslim World League* verabschiedete – auf eine Resolution der UN-Menschenrechtskommission[57] mit der Aufforderung an Saudi-Arabien, sich der *Allgemeinen Erklärung* von 1948 anzuschließen, zurückgehende und im arabischen Text im Vergleich mit den ‚geglätteten' englischen, französischen und deutschen Übersetzungen weit rigorosere – *Allgemeine Erklärung der*

[54] Der Beitrag des Islam zu einem Weltethos. Rede der iranischen Friedensnobelpreisträgerin Shirin Ebadi auf Einladung der Stiftung Weltethos an der Universität Tübingen, 20. Oktober 2005.

[55] Zu den Positionen der 10 an der Abfassung der Allgemeinen Erklärung der Menschenrechte (1948) beteiligten islamischer Staaten (Ägypten, Afghanistan, Irak, Iran, Libanon, Pakistan, Saudi-Arabien, Syrien, Türkei und Yemen) vgl. Al-Midani 2004.

[56] Kofi Annan 1999, 93.

[57] Resolution 14/XXV, 1969.

Menschenrechte im Islam[58] führt in ihren 23 Artikeln 123 Koranverse und Zitate aus der *sunna* an. Seit dieser Erklärung werden zwei auch innerhalb der arabischen Welt umstrittene strategische Ziele verfolgt: (i) Es soll erklärt werden, dass die Menschenrechte integraler Bestandteil der *Shari'a* sind und (ii) der Koran nicht im Widerspruch zur universellen Menschenrechtskonzeption steht.[59]

Die Erklärung von 1981 geht von der Fiktion aus, „vor 14 Jh. [habe] der Islam die ‚Menschenrechte' umfassend und tiefgründend als Gesetz fest[gelegt]". Die Erklärung entspricht der „für die Muslime" geltenden „Pflicht, alle Menschen vom Aufruf (*da'wa*) zum Islam in Kenntnis zu setzen, im Gehorsam gegenüber dem Auftrag ihres Herrn: ‚Aus euch soll eine Gemeinschaft (von Leuten) werden, die zum Guten aufrufen, gebieten, was Recht ist, und verbieten, was verwerflich ist' (Koran 3, 104)". Die Erklärung reklamiert den besonderen Auftrag des Islam in „Erfüllung des Rechts der Menschheit gegen sie als aufrichtiger Beitrag zur Rettung der Welt aus allen Übeln, die sie befallen haben, und als Befreiung der Völker von mannigfaltigen Plagen, unter denen sie stöhnen." Sie geht aus von der „vorbehaltslosen Anerkennung der Tatsache, dass der menschliche Verstand unfähig ist, ohne die Führung und Offenbarung Gottes den bestgeeigneten Weg des Lebens zu beschreiten", sowie von „unserer richtigen Vorstellung vom Begriff der Gemeinschaft der Muslime (*umma*), die die Einheit der Muslime trotz ihrer unterschiedlichen Länder und Völker verkörpert". Die Erklärung versteht sich – ahistorisch – als „Niederlegung ewiger Rechte, von denen nichts abgestrichen, geändert, aufgehoben oder ausgesetzt werden darf". Die Normen der Erklärung gelten für eine „Gesellschaft, in der alle Menschen gleich sind, in der es keine Privilegierung und Diskriminierung aufgrund von Herkunft, Rasse, Geschlecht, Farbe, Sprache oder Religion zwischen den einzelnen gibt". Dieser universalistische Rekurs auf die *Allgemeine Erklärung der Menschenrechte* (1948) erweist sich freilich als rhetorisch; er wird partikularistisch dementiert: Gefordert wird in der islamischen Erklärung eine „Gesellschaft, in der die Macht ein dem Herrscher auferlegtes anvertrautes Gut ist, damit er die Ziele, die die šarī'a vorschreibt, auf die Weise, die sie festlegte, verwirklicht". Dementsprechend werden alle Rechte unter Shari'a-Vorbehalt gestellt, d.h. des allgemeinen islamischen religiösen Pflichten-, Normen- und Wertesystems[60], das nie verschriftlicht wurde und dessen Interpretationen dementsprechend arbiträr sind.

Ungeachtet des Schöpfungsberichtes, der Mann und Frau zunächst unbestritten auf eine Stufe stellt, lässt sich – bei entsprechender Intention – aus dem Koran eine Überordnung des Mannes über die Frau und deren rechtliche Benachteiligung ableiten. Als Koranvers von großer rechtlicher wie gesellschaftlicher

58 Vgl. zur Vorgeschichte der Erklärung Hummer/Karl 2008, 1125ff.; vgl. auch Duncker 2006, 40-62.

59 Vgl. z.B. Spies/Pritsch 1964; Maududi 1990; Rohe 2009.

60 Zu Religion und Politik im Islam vgl. Büttner 2003.

Tragweite z.B. Sure 4, 34 herangezogen: „Die Männer stehen über den Frauen, weil Gott sie vor diesen ausgezeichnet hat und wegen der Ausgaben, die sie von ihrem Vermögen gemacht haben. Und die rechtschaffenen Frauen sind demütig ergeben [...]“. Der Koraninterpret Ibn Kathir erläutert Sure 4, 34 mit den Worten: „Männer sind Frauen überlegen, und ein Mann ist besser als eine Frau.“

Die 1990 von den Außenministern der 25 Mitgliedstaaten der *Organisation der Islamischen Konferenz*[61] in Kairo angenommene zwischenstaatliche, aber völkerrechtlich nicht bindende *Islamische Menschenrechtsdeklaration*[62] legt in Art. 24 fest: „Alle in der Deklaration festgesetzten Rechte und Freiheiten sind der *Shari'a* unterworfen.“ Art. 25 bestimmt: „Die islamische Shari'a ist der einzige Bezugspunkt für die Erklärung oder Erläuterung eines jeden Artikels in dieser Erklärung.“ Diese Deklaration und die wegen ihrer religiös-traditionalistischen Tendenz auch von arabischen Staaten kritisierte *Arabische Menschenrechtscharta* von 1994 verfolgen eine anti-universalistische Tendenz. Die von der Arabischen Liga 2004 revidierte und 2008 völkerrechtlich in Kraft getretene Fassung weicht zwar insofern hiervon ab, als in der Präambel die Grundsätze der Vereinten Nationen (VN) und der ‚Allgemeinen Erklärung' verbal bestätigt und in Art. 43 Rechte und Freiheiten, auch von Frauen, Kindern und Minderheitsangehörigen, gemäß den internationalen Menschenrechtsinstrumenten geschützt werden; sie beruft sich aber auf die Kairoer Erklärung von 1990 und stellt so eine Quadratur des Kreises dar. Sie wurde nur von 7 der 22 Staaten der arabischen Liga ratifiziert. Ein Menschenrechtskomitee ist in Art 45 ff. vorgesehen, nicht aber die Möglichkeit der Individualklage. Einen arabischen Menschenrechtsgerichtshof gibt es nicht.

Ein Vergleich der Verfassungen zeigt für viele arabische und andere islamischer Staaten die Vorherrschaft des Islam als Staatsreligion und der Shari'a als vorrangiger Quelle des Rechtssystems.

Für meine Analyse relevante Elemente in Verfassungen arabisch-islamischer Staaten sind: (i) *Menschenwürde:* Algerien: Präambel, Art. 34; Kuweit: Präambel, Art. 29; Libyen: Art. 27; Mauretanien: Präambel; Syrien: Art. 25; Tunesien: Präambel. (ii) *Menschenrechte*: Algerien: Art. 33; Bahrein: Art 18; Irak: Art. 50; Libyen: The Great Green Charter of Human Rights in the Jamahirian Era, Adopted 12 June 1988; Mauretanien: Präambel; Yemen: Art. 6. (iii) *Erklärung zum Islamischen Staat*: Bahrein: Art. 1, 2; Mauretanien: Art. 1; Marokko: Präambel; Oman: Art. 1; Quatar: Art. 1; Saudi-Arabien: Art. 1; Yemen: Art. 1. (iv) *Islam als Staatsreligion*: Bahrein: Art. 2; Irak: Interimsverfassung 2004, Art. 7; Kuweit: Art. 2; Libyen: Art 2; Mauretanien: Art. 5; Marokko: Art. 6; Oman: Art. 2; Quatar: Art. 1; Saudi-Arabien: Art. 1; Tunesien: Art. 1; Yemen: Art. 2. (v) *Shari'a als Grundlage des Rechtssystems*: Bahrein: Art. 2; Jordanien: Art. 104:

61 Vgl. hierzu Duncker 2006, 29ff.
62 Vgl. hierzu Hummer/Karl 2008, 1127-1130.

Einführung eines besonderen Shari'a Gerichtshofs neben säkularen Rechtsinstitutionen; Kuweit: Art. 2; Oman: Art. 2, 10, 11; Quatar: Art. 1; Saudi-Arabien: Art. 23, Art. 26: The state protects human rights in accordance with the Islamic Shari'ah, Art. 45: The source of the deliverance of fatwa in the Kingdom of Saudi Arabia are God's Book and the Sunnah of His Messenger, Art. 48, 55; Yemen: Art. 3. (v)

Protokollerklärungen islamischer Staaten schränken auch die Rechte ein, die sich aus von diesen Staaten unterzeichneten Konventionen und Pakten der VN ergeben; die erklärten Vorbehalte betreffen vor allem die Frauenrechte, aber auch die Rechte auf Meinungs- und Religionsfreiheit – und zwar unter Verweis auf die Shari'a.[63]

Es darf aber nicht übersehen werden, dass in den meisten islamischen Ländern koranische Gebote, arabisches Gewohnheitsrecht, römische und andere Rechtselemente sowie Elemente europäischen, während der Kolonialzeit importierten Rechts ineinander verwoben sind. Eine Folge ist, dass gegen die Menschenrechte und das absolute Folterverbot[64] verstoßende Strafen wie Steinigung und Amputation z.B. im Iran üblich sind, in anderen Staaten aber nicht verhängt werden. Im Strafrecht der Islamischen Republik Iran ist die *hadd-Strafe* für Diebstahl in Art. 201 normiert: „Die hadd-Strafe ist, wie im Folgenden erläutert: a) beim ersten Mal Abschneiden von vier Fingern der rechten Hand des Diebes von ihrem Ansatz an, so dass ihm sechs Finger und die Handfläche verbleiben; b) beim zweiten Mal Abschneiden des linken Fußes des Diebes und zwar von unten her am Fußrist, so dass der halbe Fuß und ein Teil des Fußballens übrig bleiben; c) beim dritten Mal lebenslange Gefängnisstrafe; d) beim vierten Mal, wenn der

63 Vgl. die Dokumentation in Chase/Hamzawy 2006, 237-282. Zu solchen Vorbehalten schreibt Hinz 2009, 6: „*Reservations* are domestic back doors that allow domestic deviations to remain legal."

64 Im ‚Übereinkommen gegen Folter und andere grausame, unmenschliche oder erniedrigende Behandlung oder Strafe' der Vereinten Nationen vom 10. Dezember 1984 ist festgelegt, „dass niemand der Folter oder grausamer, unmenschlicher oder erniedrigender Behandlung oder Strafe unterworfen werden darf" (Präambel). Art. 1 (1): „Im Sinne dieses Übereinkommens bezeichnet der Ausdruck ‚Folter' jede Handlung, durch die einer Person vorsätzlich große körperliche oder seelische Schmerzen oder Leiden zugefügt werden, zum Beispiel um von ihr oder einem Dritten eine Aussage oder ein Geständnis zu erlangen, um sie für eine tatsächlich oder mutmaßlich von ihr oder einem Dritten begangene Tat zu bestrafen oder um sie oder einen Dritten einzuschüchtern oder zu nötigen, oder aus einem anderen, auf irgendeiner Art von Diskriminierung beruhenden Grund, wenn diese Schmerzen oder Leiden von einem Angehörigen des öffentlichen Dienstes oder einer anderen in amtlicher Eigenschaft handelnden Person, auf deren Veranlassung oder mit deren ausdrücklichem oder stillschweigendem Einverständnis verursacht werden. [...]."

Dieb auch im Gefängnis noch stiehlt, die Todesstrafe." Auf dieser Grundlage wurden im Iran im Juli 2010 in fünf Fällen Handamputationen vorgenommen.[65]

6.2 Islamische intellektuelle Diskurse über die Universalität der Menschenrechte und alternative Erklärungen

Mein Bericht über offiziöse islamisch-arabische Menschenrechtserklärungen verschwiege allerdings die andere Hälfte der Wahrheit, bezöge er nicht auch das gegenläufige zivilgesellschaftliche Menschenrechtsengagement in diesen Ländern ein.[66]

Auf der einen Seite gibt es konservative Stimmen, die den Islam als ein „komplementäres Menschenrechtssystem" propagieren und die Muslime dazu auffordern, Kritik „auszusitzen, bis der Wind der Moderne und Postmoderne in einer Post-Post-Moderne wieder dreht".[67] Auf der anderen Seite steht der tunesische Jurist Muhammad Charfi nicht allein, wenn er eine Revision der klassischen islamischen Jurisprudenz (*fiqh*) fordert und betont, dass im 20. Jahrhundert beachtliche Reformen im Islam stattgefunden hätten; das Problem bestehe darin, dass parallel zu dieser Realität eine anderer ‚offizieller Islam' an den theologischen Fakultäten gelehrt werde. Wichtiger als die Gesetze zu revidieren sei es, sagt er, das Programm der religiösen Lehre zu revidieren.[68] Die intellektuelle Debatte in islamischen Ländern, in der nach dem Status von Recht und Gesetz im Islam[69] und nach Begründungen für die universelle Geltung der Menschenrechte gefragt wird, ist nicht weniger vielstimmig als im ‚Westen'. Auch hier hängen die Optionen für Begründungen von der Wahl konzeptueller Rahmen ab. Der tunesische Philosoph J. Saïd z.B. fragt „Sind die Menschenrechte aus der Universalität der menschlichen Natur oder aus dem Kulturrelativismus zu begründen?"[70] und antwortet im Interesse der Verteidigung ihrer Universalität – ohne jeglichen Bezug auf die Shari'a – in der historisiert-naturrechtlichen Perspektive einer „gemeinschaftlichen Natur der Menschen".[71]

65 http://www.eip-news.com/2010/07/menschenrechtler-protestieren-gegen-neue-amputationen-im-iran/ (Abruf 24. 7. 2010).

66 Vgl. die Beiträge von Sarhan Dhouib und Fathi Triki in diesem Band.

67 Hofmann Murad, Der Islam und die Menschenrechte. http://de.qantara.de/webcom/show_article.php/_c-272/_nr-3/i.html.

68 Charfi 1983, 23f.

69 Zu Konflikten der Rechtfertigung des Gesetzes im Islam vgl. Marzouki 2010.

70 Saïd 2010, 163.

71 Vgl. ebd., 163f.: „Die Menschenrechte existieren gewiss nicht *in* der Natur; sie sind nichts Gegebenes, das vor dem Menschen existierte oder ihn transzendierte. Sie sind das Ergebnis unserer Geschichte und unserer zwischenmenschlichen Praxis; sie sind das Resultat endloser Konfrontationen, in denen die Idee einer spezifisch menschlichen Gemeinschaft geschmiedet wurde.Spricht man von natürlichen und universellen

Für den syrischen Philosophen S.J. al-Azm[72] gehören zum säkular-humanistischen Paradigma „Bürgerrechte, bürgerliche Freiheiten, Demokratie, Meinungsfreiheit, Zivilgesellschaft, die Trennung von Staat und Religion, also Werte und Normen, die vor allem auf die europäische Aufklärung zurückzuführen sind. [...] Daran, dass diese Normen inzwischen eine universelle Dimension erlangt haben, besteht für al-Azm kein Zweifel. Denn ‚heute handelt es sich um Vorstellungen und Prinzipien, die für alle Menschen gelten und das normative Paradigma darstellen, wann immer es um Bürger und ihre Rechte, um Menschenwürde, Demokratie, Zivilgesellschaft, Rechenschaftspflicht der Regierung etc. geht' ".[73]

Die Tendenz, den konservativen arabisch-islamischen Menschenrechtserklärungen zu widersprechen, spiegelt sich auch in Erklärungen von NGO's. So bekennt sich die 1999 verabschiedete *Casablanca Declaration of the Arab Human Rights Movement* explizit zur Universalität der Menschenrechte und zum internationalen Menschenrechte-Recht sowie zu den Menschenrechtsinstrumenten der VN. Sie verwahrt sich gegen die anti-universalistische politische Manipulation der Bevölkerungen seitens arabischer Staaten im Namen patriotischer Gefühle und zivilisatorischer bzw. religiöser Eigenart.[74] Die *Cairo Declaration on Human Rights Education and Dissemination* aus dem Jahre 2000 klagt Menschenrechtsverletzungen vor allem in der arabischen Welt an und betont die Universalität der von allen Völkern gemeinsam gegen interne und externe Unterdrückung erkämpften, der Menschheit als ganzer angehörenden und unauflösbar miteinander verbundenen zivilen, politischen, ökonomischen, sozialen und kulturellen

Menschenrechten, dann handelt es sich weder um in die Natur des Universums noch um in die Natur des Menschen eingeschriebene Rechte. Es handelt sich vielmehr um Rechte, die faktisch und nicht juridisch von der Natur des Menschen abhängen oder – um unter Verwendung eines klassischen Vokabulars präziser zu sein – *von der gemeinschaftlichen Natur der Menschen.*"

72 Vgl. Al-Azam 2005, vgl. zu Al-Azam Dhouib 2010.

73 Dhouib 2010, 179.

74 The Casablanca Declaration of the Arab Human Rights Movement. Adopted by the First International Conference of the Arab Human Rights Movement Casablanca, 23-25 April, 1999: „After extensive discussions, the Conference declared that the only source of reference in this respect is international human rights law and the United Nations instruments and declarations. The Conference also emphasized the universality of human rights.

* Rejecting the manipulation by some Arab governments of patriotic sentiments and the principle of sovereignty so as to avoid complying with international human rights standards.

* Rejecting any attempt to use civilizational or religious specificity to contest the universality of human rights. Commendable specificity is that which entrenches the dignity and equality of citizens, enriches their culture and promotes their participation in the administration of public affairs."

Rechte; Frauenrechte seien ein integraler Bestandteil des Menschenrechtssystems.[75] Die *Beirut Declaration* von 2003 wirft unter dem Titel *Toward an Effective Regional Protection of Human Rights* die Frage auf *„Which Arab Charter on Human Rights?"* Angesichts der Tatsache, „that the Arab Charter on Human Rights lacks a number of the international human rights standards and guarantees adopted by other regions in the world", wird eine weitgehende Reform der Menschenrechtsinstrumente im Rahmen des „universal human rights system as established by the UN" gefordert. Erklärt wird schließlich: „Civilization or religious particularities should not be used as a pretext to cast doubt and to question the universality of human rights".[76] Ich verweise ferner auf die *Sana'a Declaration on Democraty, Human Rights and the Role of the International Criminal Court* von 2004, in der es heißt: „Democracy and human rights, which have their origins in faith und culture, are interdependent and inseparable."[77]

75 „At invitation of the Cairo Institute for Human Rights Studies, in coordination with the Office of the United Nations High Commissioner for Human Rights and the Euro-Mediterranean Human Rights Network with the participation of around one hundred human rights experts an defenders from forty human rights group from 14 Arab states, as well as experts from Africa, Asia, Latin America and Europe, the Conferenc on Human Rights Education and Dissemination: A 21st Century Agenda was held in Cairo from the 13th to the 16th of October, 2000." In: Chase/Hamzawy 2006, 210f. *The Cairo Declaration on Human Rights Education and Dissemination. Adopted by The Second International Conference of Human Rights Movement in the Arab World, October 13-16, 2000, Cairo:* „The Conference, Having held extensive deliberations throughout its sessions, taking into consideration the close link between the lack of respect for human rights and the prevalence of poverty and corruption as evidenced by the World Human Development Report and the Report on Corruption in the World, and also noting the increasing concern at the adverse effect of globalisation on the economic level, the abuse of human rights considerations in international relations, and the grave injustices they caused against peoples, especially in the Arab World, *Decides* to adopt the following Cairo Declaration on Human Rights Education and Dissemination. *Participants reaffirm:*

- Human rights principles are universal; civil, political, economic, social, cultural and joint rights are closely interconnected, interdependent and indivisible; women's rights are an integral part of the human rights system.
- Human rights values are the fruit of the interaction and communicaton between civilizations and cultures throughout history, the product of the struggle by all peoples against all forms of injustice and oppression internal and external. In this sense, such values belong to humanity s a whole."

76 In: Chase/Hamzawy 2006, 227.

77 In: Ebd., 233.

7. Die afrikanische Charta der Menschenrechte und Rechte der Völker

Das Universalismus-Kulturrelativismus-Problem ist auch mit dem Menschenrechtsverständnis in Afrika[78] verbunden. Die Tradition der Stammessolidarität und des durch die Weisen gesprochenen, nicht verschriftlichten Rechts[79] drohe – so wird beklagt – durch ‚Verwestlichung' zerstört zu werden.[80] Der Philosoph Kwame Wiredu thematisiert den Rassismus der Kolonisatoren „in den praktischen Programmen, die den angeblich niedereren Lebensstil der Afrikaner auf so wichtigen Gebieten wie der Erziehung, der Religion, der Wirtschaft, der Politik etc. zu verändern und den europäischen Vorbildern anzugleichen suchten. [...] Der politische Nationalismus half Afrika, seine nationale Unabhängigkeit wiederzuerlangen und lebensfähige moderne Staaten auszubilden, der kulturelle Nationalismus, das Vertrauen in die eigene Kultur wiederherzustellen." Wiredu plädiert deshalb für ein Programm des *conceptual exorcising,* „der Austreibung der kolonialen Mentalität [...] aus den Begriffen".[81]

Ob aber der Weg zu einem afrikanischen Menschenrechtssystem[82] sich aus kulturellen Gründen als schwierig erwiesen hat, ist fraglich; eher dürften Gründe in der autoritären politischen Verfasstheit zahlreicher afrikanischer Länder zu sehen sein. Die ‚Organisation für afrikanische Einheit' (OAU) reagierte bis 1979 ungeachtet – oder wegen – massiver Menschenrechtsverletzungen zurückhaltend auf Initiativen der VN, von NGOs und einiger afrikanischer Staaten. Die *Banjul Charta der Menschenrechte und Rechte der Völker* wurde am 27. 6. 1981 verabschiedet. Zur Förderung, Sicherung und Interpretation der in der Banjul-Charta kodifizierten Rechte wurde 1987 die ‚Afrikanische Kommission für die Rechte des Menschen und der Völker' eingerichtet[83]; sie kann Empfehlungen aussprechen; Durchsetzungsmechanismen stehen ihr nicht zur Verfügung. Die Institutionalisierung eines Afrikanischen Menschenrechtsgerichtshof wurde lange Zeit mit dem Argument abgelehnt, dass gerichtliche Streitbeilegung nicht dem afrikanischen, auf Konsensfindung unter Anleitung von Weisen beruhenden Rechtsverständnis entspreche. Das ‚Protocol to the African Charter on Human and Peo-

78 Vgl. Bösl/Diescho 2009.

79 Vgl. hierzu Hinz/Mapaure 2010.

80 Vgl. Kenyatta 1965, 185f.

81 Wiredu 1997a, 28f.; vgl. auch Wiredu 1997b.

82 Siehe hierzu: University of Minnesota, *Bibliography: Human Rights in the African Context.* http://www1.umn.edu/humanrts/africa/african.html.

83 Siehe hierzu: Rules of Procedues of the African Commission on Human and People's Rights. Adopted on the 6th of October 1995. http://www.achpr.org/english/_info/rules_en.html.

ples' Rights on the Establishment of an African Court an Human and Peoples' Rights' wurde erst 1998 angenommen.[84]

Die *Banjul Charta der Menschenrechte und Rechte der Völker* widerspiegelt in der Kopplung von Menschenrechten und Kollektivrechten der Völker zum einen den mit dem ‚Recht auf Entwicklung' erreichten Fortschritt; zum anderen drückt sich in ihr die auch bei den VN zunehmende Tendenz zum Vorrang von Gruppen- und Kollektivrechten aus. Mit dieser Tendenz ist zwar auch die Stärkung von Minderheitenrechten verbunden, doch die mit der Identifikation von Individuen mit Gruppen gegebene Problematik der rechtlichen Absicherung einer ‚*exit option*' (Ausscheiden aus Gruppenzwängen) ist nicht gelöst.

Die Banjul-Charta normiert unter starker Betonung einer fiktiven *afrikanischer Identität* die Menschenrechte bei nachrangiger „gebührender Berücksichtigung" der *Charta der Vereinten Nationen* und der *Allgemeinen Erklärung der Menschenrechte* und geht gegenüber deren Universalität auf Distanz. Vorrangig ist die Berufung auf die „Charta der OAU, nach der ‚Freiheit, Gleichheit und Würde wesentliche Ziele zur Erfüllung der berechtigten Wünsche der afrikanischen Völker' sind", und zwar „*unter erneuter Bekräftigung* des in Art. 2 der genannten Charta abgegebenen feierlichen Versprechens, alle Formen von Kolonialismus in Afrika zu beseitigen, die Zusammenarbeit und Bemühungen zur Verbesserung des Lebensstandards der afrikanischen Völker zu koordinieren und zu intensivieren [...]; *unter Berücksichtigung* der Kraft ihrer Tradition und der Werte der afrikanischen Zivilisation, die ihre Einstellung gegenüber den Menschenrechten und Rechten der Völker leiten und für sie charakteristisch sein soll; *in der Erkenntnis,* dass sich einerseits die fundamentalen Menschenrechte aus den dem Menschen innewohnenden Eigenschaften herleiten, was ihren nationalen und internationalen Schutz rechtfertigt, und dass andererseits die Realität und die Achtung vor den Rechten der Völker unbedingt Menschenrechte garantieren sollte; *in der Erwägung,* dass der Genuß von Rechten und Freiheiten auch die Übernahme von Pflichten mit sich bringt; *in der Überzeugung,* dass fortan dem Recht auf Entwicklung besondere Aufmerksamkeit zukommt, die bürgerlichen und politischen Rechte nicht von wirtschaftlichen, sozialen und kulturellen Rechten getrennt werden können, weder in ihrer Konzeption noch in ihrer Universalität [...]; *im Bewusstsein* ihrer Verpflichtung, die völlige Befreiung Afrikas zu erreichen, dessen Völker noch immer für ihre Würde und wahre Unabhängigkeit kämpfen und sich vorgenommen haben, Kolonialismus, Neo-Kolonialismus, Apartheid, Zionismus zu beseitigen und ausländische Militärbasen, die eine Aggression darstellen, zu entfernen ebenso wie jede Form von Diskriminierung, insbesondere wegen der Rasse, der ethnischen Gruppe, der Hautfarbe, des Geschlechts, der Sprache, der Religion oder der politischen Anschauung; [...] *in der*

84 Siehe hierzu und zum Stand der Ratifikationen: http://www.africa-union.org/root/au/Documents/Treaties/List/Protocol%20on%20the%20Rights%20of%20Women.pdf.

festen Überzeugung, zum Schutz und zur Förderung der Rechte und Freiheiten der Menschen und Völker verpflichtet zu sein und dabei berücksichtigen zu müssen, welche Bedeutung diesen Rechten und Freiheiten traditionell in Afrika zukam".

Gem. Teil 1, Art. 2 der Banjul-Charta hat jedermann „ein Recht darauf, die in dieser Charta anerkannten und gewährleisteten Rechte und Freiheiten zu genießen ohne Unterschied der Rasse, ethnischen Gruppe, Hautfarbe, Geschlecht, Sprache, Religion, politischen oder sonstigen Anschauung, nationalen oder sozialen Herkunft, des Vermögens oder des sonstigen Status". Art. 5 lautet: „Jedermann hat Anspruch auf Achtung seiner Menschenwürde und auf Anerkennung seiner Rechtspersönlichkeit. Jede Form der Ausbeutung, Folter, grausamen und unmenschlichen Behandlung ist verboten." Art. 17 (3) erklärt es zu den „Pflichten des Staates, die Sittlichkeit und traditionellen Werte einer Gemeinschaft zu fördern und zu schützen. Ferner berücksichtigt die Kommission hilfsweise bei der Festlegung der Rechtsgrundsätze andere allgemeine oder besondere internationale Übereinkommen, die ausdrücklich von Mitgliedstaaten der OAU anerkannte Regeln niederlegen, ferner die afrikanische Praxis, sofern sie mit internationalen Normen zu den Menschenrechten und Rechten der Völker übereinstimmt, das regionale Gewohnheitsrecht und allgemeine, von Rechtsprechung und Lehre entwickelte Rechtsprinzipien."[85]

8. Eine kurze Bilanz

Es gibt nicht *die* eine Kultur, und es gibt Kultur nicht als ‚nach Außen' abgeschottete Einheit. Innerhalb von Kulturen gibt es unterschiedliche Verständnisse davon, wie ein Leben und die Welt sein sollen. Zu lange Zeit hat die europäische Moderne – ungeachtet der Programmatik der Aufklärung und der bürgerlichen Revolutionen – kulturell, ökonomisch und sozial den Ausschluß der *Anderen* gerade da betrieben, wo sie im Namen ‚des Menschen', ‚der Geschichte', ‚der Rationalität', ‚der Philosophie' und ‚der Werte' gesprochen hat. Hybride Kulturen stellen aber auf wesentliche Fragen abweichende, oft konfligierende Antworten dar, und die Behauptung des Besonderen und der Differenz muss ihre Legitimität nur dann verteidigen, wenn im Namen ‚einer Kultur' partikuläre Ansprüche auf Kosten Dritter geltend gemacht werden.

Ich habe in diesem Beitrag gegen metaphysische Konzeptionen des Rechts für einen vorsichtigen, durch die Idee des Rechts – die Gerechtigkeit – und die Menschenrechtsnormen gezähmten Rechtspositivismus plädiert. In seiner vor allem durch H.L.A. Hart formulierten gemäßigten Version räumt der moderne Rechts-

85 Vgl. das mangels Informationsmöglichkeiten zu Menschenrechtsinstrumenten innerhalb Afrikas von der Französischen und der Deutschen UNESCO-Kommission entwickelte Internet-Portal http://www.claiminghumanrights.org/home.html.

positivismus „a partial overlap between legal and moral obligations“[86] ausdrücklich ein. Er ist angesichts des innergesellschaftlichen Pluralismus und im Gegenzug zu Kultur- und Rechtsrelativismus die Antwort auf die Frage, welcher Universalismus *faktisch* möglich ist. Die Antwort lautet: Von einander abweichende Begründungen für die Anerkennung der Menschenrechte sind möglich[87]; deren Implementierung, Anwendung und Schutz hat aber die Grenzen transkulturell vereinbarter juridischer Universalität zu respektieren.

Diese Universalität ist nicht die eines partikularen Wertesystems, sondern die des Internationalen Rechts. Sie war nicht universell wirksam genug, den Frankismus, die Apartheid, den Vietnamkrieg, die Militärherrschaft in Chile und Griechenland, die israelische Okkupation Palästinas, die Irakkriege und Hunger und Unterdrückung in weiten Teilen der Welt zu verhindern. Aber sie ist die einzige Universalität, die wir in dieser polymorhen Welt transkulturell und mit tatsächlicher Geltung haben können. Sie ist weit mehr als nichts, denn sie begründet einklagbare Rechte und setzt der Abweichung von dem, was als universell anerkannt ist, rechtliche Grenzen.[88] Diese Universalität findet ihre Form im juridischen Kosmopolitismus[89] als Audruck einer Ordnung der Vielgestaltigkeit des Universellen – im ‚Kosmopolitismus der Differenz'[90], der – so G. Marramao – das Universelle „von der Logik homogener Vereinheitlichung, von der *reductio ad unum*, befreit, indem er es im Reich der Multiplizität und Differenz“ verortet.[91] Dieser Kosmopolitismus entspricht Kants Konzept des *sensus communis*, also einem „Beurteilungsvermögen [...], welches in seiner Reflexion auf die Vorstellungsart jedes andern in Gedanken (*a priori*) Rücksicht nimmt, um *gleichsam* an die gesamte Menschenvernunft sein Urteil zu halten und dadurch der Illusion zu entgehen, die aus subjektiven Privatbedingungen, welche leicht für objektiv gehalten werden könnten, auf das Urteil nachteiligen Einfluss haben würde.“[92]

Jede metaphysische, religiöse und moralische Überforderung der Universalität des Rechts führt – nicht anders als auch die Forderung, die Menschenrechte zu ‚begründen' – zur Schwächung bereits erreichter menschenrechtlicher Standards. Mit Manfred O. Hinz, dem Inhaber des UNESCO-Lehrstuhls für Menschenrechte in Namibia, plädiere ich deshalb für eine *„Anthropologie der Verschiedenheit mit Kosmopolitismus“,* ein Konzept, das er als *„soft* or *weak universalism* (or *soft*

86 Hart 1983, 55.
87 Vgl. Lohmann 2010.
88 Hinz 2009, 6.
89 Zum Kosmopolitismus als umstrittenem Ideal vgl. Lutz-Bachmann/ Niederberger/ Schink 2010.
90 Vom „cosmopolitanism of difference” spricht Marramao 2010, 20.
91 Ebd., 5. Meine Übers.
92 Kant, *Kritik der Urteilskraft*, B 159f.

or *weak relativism*, for that matter)" bezeichnet.[93] Der rechtsanthropologische Weg, für den Hinz optiert, führt nicht zu Rechtsrelativismus, sondern eröffnet zwei im Menschenrechtsdiskurs bisher kaum gesehene Perspektiven: (i) endet er nicht bei dem, was normalerweise unter dem vom Staat gesetzten Recht verstanden wird, sondern führt zu allen Regeln und Normen, ungeachtet ihrer Quellen; (ii) erstreckt er sich über den üblichen Code rechtlichen Sollens hinaus in die empirische Dimension des von Menschen angewandten Rechts und erlaubt Urteile jenseits der Grenzen staatszentrierter Rechtsinterpretation.[94]

Der faktische intrakulturelle und interkulturelle Pluralismus der Voraussetzungen, Kontexte und Akzeptanz-Begründungen muss nicht zu einer Schwächung der rechtlich universalisierten Menschenrechtsnormen führen. Bei deren kulturrelativistischer Interpretation und bei nur teilweiser Implementierung führt er zwangsläufig dazu. Ein auf partikuläre Werte gestützter und zugleich verabsolutierter Universalismus vergisst, dass die Achtung der Menschenrechte *transkulturell* ermöglicht werden muss. Kulturrelativismus ist im internationalen Menschenrechte-Recht nicht vertretbar.[95] Aus dem internen Pluralismus hybrider Kulturen und aus moralischem Einstellungspluralismus sowie aus der Kontextualität der Menschenrechte folgt kein Rechtsrelativismus. Die *Allgemeine Erklärung der Menschenrechte* bestimmt in Art. 6: „*Jeder* hat das Recht, *überall* als rechtsfähig anerkannt zu werden."

Literatur

Abou, S., 1984, *Menschenrechte und Kulturen.* Aus d. Franz. v. A. Franke/W. Schmale, Bochum.

Al-Azm, S.J., 2005, *Islam und säkularer Humanismus*, Tübingen.

Al-Midani, M. A., 2003, *Les droits de l'homme et l'Islam. Textes des organisations arabes et islamiques,* édité par l'Association des Publications de la Faculté de Théologie Protestante, Université Marc Bloch de Strasbourg.

Al-Midani, M. A., 2004, La Déclaration universelle des droits de l'homme et le droit musulman. In : *Lectures contemporaines du droit islamique. Europe et monde arabe*, sous la direction de F. Frégosi, Strasbourg.

An-Na'im, A. A./ M. A. Baderin, 2010, *Islam and Human Rights*, Farnham.

Arndt, C., ^{2}1981, *Die Menschenrechte*, Hamburg.

Baderin, M. A., 2005, *International human rights and Islamic law*, Oxford.

Benchenane, M., 2003, *Les Droits de l'Homme en Islam et en Occident.* http://www.fmesfrance. net/article.php3?id_article=15.

93 Hinz 2009, 7f.

94 Ebd.

95 Vgl. zur Kritik u.a. Paul 2003.

Benhabib, S., 2002, *The Claims of Culture. Equality and Diversity the Global Era*, Princeton, N.J.
Bielefeldt, H., 1998, Zwischen Scharia und Menschenrechten, Facetten der islamischen Menschenrechtsdiskussion. In: Voigt, U. (Hg.), 1998, *Die Menschenrechte im interkulturellen Dialog*, Frankfurt/M.
Bielefeldt, H., 1999, Universale Menschenrechte angesichts der Pluralität der Kulturen. In: H.-R. Reuter (Hg.), *Ethik der Menschenrechte. Zum Streit um die Universalität einer Idee I*, Tübingen.
Bielefeldt, H., 2000, ‚Western' Versus ‚Islamic' Human Rights Conceptions? A Critique of Cultural Essentialism in the Discussion on Human Rights. In: *Political Theory*, Vol. 28, No. 1.
Bielefeldt, H., o.J., Menschenrechte in der islamischen Diskussion. http://www.kompetenz-interkulturell.de/userfiles/Grundsatzartikel/Menschenrechte%20Islam.pdf. Abruf: 26. 6. 2010.
Bösl, A./ J. Diescho (eds.), 2009, *Human Rights in Africa. Legal Perspectives on their Protection and Promotion*, Windhoek.
Büttner, F., 2003, „Der Islam ist Religion und Staat!" Nur eine erfundene Tradition des politischen Islam? In: Berndt, M./ I. El Masry (Hg.): *Konflikt, Entwicklung, Frieden. Emanzipatorische Perspektiven in einer zerrissenen Welt*, Kassel.
Charfi, M., 1983, Islam et droits de l'homme. In: *Islsamo-christiana* , 9 (1983), 23 f.
Chase, A./A. Hamzawy (eds.), 2006, *Human Rights in the Arab World. Independent Voices*, Philadelphia.
Chu Chen, L., 1976, Self Determination as a human right. In: W. M. Reisman/B. H. Weston (eds.), *Towards world order and human dignity*, New York/ London.
Dhouib, S., 2010, Philosophische Wege zu Recht und Ethik. Beispiele aus der arabisch-islamischen Philosophie der Gegenwart. In: H.J. Sandkühler (Hg.), *Recht und Moral*, Hamburg.
Dreier, H., ^{2}2004, *Grundgesetz-Kommentar*, Bd. I, Präambel, Artikel 1-19, Tübingen.
Duncker, A., 2006, *Menschenrechte im Islam. Eine Analyse islamischer Erklärungen über die Menschenrechte*, Berlin.
Häberle, P., 1994, *Europäische Rechtskultur. Versuch einer Annäherung in zwölf Schritten*, Baden-Baden.
Habermas, J., 1999, Der interkulturelle Diskurs über Menschenrechte. In: Brunkhorst, H./ W.R. Köhler/ M. Lutz-Bachmann (Hrsg.), 1999, *Recht auf Menschenrechte. Menschenrechte, Demokratie und internationale Politik*, Frankfurt/M.
Hart, H.L.A., 1983, *Essays in Jurisprudence and Philosophy*, Oxford/New York.
Hinz, M.O., 2009, Human rights between universalism and cultural relativism? The need for anthropological jurisprudence in the globalising world. In: Bösl/Diescho 2009.
Hinz, M./ C. Mapure, 2010, *In Search of Justice and Peace. Traditional and Informal Justice Systems in Africa*, Windhoek.
Hummer, W./ W. Karl (Hg.), 2008, *Regionaler Menschenrechtsschutz. Dokumente samt Einführungen.* Bd. I: Allgemeiner Schutzbereich; Teilband I/1: Europa; Teilband I/2: Amerika – Afrika – Islamisch-Arabischer Raum – Asiatisch-Pazifischer Raum, Teilbd. I/2, Baden-Baden 2008.
Jayyusi, S.K. (ed.), 2009, *Human Rights in Arab Th ought. A Reader*, London/New York.

Johnston, D.L., 2007, Maqasid Al-Shari'a: Epistemology and Hermeneutics of Muslim Theologies of Human Rights. In: D*ie Welt des Islam. Internationale Zschr. F. d. Geschichte d. Islam in d. Neuzeit*, Leiden/Boston.

Kadelbach, S., 1992, *Zwingendes Völkerrecht*, Berlin.

Kenyatta, J., 1965, Facing Mount Kenya: The Tribal Life of the Gikuyu. In: Steiner/Alston 1996.

Kervégan, J.-F., 2010, Gibt es moralische Rechte? In: H.J. Sandkühler (Hg.), *Recht und Moral*, Hamburg.

Kervégan, J.-F., 2010a, Moral und Recht. In: H.J. Sandkühler (Hg.), *Enzyklopädie Philosophie*, 2. Aufl. in 3 Bdn., Bd. 2, Hamburg 2010.

Klein, E., 2005, Menschenrechte und Jus cogens. In: *Internat. Gemeinschaft und Menschenrechte*. FS f. G. Ress z. 70. Geb., Köln.

Kofi Annan, 1997, Universalität der Menschenrechte. Rede an der Universität von Teheran, Teheran, 10. Dezember 1997. In: *Die Vereinten Nationen im 21. Jahrhundert. Reden und Beiträge 1997-2003*, hg. v. M. Fröhlich, Wiesbaden 2004, S.

Kofi Annan, 1999, Der Dialog der Zivilisationen. Rede vor dem Zentrum für Islamische Studien, Oxford, 28. Juni 1999. In: *Die Vereinten Nationen im 21. Jahrhundert. Reden und Beiträge 1997-2003*, hg. v. M. Fröhlich, Wiesbaden 2004.

Lohmann, G., 2010, Kulturelle Besonderung und Universalisierung der Menschenrechte. In: G. Ernst/ S. Sellmaier (Hg.), *Universelle Menschenrechte und partikulare Moral*, Stuttgart.

Lutz-Bachmann, M./ A. Niederberger/ Ph. Schink (Hg.), 2010, *Kosmopolitismus. Zur Geschichte und Zukunft eines umstrittenen Ideals*, Weilerswist.

Marramao, G., 2010, Thinking Babel. Universality, Multiplicity, Difference. In: *IRIS. European Journal of Philosophy and Public Debate* II, 3 April 2010.

Marzouki, A.Y., 2010, Konflikte der Rechtfertigung des Gesetzes im Islam. In: In: J. Poulain/ H.J. Sandkühler/ F. Triki (Hg.), *Gerechtigkeit, Recht und Rechtfertigung in transkultureller Perspektive,* Frankfurt/M.

Maududi, Abul A'la, [10]1990, *The Islamic Law and Constitution*, Lahore.

Mawdudi, Abul A'la, 1976, *Human Rights in Islam*, Leicester.

Mayer, A. E., 1990, The Sharī'ah: A methodology or a body of substantive rules? In: Hees, N. (ed.), *Islamic law and jurisprudence,* Seattle/London:

Mayer, A. E., 1990a, Current Muslim Thinking on Human Rights. In: *Human Rights in Africa. Cross-cultural perspectives*, Brookings, Mass.

Mayer, A. E., [4]2007, *Islam and Human Rights*, Boulder (Col.).

Mishima, K., 2005, Menschenrechte als Tradtionsbruch und Abschied von der Gewalt. In: In: L. Kühnhardt/ M. Takayama (Hg.), *Menschenrechte, Kulturen und Gewalt*, Baden-Baden.

Mohr, G., 2009, Sind die Menschenrechte auf ein bestimmtes Menschenbild festgelegt? Plädoyer für eine Umkehr der Beweislast. In: In: H.J. Sandkühler (Hg.), *Menschenrechte in die Zukunft denken. 60 Jahre Allgemeine Erklärung der Menschenrechte*, Baden-Baden.

Mohr, G., 2010, Moralische Rechte gibt es nicht. In: H.J. Sandkühler (Hg.), *Recht und Moral*, Hamburg.

Morgan-Foster, J., 2005, Third Generation Rights: What Islamic Law Can Teach the International Human Rights Movement. In: *Yale Human Rights & Development L.J.*, Vol. 8.

Paul, G., 2003, Argumente gegen den Kulturalismus in der Menschenrechtsfrage. In: *Information Philosophie* 5 (2003).

Rohe, M., ^{2}2009, *Das islamische Recht. Geschichte und Gegenwart*, München.

Saïd, J., 2010, Die Menschenrechte und die Demokratie der Anderen. In: J. Poulain/ H.J. Sandkühler/ F. Triki (Hg.), *Gerechtigkeit, Recht und Rechtfertigung in transkultureller Perspektive*, Frankfurt/M.

Sandkühler, H. J., 2004, Pluralism, Cultures of Knowledge, Transculturality, and Fundamental Rights. In: Ders./HongBin Lim (Hg.), *Transculturality – Epistemology, Ethics, and Politics*, Frankfurt/M. et al.

Sandkühler, H.J., 2006, Universalisierbarkeit von Menschenrechten unter Bedingungen kultureller Differenz. In: E. Steffens/ A. Meuthrath (Hg.), *Utopie hat einen Ort. Beiträge für eine interkulturelle Welt aus vier Kontinenten*. Festschr. f. Raúl Fornet-Betancourt, Frankfurt/M./ London.

Sandkühler, H. J., 2007, Menschenwürde und die Transformation moralischer Rechte in positives Recht. In: ders. (Hg.), *Menschenwürde. Philosophische, theologische und juristische Analysen*, Fft/M. et al.

Sandkühler, H. J., 2009, *Kritik der Repräsentation. Einführung in die Theorie der Überzeugungen, der Wissenskulturen und des Wissens*, Frankfurt/M.

Sandkühler, H.J., 2010, Menschenrechte. In: ders. (Hg.), *Enzyklopädie Philosophie*, 2. Aufl. in 3 Bdn., Bd. 2, Hamburg.

Sandkühler, H.J., 2010a, Moral und Recht? Recht oder Moral? Zur Einführung. In: ders. (Hg.), *Recht und Moral*, Hamburg.

Schacht, J., 1964, *An Introduction to Islamic Law*, Oxford.

Schwartländer, J. (Hg.), 1993, *Freiheit der Religion. Christentum und Islam unter dem Anspruch der Menschenrechte*, Mainz.

Sen, A., 1992, *Inequality Reexamined*, Oxford.

Sen, A., 2007, *Die Identitätsfalle. Warum es keinen Krieg der Kulturen gibt*, Bonn. [Amerik. Originalausg.: Identity and Violence: The Illusion of DesteNew York, New York/London 2006].

Spies, O./ E. Pritsch, 1964, Klassisches Islamisches Recht. 1. Wesen des Islamischen Rechts. In: *Handbuch der Orientalistik*. Abt. 1. Erg.bd. 3. Orientalisches Recht. Leiden.

Steiner, H. J./Ph. Alston (ed.), 1996, *International Human Rights in Context. Law, Politics, Morals. Text and Materials*, Oxford.

Sukopp, T., 2010, Kulturrelativismus. In: H.J. Sandkühler (Hg.), *Enzyklopädie Philosophie*, 2. Aufl. in 3 Bdn., Bd. 2, Hamburg.

Tibi, B., 1994, *Im Schatten AllahS. Der Islam und die Menschenrechte*, München/ Zürich.

Tomuschat, Ch., 1982, Das Recht auf Entwicklung. In: *German Yearbook of Internat. Law, Jb. f. internat. Recht*, Vol. 25, Berlin.

Welsch, W., 2010, Transkulturalität. In: H.J. Sandkühler (Hg.), *Enzyklopädie Philosophie*, 2. Aufl. in 3 Bdn., Bd. 3, Hamburg.

Wesel, U., [6]1993, *Juristische Weltkunde. Eine Einführung in das Recht*, Fft/M.
Wiredu, K., 1997a, Probleme des afrikanischen Selbstverständnisses in der gegenwärtigen Welt. In: *Widerspruch. Zschr. f. Philosophie,* Tübingen.
Wiredu, K., 1997b, TheNeed for Conceptual Decolonization in African Philosophy. In: H. Kimmerle/F. M.Wimmer (eds.), 1997, *Philosophy and Democracy in Intercultural Perspective. Philosophie et démocratie en perspective interculturelle*, Amsterdam/ Atlanta.
Wole Soyinka, 1999, Kulturelle Ansprüche und globale Rechte. In: *Jahrbuch Menschenrechte 1999*, 37-56.
Yersu Kim, 2005, Entwicklung von Universalität. Zur Begründung der Universalität von Menschenrechten. In: *polylog. Zschr. f. interkulturelles Philosophieren* (Wien), H. 14.

Heiner Bielefeldt

Von der Aufklärung zur Allgemeinen Erklärung der Menschenrechte[1]

1. Historischer und sachlicher Ursprung der Menschenrechte

Menschenrechte sind historisch erstmals in Westeuropa und Nordamerika formuliert worden und zu politischer Wirksamkeit gelangt. Dies gilt jedenfalls dann, wenn man die Menschenrechte im engeren Sinne als *politisch-rechtliche Ansprüche auf Durchsetzung gleicher Freiheit für jeden Menschen* definiert. An dieser Definition will ich mich im Folgenden orientieren. Bestimmend für das Verständnis der Menschenrechte ist demnach die Verbindung dreier Komponenten. Es sind dies: (1) der normative Universalismus, wonach die grundlegenden Rechte einem jedem Menschen aufgrund seiner inhärenten Würde zustehen; (2) eine emanzipatorische Ausrichtung auf die rechtliche Gewährleistung freier, gleichberechtigter Selbstbestimmung; schließlich (3) die Schaffung einer komplexen institutionellen Infrastruktur zur Durchsetzung der Rechte. Erst in der *Zusammensicht* dieser drei Komponenten erschließt sich das normative Profil der Menschenrechte. Für die so definierte Menschenrechtsidee gilt, dass ihr geschichtlicher Durchbruch an die großen demokratischen Revolutionen des ausgehenden 18. Jahrhunderts in Amerika und Frankreich gebunden ist.[2] Zu den ersten Menschenrechtsdokumenten gehören beispielsweise die Virginia Bill of Rights von 1776 und die Menschen- und Bürgerrechtserklärung der Französischen Revolution vom August 1789.

Die Anerkennung der Tatsache, dass die Menschenrechte historisch zunächst in Europa und Nordamerika entstanden sind, darf nicht gleichgesetzt werden mit der Behauptung, die Menschenrechte seien das Ergebnis einer exklusiv „westlichen“ Kulturentwicklung und ergo ihrem Wesen nach „westliche Werte“. Diese Klarstellung ist mir besonders wichtig. Der universale Geltungsanspruch der Menschenrechte resultiert gerade nicht aus einer angeblichen Überlegenheit der europäischen Kultur, sondern beruht auf der *inneren Plausibilität* des Menschen-

[1] Der Beitrag wurde erstveröffentlicht in: Franz-Josef Hutter/ Carsten Kimmle (Hg.), *Das uneingelöste Versprechen. 60 Jahre Allgemeine Erklärung der Menschenrechte*, von Loeper Literaturverlag, Karlsruhe 2008, 27-45.

[2] Dass in diesen ersten Formulierungen der menschenrechtliche Universalismus keineswegs konsequent zum Ausdruck kommt, sondern zum Teil dramatisch unterboten wird, sei sogleich konzediert. Dazu Näheres unten in Abschnitt 4.

rechtskonzepts selbst, das, wie sich zeigen lässt, Überzeugungskraft für Menschen aus den verschiedensten Kulturregionen der Welt entfaltet.[3] Historische Überlegungen zur Entstehung und Entwicklung dieses Konzepts dürfen deshalb nicht zu einer leitkulturellen Eingemeindung der Menschenrechtsidee führen. Eurozentrische „copy-right-Ansprüche“ auf die Menschenrechte haben letztlich stets zur Folge, dass deren universalistischer Geltungsanspruch, gewollt oder ungewollt, kulturimperialistische Züge annimmt – als ginge es in der Allgemeinen Erklärung der Menschenrechte von 1948 lediglich um die globale Durchsetzung spezifisch europäischer Kulturerrungenschaften oder eines westlichen „way of life“.

Wichtiger als der (partikulare) historische Ursprung der Menschenrechte in Nordamerika oder Westeuropa ist ihr deshalb *sachlicher Ursprung*. Auf welchen Problemdruck antworten die Menschenrechte? Was ist ihr Erfahrungshintergrund? Und welche Einsichten liegen den ersten Menschenrechtsforderungen zugrunde?

2. Menschenrechte als Antwort auf strukturelle Unrechtserfahrungen

Nach Johannes Schwartländer haben Menschenrechte ihren primären sachlichen Grund in Unrechtserfahrungen. Sie sind, genauer gesagt, eine *Antwort auf Erfahrungen strukturellen Unrechts*.[4] Es lohnt sich, über diese These näher nachzudenken.

Unrechtserfahrungen sind nicht dasselbe wie Leidenserfahrungen. Zwar ist in jeder Unrechtserfahrung notwendig ein Leiden involviert; es gibt keine Unrechtserfahrung ohne ein Leiden, das nicht unbedingt am eigenen Leib erlebt sein muss, sondern auch durch Sich-Hineinversetzen in die Bedrängnisse anderer Menschen übernommen werden kann. Unrechtserfahrungen gehen jedoch über bloßes Leiden – oder Mitleiden – hinaus, insofern sie eine spezifische *Interpretationsleistung* enthalten: Das jeweilige Leiden wird als *von Menschen verursacht* erkannt. Es ist Folge menschlichen Handelns oder Unterlassens, Ausdruck gesellschaftlicher Strukturen oder mentaler Ignoranz, es wird bewusst geschaffen oder zumindest halbbewusst oder unbewusst zugelassen.

Wie unterschiedlich die (direkten und indirekten) Modi menschlicher Verursachung im Einzelnen auch sein mögen – entscheidend ist die Einsicht, dass ein bestimmtes Leid jedenfalls nicht nur schicksalhaft gegeben ist, sondern von Menschen verschuldet oder zumindest mitverschuldet wird. So wird es möglich, eine seit Menschengedenken praktizierte hierarchische Abstufung von Menschen

3 Vgl. Franz-Josef Hutter, *No rights. Menschenrechte als Fundament einer funktionierenden Weltordnung*, Berlin 2003, 114ff.

4 Vgl. Johannes Schwartländer (Hg.), *Menschenrechte. Aspekte ihrer Begründung und Verwirklichung*, Tübingen 1978.

nach Geburtsständen als *Unterdrückung* zu entlarven; eine lange Zeit als schlicht „natürlich" angesehene fixe Rollenverteilung zwischen Frauen und Männern erweist sich als *Ausbeutungsverhältnis*; Partizipationshindernisse für Menschen mit Behinderungen werden als Ausdruck gesellschaftlicher *Vorurteile* und Ignoranzen kritisierbar; an sich vermeidbare Hungersnöte sind eben keine bloßen „Naturkatastrophen" mehr; und auch manche Altersleiden zeigen womöglich Züge sozialer *Ausgrenzung.*

Der Schritt von der Leidenserfahrung zum Unrechtsbewusstsein ermöglicht den *Übergang von stummem Erleiden zum artikulierbaren Protest* und somit zur Veränderung. (Ob die intendierte Veränderung erfolgreich ist, hängt dann selbstverständlich von vielen weiteren Faktoren ab.) Wie schwierig indes schon dieser erste, unerlässliche Schritt sein kann, verdeutlichen aktuelle Praxisberichte aus der Beratung von Menschen, die von Zwangsverheiratung bedroht oder betroffen sind.[5] Manche dieser meist sehr jungen Frauen (oder gelegentlich auch Männer) haben *nicht einmal ein klares Bewusstsein des Unrechts*, das ihnen droht oder widerfährt. Natürlich leiden sie unter ihrer Situation; sie empfinden aber zugleich manchmal diffuse Schuldgefühle, weil sie den Eindruck haben, dass sie im Falle von Widerstand den Familienfrieden gefährden und elterliche Erwartungen enttäuschen. Erst wenn der Übergang vom passiven Erleiden zum Bewusstsein des widerfahrenen Unrechts geschieht – was ohne problemzentrierte Kommunikation praktisch kaum gelingen kann –, entsteht die Voraussetzung für mögliche Veränderungen der Situation.

Wo die Grenze zwischen Leidenserfahrung und Unrechtserfahrung im Einzelnen liegt, lässt sich nicht ein für allemal feststellen. Klar ist jedenfalls, dass keineswegs alles Leiden in Unrechtbewusstsein überführt werden kann.[6] Es bleibt dabei, dass Menschen Krankheiten und Unfälle erleiden, durch die sie persönlich oder beruflich aus der Bahn geworfen werden können oder auch vor der Zeit aus dem Leben scheiden. Der Verlust nahe stehender Menschen gehört zu den Schicksalsschlägen, die niemandem erspart bleiben. Kurz: Leiden gehört zur *conditio humana.* Dies zu bestreiten, wäre prometheische Vermessenheit.

Angesichts der letztlich unaufhebbaren Differenz zwischen Leiden und Unrecht stellt sich die Frage nach der Bewertung konkreter Leidenserfahrungen – d.h. nach der genauen Grenzziehung zwischen Leid und Unrecht – immer wieder aufs Neue. Oft sind die Antworten uneindeutig und umstritten. Die Frage, ob

5 Vgl. Corinna Ter Nedden, Zwangsverheiratung: Erfahrungen in der praktischen Unterstützung Betroffener und Empfehlungen für Politik und Verwaltung. In: Bundesministerium für Familie, Senioren, Frauen und Jugend (Hg.), *Zwangsverheiratung in Deutschland. Konzeption und Redaktion: Deutsches Institut für Menschenrechte*, Baden-Baden 2007, 348-374.

6 Es sei denn, es wird zur Anfrage an die Gerechtigkeit Gottes angesichts der offenkundigen Unvollkommenheit der Schöpfung – die klassische Theodizee-Frage.

beispielsweise Arbeitslosigkeit eine Folge persönlichen Versagens oder Ausdruck ungerechter Behandlung ist oder ob man einfach „Pech gehabt“ hat, lässt sich im Einzelfall oft nur schwer beantworten. Unrechtserfahrungen sind deshalb alles anderes als trivial. Die Bestimmung der jeweiligen konkreten Grenze zwischen Leidens- und Unrechtserfahrungen bildet vielmehr *den ersten, unerlässlichen Schritt menschenrechtlicher Aufklärung.*

Hinzu kommt die Frage, ob ein konkret erlittenes Unrecht *strukturelle Gründe* hat. Nicht alle Ungerechtigkeiten sind struktureller Natur. Zum Beispiel lässt sich unfaires Verhalten innerhalb einer ehelichen Gemeinschaft in der Regel nicht mit Menschenrechtsforderungen adressieren – wohl aber gilt dies für gesellschaftliche Strukturen, die zur Folge haben, dass zwischen Frauen und Männern nach wie vor Chancenungleichheiten auf dem Arbeitsmarkt bestehen, die sich dann auch negativ im Eheleben auswirken können.

So schwierig es im Einzelnen ist, die Grenze zwischen Leidenserfahrungen und Unrechtserfahrungen zu bestimmen, so kompliziert ist es auch, die Differenz zwischen nicht-strukturellem Unrecht und strukturellem Unrecht im konkreten Fall genau festzulegen. Nehmen wir an, dass die Entlassung einer Arbeitnehmerin eindeutig ungerecht ist, weil die die betroffene Person sich immer hervorragend beruflich engagiert hat, so mag es gleichwohl *in concreto* schwierig sein festzustellen, ob die unverdiente Entlassung nur Ausdruck persönlicher Unfairness des Arbeitgebers ist oder ob sich darin die strukturelle Diskriminierung einer Bevölkerungsgruppe manifestiert. Es kann sein, dass eine klare Beantwortung dieser Frage nur auf der Grundlage umfangreicher statistischer Daten möglich wäre, die aktuell nicht zur Verfügung stehen.[7]

Die Einsicht in etwaige strukturelle Gründe erlebten Unrechts bedeutet eine *Politisierung von Unrechtserfahrungen.* Dies ist der zweite, ebenfalls unerlässliche Schritt menschenrechtlicher Aufklärung. Auch dieser Schritt ist keineswegs trivial, weil die Grenze zwischen strukturellem und nicht-strukturellem Unrecht in vielen Fällen eben nicht auf den ersten Blick evident sein mag, sondern umstritten bleibt.

3. Die Antwort der Menschenrechte

Bestehendes Unrechtsbewusstsein und seine Politisierung sind notwendige, aber noch keineswegs hinreichende Bedingungen für die Entstehung der Menschenrechte. Diese setzen neben Unrechtsbewusstsein auch eine Gerechtigkeitsidee, also ein *spezifisches Rechtsbewusstsein* voraus, das mehr ist als nur die Negation

7 Die staatliche Verpflichtung, desaggregierte Daten zur Identifikation struktureller und indirekter Diskriminierungen zu erheben, ist von den für die Überwachung der unterschiedlichen UN-Menschenrechtskonventionen zuständigen Fachausschüssen immer wieder betont worden.

des Unrechts. Charakteristisch für die Menschenrechten zugrunde liegende Gerechtigkeitsidee sind, wie bereits angedeutet, ihre universalistische und emanzipatorische Ausrichtung und der Ausbau institutioneller Durchsetzungsmechanismen. Die so umrissene Gerechtigkeitsvorstellung wiederum ist spezifisch modern. Sie geht über personale Appelle hinaus, indem sie rechtsverbindliche Ansprüche schafft, die über Gerichte und andere Institutionen wirksam durchgesetzt werden sollen, und sie unterscheidet sich von traditionellen, hierarchischen Gerechtigkeitsideen, insofern sie auf gleichberechtigte Selbst- und Mitbestimmung aller setzt.

Leitend für die Ausbildung dieser menschenrechtlichen Gerechtigkeitsidee ist die Einsicht, dass in modernen Gesellschaften der Rekurs auf traditionelle, oftmals religiös fundierte lebensweltliche Ethosformen *allein* nicht mehr ausreicht, um eine gerechte Ordnung zu schaffen. Weder lassen sich die Gefahren der Unterdrückung durch den modernen Staat und die ihm zur Verfügung stehenden Machtmittel durch religiös-moralische Appelle in der Linie der vormodernen Fürstenspiegelliteratur bannen, noch reicht das traditionelle paternalistische Feudalethos dazu aus, die inhumanen Folgewirkungen des modernen Kapitalismus einzudämmen.[8]

Außerdem stellt sich in der modernen Gesellschaft die Aufgabe, normative Prinzipien und Institutionen des Zusammenlebens so zu formulieren und auszugestalten, dass sie dem irreversiblen *Pluralismus* der Religionen, Weltanschauungen und Lebensformen in der Gesellschaft gerecht werden können. Auch deshalb kommt der *alleinige* Rückgriff auf ein in bestimmten religiösen Traditionen oder geschlossenen kulturellen Narrationen gegründetes lebensweltliches Ethos in modernen Gesellschaften nicht in Frage; er könnte sogar zu einem Element von Ausgrenzung und Spaltung – und damit zur Quelle neuen politischen Unrechts – werden.[9] Der Menschenrechtsansatz eröffnet demgegenüber die Chance, den irreversiblen Pluralismus moderner Gesellschaften dadurch zu gestalten,

8 In diesem Sinne versteht Reza Afshari die Menschenrechte „as a response to the almost universality of the modern state as a globally convergent mode of governance. ... Although [human rights] originated in the West, their particular substantive foundation belongs to a moral vision that was the result of accumulated experiences in dealing with the abuses of the modern state and market economies." Vgl. Reza Afshari, An Essay on Islamic Cultural Relativism in the Discourse of Human Rights. In: *Human Rights Quarterly* 16 (1994), 235-276, hier 248.

9 Ein Beispiel: Während sich der Dominikanerbischof Bartholomé de Las Casas in seinem Kampf für das Lebensrecht der Indios im 16. Jahrhundert noch auf die Lehre des im katholischen Spanien autoritativ geltenden Thomas von Aquin berufen konnte, erweist sich eine solche Argumentation zweihundert Jahre später in den konfessionell immer mehr durchmischten Staaten als schwierig, ja als gefährlich, weil sie – gewollt oder ungewollt – die protestantischen oder sonstigen nicht-katholischen Bevölkerungsgruppen ausschließen würde.

dass er – gleichsam durch die Vielfalt der religiösen und weltanschaulichen Überzeugungen und Orientierungen der Menschen hindurch – die Verantwortungssubjektivität des Menschen als normativen Angelpunkt eines freiheitlichen und egalitären Rechtskonsenses begreift.

Menschenrechte bilden somit einen spezifisch *modernen Ansatz*, politische Gerechtigkeit zu artikulieren und institutionell wirksam auszugestalten. Sie orientieren sich an der Würde des Menschen, die – anders als in vormodernen Vorstellungen – nun systematisch als Anspruch auf Anerkennung der *Mündigkeit des Menschen* verstanden wird. Die Menschenrechte zielen darauf ab, die in der Würde eines jeden Menschen dadurch gesellschaftlich wirksam zur Geltung zu bringen, dass jedem Menschen die gleichen Grundfreiheiten rechtlich garantiert werden. Alle Menschenrechtsverbürgungen sind in diesem Sinne Manifestationen des Respekts vor der Würde des Menschen als eines zur Selbstbestimmung befähigten Subjekts; das macht ihren ethischen Gehalt als „unveräußerliche" Rechte aus.[10]

4. Ansätze menschenrechtlicher Aufklärung im 18. Jahrhundert

Die bisher vorgetragenen Überlegungen sollten deutlich machen, dass die Durchsetzung der Menschenrechte an anspruchsvolle Voraussetzungen gebunden ist, die in durchgreifenden gesellschaftlichen Lernprozessen erarbeitet werden müssen. Kurz: *Menschenrechte sind ohne Aufklärung nicht denkbar.* Ein solcher Aufklärungsprozess hat im Europa des 18. Jahrhunderts stattgefunden und schließlich zum ersten historischen Durchbruch der Menschenrechtsidee geführt. Es wäre ein Fehlschluss, wollte man daraus ableiten, dass die Menschenrechte entweder exklusiv an den europäischen Kulturraum gebunden wären oder nur im Zuge einer kulturellen „Verwestlichung" der Welt eine globale Durchsetzungschance hätten. Um einem solchen, vielfach anzutreffenden kulturalistischen Fehlschluss entgegenzuwirken, habe ich Kernmomente menschenrechtlicher Aufklärung in aller gebotenen Kürze zunächst abstrakt-phänomenologisch bestimmt. Wenden wir uns nun einer knappen Skizze der historischen Entwicklung der Menschenrechtsidee zu.

Ein Hauptthema der Aufklärungsphilosophie des späten 17. und des 18. Jahrhunderts bildeten die gesellschaftlichen Verwerfungen durch religiösen Fanatismus und religionspolitische Fraktionsbildungen. Im Hintergrund standen die traumatisierenden Erfahrungen der Religionskriege, die die europäischen Gesellschaften im Gefolge von Reformation und Gegenreformation mehr als ein Jahrhundert lang zerrissen hatten. Die Religionskriege führten zu Massenmorden (etwa der Ermordung mehrerer tausend Protestanten allein in der „Bartholo-

10 Vgl. Heiner Bielefeldt, *Philosophie der Menschenrechte*, Darmstadt 1998.

mäusnacht“ von 1572), religiösen Vertreibungen und Massenfluchtbewegungen, Zwangsbekehrungen und Denunziantentum. Im dreißigjährigen Krieg kam es zur Entvölkerung ganzer Landstriche in vielen Ländern Europas.

Die Überwindung der konfessionellen Bürgerkriege und die Etablierung einer stabilen Friedensordnung wurden vielfach zunächst von der Stärkung der politischen Macht erwartet. Am Ende des dreißigjährigen Kriegs stand denn auch die politische Durchsetzung der modernen Souveränitätsdoktrin, philosophisch formuliert zunächst von Jean Bodin, Hugo Grotius, Baruch de Spinoza und Thomas Hobbes. Vor allem Hobbes ging dabei so weit, dass er um der Durchsetzungskraft der staatlichen Zentralgewalt willen eine totale rechtliche Abdankung der Individuen, Stände, Korporationen – kurz: der gesamten Gesellschaft – als unerlässlich aufzuweisen suchte. Er verkörperte damit die historische Verbindung von Aufklärung und Staatsabsolutismus, die ihre Plausibilität in der traumatischen Erfahrung der religiösen Bürgerkriege hatte.[11]

Das Bündnis von Aufklärung und Absolutismus konnte allerdings nicht von Dauer sein. Im Laufe der Zeit zeigte sich, dass die Konzentration allen Rechts in der staatlichen Zentralgewalt keine wirkliche Garantie vor dem Rückfall in religionspolitische Gewaltakte geben konnte. So setzte Ludwig XIV. die Konfessionskriege unter Nutzung des ihm mittlerweile verfügbaren Gewaltmonopols fort, als er das von Heinrich IV. 1598 erlassene Toleranzedikt von Nantes im Jahre 1685 aufkündigte und damit die Flucht von Hunderttausender Hugenotten auslöste (von denen viele Aufnahme im Kurfürstentum Brandenburg fanden).[12] Aber selbst wenn der vom Souverän erwartete Frieden erfolgreich zustande kam, war dies eben letztlich bloß ein Zwangsfrieden, erkauft durch polizeistaatliche Kontrollpolitik und die rechtliche Entmündigung der Bevölkerung. Der im Rahmen eines absolutistischen Staates ermöglichte *Zwangsfrieden* war eben kein Rechtsfrieden, sondern blieb zuletzt eine Form der Rechtlosigkeit.

Die Herausforderung bestand, systematisch gesehen, also darin, einen neuen substanziellen Rechtskonsens für die irreversibel pluralistisch gewordene Gesellschaft zu finden und auszubilden, der das Gemeinwesen einerseits vor dem Rückfall in religionspolitische Gewalt schützen und andererseits die Entmündigung durch den absolutistischen Staatsapparat überwinden konnte. Die rechtspolitischen Programmschriften der Aufklärungsphilosophen des 18. Jahrhunderts sind Versuche, einen solchen neuen Rechtskonsens zu formulieren und zu begründen. Im Einzelnen gingen die Autoren dabei sehr unterschiedliche Wege.[13]

11 Vgl. Martin Kriele, *Einführung in die Staatslehre*, 3. Aufl. Opladen 1988, 48ff.

12 Vgl. ebd., Kriele, 53ff.

13 Hinweise auf die Quellentexte der im Folgenden nur kursorisch angesprochenen Aufklärungsphilosophen würden den Rahmen der vorliegenden Darstellung sprechen. Generell verwiesen sei auf Bielefeldt, *Philosophie der Menschenrechte*, a.a.O.

Während etwa Voltaire noch ganz der Programmatik des aufgeklärten Absolutismus verhaftet blieb und seine Hoffnungen auf einen durchsetzungsfähigen gebildeten Fürsten (eine Zeitlang auf Friedrich II. von Preußen) setzte, übte – eine Generation zuvor – bereits John Locke fundamentale Kritik an der Anmaßung unumschränkter souveräner Herrschaft und postulierte die Geltung der „unveräußerlichen“ Grundrechte jedes Einzelnen auf Leben, Freiheit und Eigentum. Montesquieu trug mit seinen Beschreibungen fremder Länder und ihrer politischen Institutionen dazu bei, Vergleiche zwischen unterschiedlichen Staatsverfassungen zu ermöglichen; berühmt und für die verfassungspolitische Debatte relevant wurden seine Ausführungen über die freiheitsfördernde Funktion der Gewaltenteilung in England. Als Christian Wolff soweit ging, sogar die Gesellschaft der (nicht-christlichen) Chinesen als mögliches Vorbild für die Europäer in die Diskussion einzubringen, wurde er – unter Androhung der Todesstrafe – aus dem Preußen des pietistischen Soldatenkönigs ausgewiesen.

Moses Mendelssohn machte, unterstützt von seinem Freund Lessing, auf die Unterdrückung der (übrigens auch von den meisten Aufklärern verachteten) jüdischen Minderheit aufmerksam, die vielerorts nach wie vor auf eine Ghetto-Existenz festgelegt war. Zur Überwindung der antijüdischen Diskriminierung forderte er die rechtliche Gewährleistung der Religionsfreiheit in einem religiös-weltanschaulich neutralen Staat. Condorcet gehörte zu den wenigen Schriftstellern des 18. Jahrhunderts, die auch die Geschlechterfrage kritisch thematisierten und die Ausgrenzung der Frauen aus der Politik als sexistisches Vorurteil entlarvte. Rousseau attackierte den elitären Bildungsdünkel vieler Aufklärer und wurde damit gleichsam zum Propheten der egalitären Demokratie. Unter seinem Einfluss stand nicht zuletzt Kant, der seine praktische Philosophie der Klärung der sittlichen Autonomie widmete. Aus der jedem Menschen gleichermaßen zuzusprechenden Würde als eines sittlich autonomen Subjekts leitete er das Postulat gleicher Freiheitsrechte für alle ab.

Die europäische Aufklärung des 18. Jahrhunderts war alles andere als eine monolithische Bewegung. Voltaire und Rousseau hatten nichts als tiefe Verachtung füreinander übrig, und zwischen dem religiösen Agnostiker David Hume und dem frommen jüdischen Reformer Mendelssohn lagen Welten. Gleichwohl lässt sich die europäische Aufklärung insgesamt als *Prozess zunehmender Politisierung von Unrechtserfahrungen* beschreiben. In ihr artikulierte sich Widerstand gegen religiösen Fanatismus, gegen gesellschaftliche Vorurteile und gegen polizeistaatliche Willkür und die Entrechtung der Bevölkerung.

Gleichzeitig wurden von den Aufklärern Wege gesucht, wie man mit dem entstandenen Pluralismus der Gesellschaft zurande kommen konnte. Dabei wurde zusehends deutlich, dass ein substanzieller Rechtskonsens für die religiös und weltanschaulich heterogene Gesellschaft nur auf der Basis einer *Akzeptanz des Pluralismus* möglich sein konnte. Religiöse und weltanschauliche Vielfalt, dies war die entscheidende Einsicht, sollte nicht mehr als Defizit – d.h. als Aufkündigung eines religiösen Konsenses, als Gefahr von Abweichlertum oder Sektierertum – unter Verdacht gestellt werden, sondern Anerkennung als Manifestation menschlicher Würde und Freiheit finden.

Die Forderung nach Anerkennung des entstandenen Pluralismus ging über die Toleranzpolitik des aufgeklärten Absolutismus weit hinaus. Denn sie zielte nicht mehr nur auf die Duldung konfessioneller Abweichungen von der herrschenden Norm, sondern erhob die gleiche Freiheit aller zum Angelpunkt eines neuen normativen Bewusstseins. In den Beratungen über die Menschenrechtserklärung der Französischen Revolution gab Graf Mirabeau in diesem Sinne zu bedenken: „Das Vorhandensein einer Autorität, die die Macht hat zu tolerieren ist ein Verstoß gegen die Gedankenfreiheit, und zwar gerade dadurch, dass sie toleriert und genauso nicht tolerieren könnte."[14] Nicht mehr von Herrscher gnädig gewährte Toleranz, sondern die *Anerkennung der Würde und Freiheit nach Maßgabe allgemeiner Gleichberechtigung* sollte fortan die normative Grundstruktur einer menschenrechtlichen Gesellschaftsordnung bilden.

5. Menschenrechtserklärungen im Kontext der demokratischen Revolutionen

Dass menschenrechtliche Ideen und Forderungen in den demokratischen Revolutionen des späten 18. Jahrhunderts politisch wirksam werden konnten, war natürlich nicht nur der geistigen Vorarbeit der Aufklärung zu danken, sondern hing von weiteren Faktoren und – wie fast alle geschichtlichen Durchbrüche – auch von manchen Zufällen ab. In den Siedlerkolonien Neu-Englands, die sich gegen die Bevormundung durch das Mutterland wehrten, ging es anfangs überhaupt nicht um die Durchsetzung universaler Menschenrechte, sondern um die konkreten politischen Mitwirkungsrechte der Siedler als englische Untertanen („no taxation without representation"). Als der Konflikt schließlich zum Krieg um die Unabhängigkeit von England eskalierte, konnte man die politischen Forderungen fortan nicht mehr unter Berufung auf etabliertes englisches Recht vortragen, sondern sah sich gezwungen, sie in einem weiter gefassten Rahmen zu artikulieren. Aus dem Kampf um englische Untertanenrechte ergab sich somit eine ungeplante Dynamik in Richtung der Proklamierung allgemeiner Menschenrechte. Dass sich auf die Formel der Unabhängigkeitserklärung vom 4. Juli 1776, wonach „alle Menschen von Schöpfer gleich geschaffen und mit unveräußerlichen Rechten ausgestattet sind", in Zukunft auch die aus Afrika verschleppten Sklaven sowie die von Ausrottung bedrohte Urbevölkerung würden berufen können, wurde zunächst kaum bedacht.

Die amerikanische Revolution übte eine starke Faszination auf viele freiheitlich gesonnene Menschen in Europa aus. Unmittelbare Auswirkungen hatte sie

[14] Zitiert nach Roman Schnur (Hg.), *Zur Geschichte der Erklärung der Menschenrechte*, 2. Aufl. Darmstadt 1974, 121.

im revolutionären Frankreich. Die Menschen- und Bürgerrechtserklärung vom August 1789 ist nachweislich direkt von amerikanischen Vorbildern geprägt. Auch die Demokraten im Frankfurter Paulskirchen-Parlament von 1848 orientierten sich in ihren politischen Vorstellungen sehr an Amerika.

6. Zum Fortgang der menschenrechtlichen Lerngeschichte

Viele ideengeschichtliche Darstellungen zur Entwicklung der Menschenrechte vermitteln den Eindruck, als sei – von dramatischen Rückfällen wie dem Nationalsozialismus einmal abgesehen – menschenrechtliches Gedankengut in Europa seit der Französischen Revolution im Prinzip dauerhaft etabliert worden. Zu kurz kommt dabei die Tatsache, dass die Menschenrechte in Europa auch in der Folgezeit noch lange grundsätzlich umstritten blieben.

Eine erste systematische Menschenrechtskritik setzte bereits mit Edmund Burkes Abhandlung zur Französischen Revolution (1790) und den Kampfschriften der katholischen Gegenrevolution ein. Darin wurden die Menschenrechte als eine abstrakte rationalistische Konstruktion dargestellt, durch die alle historisch gewachsenen Rechte bedroht seien – mit den Folgen gesellschaftlicher Nivellierung und kultureller Barbarei. Ähnliche skeptische Gedanken äußerten im 19. Jahrhundert auch Hegel, Schopenhauer, Nietzsche und viele andere Philosophen. Zu den entschiedensten Gegnern der Menschenrechte in Europa zählten bis ins 20. Jahrhundert hinein nicht zuletzt die christlichen Kirchen. Die katholische Kirche machte offiziell erst auf dem Zweiten Vatikanischen Konzil (1962-1965) ihren Frieden mit der Religionsfreiheit, die in mehreren päpstlichen Dokumenten des 19. Jahrhunderts als Weg in den Atheismus und in religiöse Beliebigkeit verurteilt worden war.[15]

In vielen ideengeschichtlichen Darstellungen kommen die prinzipiellen *Vorbehalte und Widerstände*, die lange Zeit in Europa gegen die Menschenrechte vorgebracht worden waren, allenfalls am Rande vor. Auch sie gehören aber zur westlichen Ideengeschichte der Menschenrechte. Vergegenwärtigt man sich die heftigen politischen Konflikte, die auf dem Wege der Anerkennung von Menschenrechten auch in Europa notwendig waren (und sind), wird deutlich, dass die Geschichte der Menschenrechte nicht angemessen als organische „Entfaltung“ eines in den Grunddokumenten des Abendlands gleichsam schon angelegten kulturellen Potenzials. Vielmehr handelt es sich bei der Erarbeitung der Menschenrechte um eine *komplizierte Lerngeschichte*, die im Übrigen auch im Westen nicht abgeschlossen ist.

Wesentlich unabgeschlossen ist diese Lerngeschichte nicht zuletzt auch deshalb, weil die Menschenrechte nicht nur immer wieder auf grundsätzliche Vorbe-

15 Vgl. Marianne Heimbach-Steins, *Menschenrechte in Gesellschaft und Kirche. Lernprozesse – Konfliktfelder – Zukunftschancen*, Mainz 2001, 26ff.

halte oder hinhaltenden Widerstand stießen, sondern der menschenrechtliche Universalismus darüber hinaus schon in den historisch maßgeblichen Formulierungen der Menschenrechte selbst unterboten wurde. Die einschlägigen amerikanischen und französischen Dokumente aus dem 18. Jahrhundert sind ja bereits insofern doppelbödig, als sich die „rights of man" bzw. die „droits de l'homme" sowohl als „Menschenrechte" wie als „Männerrechte" übersetzen lassen. Fest steht jedenfalls, dass das abstrakte Subjekt der Menschenrechte zumindest faktisch als Mann imaginiert wurde und, abgesehen von seinen geschlechtsspezifischen Zügen, wohl auch mit anderen partikularen Eigenschaften – Bildungsstand, Herkunft, Hautfarbe – imprägniert war. Die Geschichte der Menschenrechte ist von Anfang an durch diesen fundamentalen Widerspruch gekennzeichnet. Es handelt sich um einen Widerspruch nicht nur zwischen Anspruch und Wirklichkeit, sondern um *eine Spannung auf der Ebene der Formulierung des Anspruchs* selbst, dessen universalistische Komponente faktisch nie frei von partikularistischer Kontaminierung war.[16]

Das Aufdecken dieses Widerspruchs konnte indes zum Anlass für eine kritische Weiterentwicklung der Menschenrechte werden. Paradigmatisch dafür ist die Frauen-Menschenrechtserklärung, die Olympe de Gouches 1791 veröffentlichte. Der Titel „Declaration des droits de la femme et de la citoyenne" lässt die polemische Stoßrichtung gegen die androzentrische Erklärung von 1789 erkennen.[17] Dieser Titel täuscht zugleich aber. Denn tatsächlich ging es der Verfasserin nicht um das frauenzentrierte Gegenstück zur Männer-Menschenrechtserklärung, sondern darum, *gleiche Rechte für Frauen und Männer* zu verwirklichen. Sie nahm den menschenrechtlichen Universalismus also weit konsequenter ernst, als dies den Verfassern der 1789er Erklärung der Fall war.

Auch der schreiende Widerspruch, der darin bestand, dass etliche „founding fathers" der verschiedenen amerikanischen Menschenrechtserklärungen gleichzeitig Sklaven besaßen, wurde schon im 18. Jahrhundert kritisch thematisiert. So führte ein Gerichtsurteil, das der Sklave Quok Walker im Jahre 1781 unter Berufung auf die Bill of Rights of Massachusetts angestrengt hatte, kurz darauf zur Abschaffung der Sklaverei in diesem Bundesstaat. Infolge der Menschenrechtserklärung der Französischen Revolution begann 1791 der Befreiungskampf

16 Vgl. Bernhard Waldenfels, *Grundmotive einer Phänomenologie des Fremden*, Frankfurt a.M. 2006, 113: „Schön wäre es, wenn ‚der Mensch' mit eigener Stimme spräche. Doch die Erfahrungen der Interkulturalität lehren uns nur zu gut, dass hinter einer solchen Stimme stets eine bestimmte Instanz steckt, die sotto voce für ‚den Menschen' spricht, ohne ihn in seiner Allgemeinheit verkörpern zu können. Und nur oft verbirgt sich hinter der Prätention auf Allgemeinheit ein hierarchisches Gefälle".

17 Abgedruckt ist der Erklärung der Olymple de Gouches – in Gegenüberstellung zur „offizielle" Menschenrechtserklärung der Revolution von 1789 – im Anhang der Studie Ute Gerhard, *Gleichheit ohne Angleichung. Frauen im Recht*, München 1990.

afrikanischer Sklaven in der französischen Überseekolonie Saint Domingue, wo 1804 die freie Republik Haiti proklamiert wurde.[18]

Seit der Mitte des 19. Jahrhunderts gewann die Forderung sozialer Rechte durch die gewerkschaftliche Arbeiterbewegung immer mehr an Bedeutung. Die bürgerlichen Menschenrechtserklärungen des 18. Jahrhunderts waren noch von der Erwartung geprägt gewesen, die Abschaffung von Zunftzwang und anderen feudalen Beschränkungen würde eine Gesellschaft vieler Kleinunternehmer freisetzen, zu der ein jeder mit etwas Fleiß und Glück Zugang haben könnte. Angesichts der Verschärfungen sozialer Ungleichheit und Abhängigkeit im Gefolge der industriellen Revolution hatten sich solche Vorstellungen um die Mitte des 19. Jahrhunderts längst als illusionär erwiesen. In der Französischen Februarrevolution von 1848 wurden erstmals Forderungen nach einem Recht auf Arbeit und anderen sozialen Rechten laut und menschenrechtlich kodifiziert.[19]

Die Frauenrechtsbewegung, die Bestrebungen zur Abschaffung der Sklaverei und die Arbeiterbewegungen mit ihren Forderungen sozialer Menschenrechte bieten lediglich *Beispiele*, an denen sich illustrieren lässt, wie die Menschenrechte durch kritische Aufdeckung partikularistischer „biases" in den bis dato bestehenden Menschenrechtserklärungen weiterentwickelt worden ist. Dieser kritische Prozess geht auch heute weiter. Man denke etwa an die Dekonstruktion der heterosexuellen Norm durch die LGBT-Bewegung,[20] die das – auch in vielen Menschenrechtsdokumenten vorausgesetzte – traditionelle Familienverständnis mit seinen Verengungen überwinden möchte, oder an die von Behindertenverbänden vorgebrachte Kritik an Ausgrenzungen, die durch eine ideologische Formen gesellschaftlicher Gesundheitsfixierung entstehen können. Auch die postcolonial studies mit ihrer Dekonstruktion eurozentrischer Verengungen des herrschenden Menschenrechtsdiskurses tragen zur Weiterentwicklung der Menschenrechte bei. Der menschenrechtliche Universalismus bleibt letztlich uneingelöst. Genauer gesagt: Er kann nur durch die Aufdeckung alter und neuer gesellschaftlicher

18 Vgl. Heiner Bielefeldt, Zwischen Apologetik und Kritik: Sklaverei als Thema in der europäischen Geistesgeschichte. In: *Jahrbuch Menschenrechte 2008.*

19 Vgl. Artikel 13 der Französischen Revolutionsverfassung von 1848: „Die Verfassung garantiert den Bürgern die Freiheit der Arbeit und des Gewerbes. Die Gesellschaft begünstigt und ermutigt die Entwicklung der Arbeit durch freien Elementarunterricht, Berufserziehung, Gleichheit der Beziehungen zwischen Arbeitgeber und Arbeitnehmer, die Einrichtungen der Fürsorge und des Kredits, die landwirtschaftlichen Einrichtungen, freiwilligen Gesellschaften und Staatseinrichtungen, Departements und Gemeinden, die öffentlichen Arbeiten, die geeignet sind, Arbeitslose zu beschäftigen; sie gewährt verlassenen Kindern sowie Kranken und mittellosen Alten, die ihre Familien nicht unterhalten können, Hilfe." Zitiert nach Wolfgang Heidelmeyer (Hg.), *Die Menschenrechte. Erklärungen, Verfassungsartikel, Internationale Abkommen*, Paderborn, 3. ern. und erw. Aufl. 1982, 74f.

20 LGBT steht für „lesbians, gays, transsexuals and bisexuals".

Ausschlussmechanismen in Lernprozessen sukzessive, aber wohl nie vollständig, eingelöst werden.

7. Die Allgemeine Erklärung von 1948

Innerhalb der unabgeschlossenen Lerngeschichte, als die die Entwicklung der Menschenrechte sich insgesamt begreifen lässt, markiert die Allgemeine Erklärung der Menschenrechte der Vereinten Nationen von 1948 eine wichtige Zäsur.[21] Natürlich handelt es sich auch bei ihr um ein historisches Dokument, in dem wir – 60 Jahre später – manches vermissen. Der in Artikel 1 beschworene „Geist der Brüderlichkeit" klingt mittlerweile altmodisch. Man würde heute gewiss auf einer geschlechtsneutralen Formulierung bestehen und darüber hinaus vielleicht ganz auf die Familienmetaphorik verzichten und stattdessen zurückhaltender von „Solidarität" sprechen. Das Diskriminierungsverbot in Artikel 2 enthält nicht ausdrücklich die Merkmale Behinderung, Alter und Geschlecht, über die erst seit den letzten zwei Jahrzehnten intensiver international debattiert wird. Die in Artikel 1 verwendete Metapher der „angeborenen Rechte" mutet angesichts der mittlerweile immens vorangeschrittenen Möglichkeiten des manipulativen Eingreifens in vorgeburtliches Leben naiv an. Gemeint ist damit, dass die Menschenrechte jedem Menschen aufgrund seines Menschseins zukommen. Dies ist in der Sache nach wie vor richtig. Bei der Darlegung dieser Einsicht würde man heute andere Formulierungen wählen.

Die historischen Umstände, unter denen die Erklärung erarbeitet wurde, waren keineswegs frei von Widersprüchen. Der Hauptwiderspruch bestand zweifellos darin, dass sich große Teile Asiens und praktisch das gesamte subsaharische Afrika noch unter europäischer Kolonialherrschaft befanden und die entsprechenden Ländern nicht Mitglieder der Vereinten Nationen waren. Von jenem grundlegenden Widerspruch, der die Menschenrechtsgeschichte von Anfang an kennzeichnet – nämlich dass allgemeine Menschenrechte faktisch unter Ausschluss großer Gruppen von Menschen formuliert wurden – ist also auch die Erklärung von 1948 nicht verschont geblieben. Wie zuvor konnte dieser Widerspruch indes zum Katalysator einer kritischen Weiterentwicklung der Menschenrechte werden. Tatsächlich spielte die Berufung auf universale Menschenrechte in den antikolonialen politischen Bewegungen eine wichtige Rolle, und manche der neu entstandenen Staaten übernahmen einen Verweis auf die Allgemeine Erklärung von 1948 in ihre Verfassungsordnungen.

Auch wenn die Allgemeine Erklärung der Vereinten Nationen somit keine „Stunde Null" für die internationale Menschenrechtsentwicklung darstellt, ist

21 Vgl. Amnesty International (Hg.), *Menschenrechte im Umbruch. 50 Jahre Allgemeine Erklärung der Menschenrechte*, Neuwied 1998.

und bleibt sie freilich ein historisches Dokument von überragender Bedeutung. Drei Aspekte möchte ich hervorheben.

Zum ersten repräsentiert die 1948er Erklärung das gewachsene *Bewusstsein in die Unumgänglichkeit einer menschenrechtlichen Rahmenordnung für die Welt.* Dahinter steht die weltweite moralische Erschütterung durch die Weltkriege, den modernen Staatstotalitarismus und vor allem das nationalsozialistische Terrorregime und den von ihm durchgeführten Völkermord an den europäischen Juden. In der Präambel der Erklärung ist von „Akten der Barbarei“ die Rede, „die das Gewissen der Menschheit mit Empörung erfüllen“. Der Schock der Megaverbrechen des 20. Jahrhunderts hat wesentlich dazu beigetragen, dass zum Beispiel auch die christlichen Kirchen ihre bis dato oft eher von Skepsis geprägte Haltung gegenüber den Menschenrechten grundlegend revidiert haben und sich seitdem aktiv zugunsten der Menschenrechte einsetzen. Allen Widersprüchen zum Trotz wird in der 1948er Erklärung erstmals ein weltweiter internationaler, interkultureller und interreligiöser Konsens über die Menschenrechte greifbar. Deshalb spielt die Erklärung bis heute eine herausragende Rolle für das Selbstverständnis menschenrechtlicher NGOs wie Amnesty International. Sie ist nach wie vor auch das zentrale Referenzdokument in der Menschenrechtsbildung. Dass der 10. Dezember weltweit als „Tag der Menschenrechte“ begangen wird, ist also berechtigt.

Zum zweiten bildet die Allgemeine Erklärung den *Auftakt für die rechtsverbindliche Verankerung der Menschenrechte im internationalen Recht.* Das neuzeitliche Völkerrecht war bis dahin, anders als der deutsche Begriff dies nahe legt, fast ausschließlich ein Recht souveräner Staaten gewesen, die ihre äußeren Angelegenheiten rechtlich untereinander geregelt und sich zugleich äußere Einmischung in ihre „inneren Angelegenheiten“ verbeten hatten. Diese Ordnung ist durch die Aufnahme der Menschenrechte gründlich verändert worden. Im Gefolge der Allgemeinen Erklärung ist eine komplexe Struktur menschenrechtlicher Normen und Institutionen auf globaler, aber auch auf regionaler Ebene entstanden. Das Mutterdokument, auf das sich die meisten rechtsverbindlichen Menschenrechtskonventionen ausdrücklich beziehen, ist die Allgemeine Erklärung von 1948. Wie jeder weiß, finden Menschenrechtsverletzungen auch heute noch in vielen Staaten der Welt in massiver Form statt. Und es gibt – zum Beispiel im Kontext des Kampfes gegen den Terrorismus – auch international Rückschritte und neue Gefährdungen. Gleichwohl kann heute niemand mehr vertreten, Menschenrechte seien eine „innere Angelegenheit“ einzelner Staaten, die den Rest der Welt nichts angingen. Die Einhaltung der Menschenrechte wird von internationalen unabhängigen Fachgremien geprüft, und Menschenrechtsverletzungen werden in internationalen Konferenzen besprochen. Sofern dies – wie man leider feststellen muss – oft nur halbherzig und inkonsequent geschieht, können menschenrechtliche NGOs aktiv werden, die die Staaten zu mehr Engagement und Glaubwürdigkeit bei der Durchsetzung der Menschenrechte antreiben.

Schließlich hat die Allgemeine Erklärung von 1948 ihre Bedeutung auch darin, dass sie für einen *ganzheitlichen Ansatz* steht, in dem bürgerliche, politische, wirtschaftliche, soziale und kulturelle Menschenrechte einander ergänzen. Gerade die Vielfalt völkerrechtlicher Spezialkonventionen, die sich mit wichtigen Einzelfragen wie zum Beispiel der Abschaffung von Rassismus oder Sexismus oder der Ächtung und Überwindung von Folter beschäftigen, macht den Rückbezug auf ein sie verbindendes „Mutterdokument" notwendig. Andernfalls droht die Gefahr einer Fragmentierung der Menschenrechte, deren vielfältige Spezialverbürgungen mittlerweile nur noch von Fachleuten überschaut werden können. Der Erklärung von 1948 kommt diese *unverzichtbare integrierende Funktion* zu, und nur sie kann diese Funktion erfüllen. Die Eingangsworte der Präambel, dass „die Anerkennung der innewohnenden Würde und der gleichen und unveräußerlichen Rechte aller Mitglieder der menschlichen Familie die Grundlage der Freiheit, der Gerechtigkeit und des Friedens in der Welt" bildet, ist in die meisten internationalen Menschenrechtskonventionen wörtlich übernommen worden. In leicht modifizierte Form findet sie sich übrigens in auch in Artikel 1 des Grundgesetzes für die Bundesrepublik Deutschland wieder, das unter dem Eindruck eines menschenrechtlichen Neu-Anfangs der internationalen Beziehungen entstanden ist.

8. Abschlussbemerkungen

„Von der Aufklärung zur Allgemeinen Erklärung der Menschenrechte" – so lautet der Titel des vorliegenden Aufsatzes. Es sollte deutlich geworden sein, dass damit keine schlichte zeitliche Sequenz gemeint ist. Der Lernprozess menschenrechtlicher Aufklärung ist mit der Allgemeinen Erklärung von 1948 nicht beendet, sondern geht weiter. Genau genommen muss dabei jeder einzelne Schritt immer wieder aufs Neue geschehen: Die Artikulation gesellschaftlicher Unrechtserfahrungen ist angesichts der Beschwörung neuer quasi-natürlicher Schicksalsmächte („Globalisierung", „Standortwettbewerb", „Sachzwänge" aller Art) genauso erforderlich wie ihre Politisierung durch zivilgesellschaftliche Mobilisierung. Die emanzipatorische Orientierung der Menschenrechte bleibt Gegenstand einer Menschenrechtsbildung, die den Anspruch auf Selbstbestimmung und Gleichberechtigung als praktisches „Empowerment" erfahrbar machen will. Und auch der normative Universalismus der Menschenrechte muss – zum Beispiel gegen deren eurozentrische Vereinnahmung in eine partikulare „Leitkultur" – immer wieder aufs Neue geklärt und verteidigt werden.[22]

Menschenrechte sind ohne Aufklärung nicht denkbar. Von den Menschenrechten her verstanden, ist die Aufklärung dabei nicht eine kulturelle Errungen-

[22] Vgl. Heiner Bielefeldt, *Menschenrechte in der Einwanderungsgesellschaft. Plädoyer für einen aufgeklärten Multikulturalismus*, Bielefeld 2007.

schaft, auf die man lediglich selbstbewusst oder gar selbstgerecht zurückschauen kann. Vielmehr handelt es sich um eine Lerngeschichte, die unabgeschlossen bleibt – auch im „aufgeklärten“ Europa.

Udo Di Fabio

Menschenrechte in unterschiedlichen Kulturräumen[1]

1. Universalität und Kulturvorbehalt

Menschenrechte sind universal – oder sie sind nicht. Es geht um Rechte, die *jedem* Menschen zustehen, unabhängig von seiner Herkunft, seinem Geschlecht, seiner Religion, seines Berufes, seines Vermögens oder seiner Kultur. In der Universalität liegt das besondere Versprechen. Menschenrechte übersteigen Grenzen, lösen sich, hier anders als Grundrechte, von den politischen Erzeugungs- und Durchsetzungsbedingungen staatlicher Herrschaft. Um Träger von Menschenrechten zu sein, bedarf es nur einer einzigen Voraussetzung: Der Gattung zugehörig sein.

Eine solche Vorstellung, Rechte unabhängig von einer jeweiligen politischen, sozialen, wirtschaftlichen und kulturellen Ordnung auch nur zu denken, alle konkreten Beziehungen der Gegenseitigkeit, des Ganzen, des Systems auch sonstige grundlegende Rechtspositionen einfach beiseite zu lassen und also das Bild vom Menschen radikal zu abstrahieren: Das ist eine typische Leistung der Neuzeit, eine Leistung des sie prägenden Humanismus, der Naturrechtsidee und der kontraktualistischen Gesellschaftstheorie. Sie wurde lange Zeit von radikalen Linken und Rechten bekämpft: Menschenrechte galten entweder als zu bürgerlich, von den realen Klasseninteressen der Unterdrückten abstrahierend oder in der rechten Kritik als nivellierend, alles Besondere und Schöne, alles natürlich Gewachsene und Aristokratische deformierend.

Wer die heute prinzipiell unbestrittene Universalität der Menschenrechte in ihrem ideengeschichtlichen und kulturellen Kontext rückt, der scheint den Kulturrelativisten bereits Wasser auf die Mühlen zu spülen. Sind nicht Neuzeit, Humanismus, Naturrechtsidee, Rationalismus allesamt westliche Identitätsmuster? Viele meinen, sie hätten nur eine Wahl: und zwar zwischen der Behauptung einerseits, die *dignitas humana* des neuzeitlichen Rationalismus und die daraus folgende Idee der Menschenrechte sei unbestreitbar universell – und deshalb eben nicht kulturrelativ – und andererseits jener Aufgeklärtheit einer nur noch zynischen Vernunft, die darauf hinweist, dass jede soziale Sinnbildung natürlich auch anders hätte ausfallen können. Insofern wird die universalistische Position

[1] Dieser Text wurde erstveröffentlich in: Günter Nooke (Hg.), *Gelten Menschenrechte universal? Begründungen und Infragestellungen.* Hg. im Auftrag der Konrad-Adenauer-Stiftung im Herder Verlag, Freiburg im Breisgau/ Basel/ Wien 2008, 63ff.

schon das Thema „Menschenrechte in unterschiedlichen Kulturräumen“ voller Misstrauen betrachten. Was auch soll das sein: ein Kulturraum? Dahinter vermutet man nicht ganz zu Unrecht Kulturvorbehalte wie früher der nationalistischen Rechten oder heute den bekannten Schariavorbehalt[2], also eine womöglich denaturierende Relativierung des unbedingten und unteilbaren Geltungsanspruchs der Menschenrechte, eine Relativierung durch andere Absolutismen.

2. *Das Paradoxon der Universalität: Kulturabhängig und doch im Zivilisationsprozess determiniert*

Die Lagerbildung des Entweder-Oder scheint auch hier wie an vielen anderen Stellen nicht auf der Höhe der Zeit. Die Wirklichkeit der Entwicklung gibt längst auch für die westliche Position Veranlassung, über Menschenrechte in unterschiedlichen Kulturräumen nachzudenken und mehr noch die konzeptionelle Einsicht, dass jeder Universalitäts-oder Absolutheitsanspruch in einem rationalen und kritischen Denkhorizont zu Paradoxien führen kann: Das aufgeklärte Denken bezweifelt sich konzeptionell selbst und muss sich doch als Prämisse und einzig möglicher Ausdruck von Vernunft absolut setzen. Damit gehen wir jedenfalls ganz alltäglich um, wenn wir einen (absoluten) Geltungs-und Wahrheitsanspruch zwar im erkenntnistheoretischen Kern als bestreitbar annehmen, ihn aber zugleich in der sozialen Wirklichkeit als absolut anerkennen. Das moderne Denken ruht auf einer dualen Struktur: Es operiert auf der den Alltag beherrschenden Anwendungsebene mit einer zweiwertigen Logik der uneingeschränkten Widerspruchsfreiheit, mit absoluten Normen und empirischer Gewissheit. Zugleich weiß es auf einer Reflexionsebene um die Kontingenz dieser konstruktiven Konzepte[3], die mehr sind als Setzungen, weil sie in gewisser Weise *unausweichliche* universalia-in-mente sind.

Die in Deutschland – einem Land, das nicht foltert – etwas seltsam anmutende Debatte über die rechtliche Zulässigkeit der Folter verfehlt häufig dieses Niveau, wenn absolut gesetzte Rechtsgebote für die Abwägung deshalb geöffnet werden sollen, weil deren Absolutheit natürlich erkenntnistheoretisch, philosophisch oder soziologisch bestritten werden kann, oder es Grenzfälle geben mag, die jede Rechtsanwendung mit absoluten Normen vor ein Dilemma stellen.[4] Die Kunst

2 Fischer, Mattias G./ Diab, Amal: Islam und Menschenrechte. In: *NJW* 2007, 2972ff. (2973f.); vgl. auch Falaturi, Abdoldjavad: *Menschenrechtsvorstellungen und Koran*, 1992.

3 Zum konstruktiven Konzeptualismus vgl. die Hinweise auf die athematik von Hao Wang und Gödel: Stegmüller, Wolfgang: Das Universalienproblem einst und jetzt. In: *Archiv für Philosophie* 6 1956), 192ff. und 7 (1957), 45ff., Nachdruck in: ders.: *Glauben, Wissen und Erkennen*, 1974, 48ff. (97ff.).

4 Di Fabio, Udo: Sicherheit in Freiheit. In: *NJW* 2008, 421ff.

der reflektierten Aufklärung besteht gerade darin, die Kontingenz einer normativen Setzung oder das Dilemma eines Grenzfalls in der Wertekollision klar zu sehen, aber gerade in diesem Wissen an der absoluten Geltung einer Norm, etwa des Folterverbotes, festzuhalten. Und man sollte bei allem Kontingenzbewusstsein und aller Neigung zur analytischen Dekomposition auch nicht die Möglichkeit außer Acht lassen, dass es durch den Evolutionsprozess der Menschheit so etwas wie eine universale Zivilisationsmechanik gibt, die zwar keineswegs gradlinig verlaufen muss und auch nicht in ihrer Gestalt vorherbestimmt sein mag, die aber immer wieder wie ein Logos die kulturelle Formgebung durchdringt, zugleich aber in ihrer Entfaltung immer von gerade dieser Kultur des Jeweiligen abhängt.

Mit derlei grundlegenden Einsichten hat sich das Thema Universalität der Menschenrechte einerseits und partikulare Selbstbehauptungsansprüche von Kulturen und Staaten andererseits zwar keineswegs erledigt, aber es findet einen angemessenen Rahmen, um scheinbar „Widersprüchliches“ nicht vorschnell auszuschließen oder zu leugnen, sondern als „Notwendiges“ zu verstehen. Je mehr die Welt vor allem über die Funktionssysteme Wirtschaft und Wissenschaft, aber auch Politik und Recht zusammenwächst, je mehr sich ein damit adaptiv verbundener Lebensstil – Konsumgewohnheiten, Alltagsverhalten, ästhetische und sittliche Standards – zu verbreiten scheint, je mehr also die Weltgesellschaft zu einem Faktum wird, desto mehr Aufmerksamkeit verdient das Phänomen fraktionierter Kulturräume, auch und gerade gegen eine Evidenz der Vereinheitlichung.

Solche nicht nur territorial oder staatlich zu denkende, aber doch regional konzentrierte Kulturräume sollten aus zwei Gründen nicht vernachlässigt werden. Einmal könnten sie objektiv als Protest gegen die globale Formierung und Rationalisierung stärker werden, zum anderen könnte der Westen subjektiv dazu neigen, kulturelle Phänomene mit seiner überwiegend sozialtechnischen Perspektive zu unterschätzen und lediglich als retardierende Widerstände im Modernisierungsprozess zu begreifen. Man kann über die Universalität der Menschenrechte jedenfalls nicht reden und dabei über ihre Kulturabhängigkeit schweigen.

3. Das mirandolische Freiheitsaxiom als Ursprung der Universalität

Aber was begründet die Universalität der Menschenrechte? Wo steckt ihr Kern, ihre Unbezweifelbarkeit, und sei es auch nur als unbeweisbare Setzung? Sucht man nach einem Ursprung für den neuzeitlichen Universalismus der Menschenrechte, so stößt man auf das *mirandolische* Freiheitsaxiom. Im 15. Jahrhundert stellte sich der Renaissancehumanist *Pico della Mirandola* die Entscheidung Gottes über die Stellung des Menschen so vor:

> Die Natur der übrigen Geschöpfe ist fest bestimmt und wird innerhalb von uns vorgeschriebener Gesetze begrenzt. Du solltest dir deine (Welt[5]) ohne jede Einschränkung und Enge, nach deinem Ermessen, dem ich dich anvertraut habe, selber bestimmen. (...) Weder haben wir dich himmlisch noch irdisch, weder sterblich noch unsterblich geschaffen, damit du wie dein eigener, in Ehre frei entscheidender, schöpferischer Bildhauer dich selbst zu der Gestalt ausformst, die du bevorzugt. Du kannst zum Niedrigeren, zum Tierischen entarten; du kannst aber auch zum Höheren, zum Göttlichen wiedergeboren werden, wenn deine Seele es beschließt.[6]

Diese Stelle wird von *Jakob Burckhardt* nicht zufällig als der geistige Fixpunkt des Renaissancehumanismus zitiert[7], denn hier geht es um einen letztbegründenden, axiomatischen Entwurf des Menschen von dem sich die modernen Forderungen nach Bildung, eigener Leistung, Persönlichkeit und Selbstverantwortung zwingend ableiten, und es geht auch um eine religiöse Brücke zu einer säkularen Selbstfundierung des Menschen. Der Mensch ist danach sein eigener Schöpfer, er entwirft sich nach eigenem Plan. Seine Projektionen ergeben die humane Welt von morgen. Dem Menschen ist danach gegeben, zu sein, was er will.

Man wird *Pico della Mirandola* und die erst später kommenden *Descartes* und *Bacon* und den noch späteren *Kant* zusammenfügen müssen, um die Simplizität und Sprengkraft des Ansatzes zu verstehen: *Ich denke also bin ich. Das Wissen verleiht die Macht, zu werden, was ich will. Mit meiner Vernunft sehe ich das Eigene im Anderen.* Mit diesen drei Sätzen tritt uns das genetische Programm der Neuzeit entgegen, das sich nach wie vor entfaltet und in der Universalität auf der weltlichen Bühne noch keinen einzigen überzeugenden Konkurrenten gefunden hat.

Die Würde des Menschen und zwar in gleichem Maße eines jeden Menschen liegt in dieser göttlich abgeleiteten Fähigkeit zum Selbstentwurf, also sich mit Einsichtsfähigkeit gesegnet zu schaffen *aus dem Unbestimmten zum Selbstbestimmten.* Freiheit, individuelle Willensfreiheit, ist danach nicht irgendein Wert unter vielen, sondern die Substanz des Menschseins. Wer *auf dieser grundsätzlichen Ebene* Freiheit nur für einen Wert unter vielen hält und gegen materielle Gleichheitserwartungen, natürliche oder gesellschaftliche Harmoniebedürfnisse meint abwägen zu können, verfehlt das humanistische Selbstverständnis der neuzeitlichen Kultur.[8] Wenn von Freiheit die Rede ist, meint das seit Anbruch der

5 Erg. d. Verf.

6 Pico della Mirandola, Giovanni: *Oratio de hominis dignitate. Über die Würde des Menschen (lat.-deutsch)*, 1990, 5f.

7 Burckhardt, Jakob: *Die Kultur der Renaissance in Italien*, Stuttgart 1985 (Neudruck der Urausgabe von 1860), 243.

8 Das schließt natürlich nicht aus, in der konkreten Rechtsanwendung einen Freiheitsanspruch gegenüber sozialpolitischen Gleichheitszielen zurücktreten zu lassen. Ge-

Neuzeit eine substantiell verstandene individuelle Freiheit zur Entfaltung der Persönlichkeit, die das Denken und die Würde eines jeden Menschen als angeborenes Gattungsmerkmal ausmacht: und zwar vor jeder Staatlichkeit, jeder politischen Gemeinschaft vorausliegend. Man verabschiedet damit die Versuche einer moralischen Rechtfertigung für mächtige Kollektive, Erklärungen der „Freiheiten" und Privilegien für Herrscherhäuser, Adelsfamilien, Magnaten, des Geburtsvorrechts auch der Staaten oder Nationen. Menschenrechte haben ihren Fixpunkt nicht in großen Projekten, in politischen, sozialen oder moralischen Ziele, die den Einzelnen klein, gering, unbedeutend erscheinen lassen.

Auch die außerhalb des Menschen stehende Natur, die nach Gesetzen festgelegt ist, bestimmt den Takt der sozialen Welt, und natürlich auch nicht mehr die absolute „Freiheit" Gottes, die sich mit der Schaffung des Menschen als ebenbildlich begrenzen wollte, ohne ihre Absolutheit zu verlieren. Es geht um jenen zerbrechlichen einzelnen Menschen, der sich seines Verstandes bedient, und die Welt so interpretiert, als könne er in ihr selbst und für sich entscheiden, was sein Schicksal ist, wenn er weiß wie die Welt beschaffen ist und was er sein will.

Das moderne Zeitalter sieht in dieser *humanistischen Axiomatik* einen aus der Antike, aus anderen Hochkulturen bekannten, wiederkehrenden, aber sich präzisierenden, jetzt durchbrechenden Gedanken, der das allgemeine Zivilisationsniveau neu bestimmt und zum Ausgangspunkt für ein höheres Niveau eines universellen Geschichtsprozesses zu werden scheint. Der Renaissancehumanismus bricht mit den *kollektiv* verankerten Prämissen, es geht nicht um ein ausgewähltes Volk, nicht um die Gemeinschaft der Gläubigen, nicht um Fürstenhäuser, heiligen Traditionen, nicht einmal um die wichtige Republik, die Civitas oder um eine territoriale Mitte der Welt.[9] Seine Mitte ist jeder einzelne Mensch, und zwar ohne jede mitgedachte oder zugefügte Differenzierung nach Geschlecht, Nationalität, Rasse oder Stand: Aus dieser Prämisse folgt der Gedanke der Universalität.[10]

Ob die Universalität der Menschenrechte in ihrem normativen Geltungsanspruch aus ihrer naturrechtlichen oder gewohnheitsrechtlichen oder der logisch-deduktiven Überzeugungskraft der humanistischen Prämisse oder der goldenen Regel stammt, ist eine packende Frage, ebenso spannend wie die Anschlussfrage, was aus dem Geltungsgrund für inhaltliche Geltungsansprüche folgt. Nicht min-

meint ist hier nur die als Prämisse gesetzte Grundidee vom Menschen und der um ihn herum gebauten sozialen Ordnung. Rechts-und Gerechtigkeitsfragen sind damit für den Einzelfall gerade nicht vorentschieden.

9 Zur normativen Mitte im deliberativen Demokratiemodell: Palazzo, Guido: *Die Mitte der Demokratie*, Baden-Baden 2002, 18ff.

10 Ähnlich Stern, Klaus: Die Idee der Menschen-und Grundrechte. In: Merten, Detlef/ Papier, Hans-Jürgen (Hg.): *Handbuch der Grundrechte*, Bd. I, Heidelberg 2004, § 1 Rdnr. 85.

der herausfordernd ist das Ausgangsproblem, ob Menschenrechte universell nicht nur (allerdings mit Rechtsfolgen) reklamiert werden können sondern auch *tatsächlich* (als geistige Tatsache) universell sind.[11] Gefragt werden darf dann allerdings auch, ob alle deklarierten, vereinbarten und paktierten Menschenrechte sich der gleichen Universalität erfreuen, wie dies in der Wiener Erklärung der Weltkonferenz über Menschenrechte 1993 formuliert wurde: „Alle Menschenrechte sind allgemeingültig, unteilbar, bedingen einander und hängen miteinander zusammen". Wer um den Geltungsgrund weiß, kann nicht alles, nicht Beliebiges als universell akzeptieren, sondern muss auswählen, gewichten, beurteilen.

4. Universalitätskonkurrenzen

Aber ist der Anspruch der Menschenrechte nicht schon in seinem axiomatischen Ausgangspunkt widersprüchlich, wenn die Logik einer Universalität[12] ihrerseits Ausdruck einer ganz bestimmten Epoche und ihrer Kultur ist? Wer kommt wann auf den Gedanken der Universalität und wie formuliert er ihn? Wenn man ein gottesfürchtiger Mensch ist, wird man nur Gott für universell halten, weil hier alles Konkrete in einem Allgemeinen zusammenfließt und über den Veränderungen der Zeit die Ewigkeit steht. Wer Diesseits und Jenseits zusammendenkt – und welche große monotheistische Religion würde das nicht tun? – der kann dem Universalitätsanspruch der Menschenrechte durchaus kritisch begegnen, weil in der humanistischen Prämisse die Herauslösung des Menschen aus einer göttlichen und womöglich unergründlichen Ordnung liegt. Dass der einzelne Mensch, seine Würde, seine Freiheit, seine Einsichtsfähigkeit, seine Individualität der Urgrund aller ethischen Deduktionen sein soll, leuchtet spätestens seit dem 18. Jahrhundert dem aufgeklärten Denken unmittelbar ein[13], wird aber aus der Perspektive der großen Weltreligionen leicht als Verengung und Vereinseitigung verstanden, und schon deshalb nicht ohne weiteres als universell akzeptiert.

11 Damit wird die Grenze zwischen Sollen und Sein mit ihrer Überschreitung nicht etwa in Abrede gestellt, sondern bekräftigt. Für Moralisten und Juristen bleibt die Frage des Geltens entscheidend, aber aus einer gesellschaftstheoretischen Perspektive geht es um mehr als nur um Normativität.

12 Dazu Donnelly, Jack: *Universal Human Rights in Theory and Practice*, 2nd ed., Ithaca, NY u.a. 2003; Kühnhardt, Ludger: *Universalität der Menschenrechte*, Bonn 1987.

13 Die Menschenrechte werden deshalb zu Recht als Ergebnisse der Aufklärung verstanden (siehe etwa Fastenrath, Ulrich: Einheit der Menschenrechte: Universalität und Unteilbarkeit. In: Dupuy, Pierre-Marie/ Fassbender, Bardo/ Shaw, Malcolm N./ Sommermann, Karl-Peter (Hg.): *Völkerrecht als Wertordnung. FS für Christian Tomuschat*, Kehl 2006, 153-179, 161), obwohl man Acht geben muss, die eigentlichen Wurzeln im Renaissancehumanismus nicht zu übersehen.

Wie soll jemand, der an Samsara, an Wiedergeburt und Karma glaubt, die humanistische Prämisse anders begreifen denn als unzulässige Verengung auf nur einen einzigen Lebenszyklus? Wie soll jemand, der die Familie und den durch Verwandtschaft begründeten Stamm für den eigentlich sinnstiftenden kulturellen Lebensraum hält, der Prämisse des methodischen Individualismus folgen können? Sind nicht für den gläubigen Moslem, die Scharia, wie sie sich aus Koran und Sunna ergibt, etwas, dem sich alles Weltliche im Zweifel wird fügen müssen? Bringt die Idee der universalen römischen Kirche als Gemeinschaft der Gläubigen und der Demut vor Gott sich nicht in Widerspruch zur selbstexpansiven Subjektivität des modernen Individualismus? Ist der Vorwurf nicht naheliegend, dass der Universalitätsanspruch der Menschenrechte nichts anderes ist als ein Angriff auf das kulturelle Selbstbestimmungsrecht von gewachsenen Gemeinschaften, von Völkern, Stämmen, Sprach-und Religionsgemeinschaften?

5. *Normativität und Faktizität: Menschenrechte als Rechte in der internationalen Entwicklung*

5.1 *Ausdehnung des Umfangs der Menschenrechte*

Bei dem Thema, ob es regional oder geistig bestimmbare Kulturräume gibt, die entweder Universalität dem Grunde nach bestreiten oder eine eigene Auslegungs-und Konkretisierungskompetenz verlangen, müssen Begriffe auseinander gehalten und politische Realitäten im Auge behalten werden. Universelle Geltung kann im Sinne des universellen Völkerrechts als eine rechtsnormative, also juristische verstanden werden, also *erga omnes* Wirkung meinen, oder aber im Sinne einer ethisch-logischen Deduktion als geisteswissenschaftliche Wahrheit. Beides gehört in einem weiteren Sinne untrennbar zusammen, und muss doch präzise unterschieden werden.

Solange man rechtlich argumentiert, kommt man nicht daran vorbei, dass sich das als universell ausgeflaggte Tableau der Menschenrechte im Laufe der Entwicklung erweitert hat und eine Tendenz zu beobachten ist, auch politisch aktuelle Themen mit der Würde eines Menschenrechts zu verstärken.[14] Eine solche Ausdehnung wird gerne als inhärente Entfaltung einer vernünftigen Idee verstanden, als Entwicklungslogik im unaufhaltsamen Prozess der Modernisierung. Aber hier ist Vorsicht angebracht. Im Kalten Krieg konnte hinter der Forderung nach stärkerer Akzentuierung *sozialer* Menschenrechte über das Niveau der Allgemeinen Erklärung der Menschenrechte von 1948 hinaus, konnte hinter die Diskussion über sozialpolitische Voraussetzungen der Freiheit, auch die kühle Strategie von Diktaturen stehen, jene elementaren liberalen Menschenrechte, die

[14] Vgl. zu Versuchen, hier zur Differenzierung fähig zu bleiben: Brugger, Winfried: Stufen der Begründung von Menschenrechten. In: *Der Staat* 31 (1992), 19ff.

man schlecht frontal ablehnen oder kompliziert umdeuten konnte, durch die Zugabe anders gelagerter Rechte abzuschwächen oder jedenfalls Abwägungsmaterial gegen die fundamentalen Freiheitsrechte in die Hand zu bekommen.

Aber auch die im demokratischen Westen gepflegten Fortschrittsideologie neigte dazu, die Meinungsfreiheit oder den Schutz der körperlicher Integrität und Bewegungsfreiheit als nur *bürgerliche* Rechte zu historisieren, die durch modernere soziale „Rechte der Zweiten Generation" zu ergänzen und zu vollenden waren. Wer mehr und mehr sozialpolitische Pflichten des Staates zum Menschenrecht umdeutet, kann nicht nur Pflichtverletzungen anmahnen, sondern auch mit größerer moralischer Stoßkraft Menschenrechtsverstöße anklagen. Das Menschen-und Grundrecht auf freie Wahl des Arbeitsplatzes ist das eine, und bereits in der Allgemeinen Erklärung der Menschenrechte 1948 gewährleistete Recht, eine Pflicht des Staates für ausreichend bezahlte Arbeitsmöglichkeiten zu sorgen (mit welchen Eingriffen in Freiheit und Eigentum?), ist etwas ganz anderes. Massenarbeitslosigkeit in einem liberalen System kann insofern als falsche Sozial- und Wirtschaftspolitik rational diskutiert oder aber als Menschenrechtsverletzung lediglich moralisch skandalisiert werden.

Man kann allgemein die Tendenz beobachten, entweder durch die inhaltliche Erweiterung, vor allem durch eine Verschiebung in kollektive Interessenkonstellationen der Menschenrechte Wechselgeld in die Hand zu bekommen, um eigene politische oder kulturelle Prämissen als universell in den Abwägungs- und Vorhaltungskampf einführen oder ganz schlicht um politische Interessen oder Ziele besser verfolgen zu können. Nicht nur während des Kalten Krieges gab es einen deutlich spürbaren Druck, neben das klassische Verständnis der individuellen und politischen Menschenrechte dasjenige der so genannten sozialen und wirtschaftlichen Menschenrechte treten zu lassen. In westlichen Demokratien war diese Entwicklung zwar umstritten, man vereinbarte aber auch schon einmal ungeachtet dessen Pakte, die kollektive politische Ziele zu Menschenrechten erklärten, weil man sich im Gegenzug die bessere Anerkennung der allgemeinen Verbindlichkeit jener elementaren, politische Herrschaft begrenzenden und Individualrechte schützenden Menschenrechte erhoffte.[15]

[15] Der Vorgang wurde natürlich verstärkt durch innenpolitische Interessengruppen der westlichen Demokratien, die ihre Rechtspositionen nicht nur in Umwelt-oder Sozialklauseln etwa als Teil des fairen Welthandels implementiert haben wollten (siehe in diese Richtung etwa: Deutscher Gewerkschaftsbund, Menschenrechte und internationaler Handel – Vorschläge für elementare Sozialklauseln. In: *Informationen zur Sozial- und Arbeitsmarktpolitik* 3/1994) sondern auch die Gloriole des universalen Menschenrechts erstrebten.

5.2 Menschenrechte der Dritten Generation: Solidaritätsmaximen als Menschenrechte

Mit dem Recht auf Entwicklung[16] fand die politische Extension der Menschenrechte im Nord-Süd-Konflikt ein neues Feld, weswegen wir heute von „Menschenrechten der Dritten Generation" sprechen[17]. Dieses „Menschenrecht" wurde, ähnlich wie die ebenfalls geforderten Rechte auf gesunde Umwelt, auf Ressourcen oder auf effektive Bildungseinrichtungen, vom Ansatzpunkt her politisch und damit kollektiv verstanden, man beruft sich hier auf ein globales *Solidaritätsprinzip*. Es gilt dabei geradezu als höchste Synthese von kulturellen, ökonomischen, politischen und sozialen Menschenrechten, als ‚Recht auf Rechte'. Die von der Generalversammlung 1986 beschlossene ‚Deklaration zum Recht auf Entwicklung' spricht in ihrem ersten Artikel vom Recht auf Entwicklung als unveräußerlichem Menschenrecht, „kraft dessen alle Menschen und Völker Anspruch darauf haben an einer wirtschaftlichen, sozialen, kulturellen und politischen Entwicklung, in der alle Menschenrechte und Grundfreiheiten voll verwirklicht werden können, teilzuhaben."

Entwicklung wird als umfassender Prozess beschrieben, „der die ständige Steigerung des Wohls der gesamten Bevölkerung und aller Einzelpersonen auf der Grundlage ihrer aktiven, freien und sinnvollen Teilhabe am Entwicklungsprozess und an der gerechten Verteilung der daraus erwachsenden Vorteile zum Ziele hat." Ein solches Ziel entspricht gewiss dem, was das große Projekt von Humanismus und Vernunft anstrebt, aber ebenso gewiss sehr bewusst nie zum angeboren Individualrecht gemacht hat. Es blieb immer den Versuchen der politisch Mächtigen vorbehalten, ideale Ziele, Aggregatzustände der perfekten Gesellschaft für die Mechanik der Macht zu nutzen: Es ist das gute Recht und vielleicht sogar die Pflicht des politischen Prozesses mit solchen Zielen für eine kollektive Willensbekundung auch in einer Gemeinschaft von Individualisten zu werben, natürlich unter den Bedingungen einer demokratischer Mehrheitsentscheidung und dem rechtsstaatlichen Gesetz.

Doch zwischen politischen Zielbestimmungen und den individuellen Menschenrechten, die Eigensinnigkeit und sittliche Bindungsfähigkeit gerade jenseits aller politischen Herrschaft mit all ihren guten Zwecken garantieren, besteht eben ein ausschlaggebender, ein konzeptioneller Unterschied. Wer ihn verwischt, entfernt Verstrebungen aus dem tragenden Gerüst der Menschenrechte. Für diejenigen, die sich an den Wohlklang von Solidaritätszielen (Frieden, Wohlstand,

[16] Dower, Nigel: Sustainability and the Right to Development. In: Attfield, R./ Wilkins, B. (eds.): *International Justice and the Third World. Studies in the Philosophy of Development*, London/New York 1992, 93ff.

[17] Barsh, Russel, L.: The Right to Development as a Human Right: Results of the Global Consultation. In: *Human Rights Quarterly* 13 (1991), 322ff.; Riedel, Eibe: Menschenrechte der dritten Dimension. In: *EuGRZ* 1989, 9ff.

Sicherheit, Gerechtigkeit) gewöhnt haben, kaum sichtbar, wird die individuelle Prämisse der gleich verbürgten Freiheit des Einzelnen umgedeutet, denn Freiheit ist inhaltlich unbestimmt. Die neuzeitliche Idee der Freiheit findet zu ihrem sittlichen Zusammenhalt über Erziehung und Bildung, über Vernunft und die zivilisierenden Kräfte von Privatautonomie und Demokratie. Wenn das menschenrechtliche Freiheitsversprechen im Ansatz – also der Ebene gleich geltender Menschenrechte – durch eine hybride Vervielfältigung relativiert und im Ergebnis umgedeutet wird auf kollektiv bestimmte Ziele, sei es inhaltlich sei es prozedural wie das Recht auf Entwicklung, ist ein Substanzverlust unvermeidbar. Denn: Mit jeder politischen Inhaltsbestimmung der Menschenrechte, mit jeder konkreten Vorgabe des Rechts, wie Freiheit und wie Gleichheit oder Verantwortung für Andere genau zu verstehen sei, wird der individuellen Vernunft ein Stück Eigenwilligkeit und Selbstbestimmung genommen. Der methodische Individualismus, der dem modernen Denken seine unverwechselbare Prägung gab, ist heute schon längst nicht mehr unbestritten, aber er ist und bleibt der eigentliche Kern des universellen Geltungsanspruchs der Menschenrechte.

5.3 Menschenrecht und Menschheitsinteresse: Droht eine inhaltliche Politisierung und Kollektivierung von Menschen-und Grundrechten?

Das zur Vernunft befähigte Individuum braucht Freiheit für sich und seine Familie, um seine Persönlichkeit zu entwickeln. Die freie Entfaltung der Persönlichkeit, und zwar nach dem Eigensinn und Selbstentwurf der Menschen selbst, ist insofern das elementare Menschenrecht auf Entwicklung. Natürliche Gemeinschaften wie die Familie oder die auf freien Willen gegründeten Gemeinschaften wie Ehe im sozialen Näheverhältnis sind davon umfasst. Der Staat dagegen als politisch zweckrationale Gemeinschaft mit Herrschaftsrecht ist „lediglich" eine elementare Voraussetzung dieser Menschenrechte, so elementar, dass er mit einer konkreten Rechtfertigung in der Abwägung mit den Freiheitsrechten im Einzelfall sich wird häufig durchsetzen und im übrigen völkerrechtlich einerseits etwa mit Minderheitenrechten nicht zu stark dekomponiert[18], andererseits aber mit der Meßlatte der Beachtung fundamentaler Menschenrechte und Friedensgebote stärker in seiner Kooperationswürdigkeit beurteilt werden sollte.

Kollektive Ziele sind nicht schlecht. Sie sind nicht nur legitim, sondern häufig als Menschheitsinteresse unverzichtbar. Solche Ziele des Gemeinwohls verfolgt auch das freie Individuum nach den Einsichten seiner Vernunft bereits im privaten Handlungsraum, aber auch als Bürger in politischen Gemeinschaften, die von

[18] In diese Richtung weist etwa Thürer, Daniel: Minorities and Majorities: Managing Diversity – A fresh Look at an Old Problem, *SZIER* 5/2005, 659ff. Abwägend kritisch dazu Nolte, Georg: *Kulturelle Vielfalt als Herausforderung für das Völkerrecht* (Manuskript 2007), 22f.

ihm bestimmt werden. Die Staaten sowie die regionalen und internationalen Gemeinschaften der Staaten sind aber nicht ihrerseits originär, wie Menschen mit „angeborenen" Rechten. Sie sind zweckbestimmt, sind für Menschen da, für deren Recht auf freie Entfaltung der Persönlichkeit, sie werden begrenzt durch die Privatautonomie, die in Grundrechten als Sphäre gegen den kollektiven Zugriff auch der Mehrheit gesichert ist. Das demokratisch gewählte Parlament und die Versammlungen der Staaten haben zuerst die *allgemeinen* Institutionen individueller Freiheit zu sichern: Frieden, Rechtstaat, Demokratie, Privatautonomie, Marktwirtschaft, Freihandel. In enger Verbindung dazu stehen große Themen wie soziale Subsistenz[19], innere Sicherheit, Familienschutz, Bildungs-und Erziehungseinrichtungen oder noch konkrete politische Ziele wie Klimaschutz, gesunde Umwelt und sozial verträgliche Arbeitsbedingungen, fairer Zugang zu den Quellen des Reichtums, Offensiven der Bildung und der Gesundheit.

Das alles ist wichtig. Es ist tragend, weil um Grundlagen der Existenz und um Grundlagen der Freiheit geht. Aber nicht jede Bedingung der Freiheit ist gleich selbst ein Freiheitsrecht. Man müsste mit *Wolfgang Kersting* vielmehr klar kategorisch unterscheiden zwischen Menschen*recht* und Menschen*interesse*.[20] Wer hier nicht unterscheidet, wird immer weniger Verständnis für das Wesenselement moderner Gesellschaften aufbringen, die das Risiko des Gewinnens oder Verspielens der Zukunft zuerst in die Hände der mit Vernunft begabten Menschen legen. Heute weisen viele Zeichen auf die Wiederkehr einer stärkeren Akzentuierung jener politischen, kollektiv bestimmten Vernunft hin. Die neue überstaatlich verhandelte politische Räson erinnert ein wenig an die Kabinettsvernunft des Metternichschen Systems in der ersten Hälfte des 19. Jahrhunderts, das in seiner internationalen Friedensleistung besser war als sein durch „Demagogen"verfolgung getrübter Ruf.

Die großen Ziele kollektiver, politischer Vernunft und die Ergebnisse praktischer Vereinbarung sind wertvoll für Integration, Wohlstand und Frieden, aber sie sind keine angeborenen Menschenrechte, sondern können in der rechtspraktischen Konstellation mit ihnen in Konflikt geraten.[21] Eine Listung terrorverdächtiger Personen und die Bekämpfung der Finanzströme des internationalen Terrorismus können für die Selbstbehauptung der Freiheit und der Rechtsstaatlichkeit

[19] Kersting, Wolfgang: *Kritik der Gleichheit. Über die Grenzen der Gerechtigkeit und der Moral*, Weilerswist 2002, 128f.

[20] Ebd., 128.

[21] Dies gilt schon deshalb, weil gemeinsame und verbindlich festgelegte Ziele auch ein politisches Instrument der Friedenssicherung sein können, siehe Dahm, Georg/ Delbrück, Jost/ Wolfrum, Rüdiger: *Völkerrecht*, Band I/1, Berlin 1989, 17, wobei man negative Rückwirkungen dieses Ansatzes in stark zwischen-und überstaatlich kooperativen Verbänden auf die Möglichkeit von funktionierender Volkssouveränität nicht unterschätzen sollte.

geboten sein. Der entschlossene Kampf gegen den Terror ist zwar eine wichtige Voraussetzung für die Freiheit, aber dieser Zweck der Gefahrenabwehr selbst ist kein Menschenrecht. Mit Menschenrechten, mit der Herrschaft des Rechts und der Demokratie sollen Furcht und Not nicht unmittelbar aus der Welt geschafft, sondern durch Formgebung und Mediatisierung der Macht die zivilisatorischen Kräfte der Menschen, Bürger und Staaten gefördert werden, um diese Ziele in Freiheit und mit humanem Gesicht zu erreichen. Wer das Ziel Frieden und Wohlfahrt selbst zum Menschenrecht macht, es als angeboren und subjektiv zu sehr exponiert, gibt dem Kollektiv wieder Priorität, erweckt die Idee, dass der Staat oder die internationale Staatengemeinschaft eine ursprünglichere Kategorie sei, in ihrem Sinn jeder Zivilität logisch oder praktisch vorgeordnet. Weil Humanismus und Menschenrechte aber diese Ableitungshierarchie umkehren, kann auch der von Maßnahmen der effektiven Terrorbekämpfung Betroffene seine Grundrechte wie Eigentum, Privatautonomie und Rechtsschutz geltend machen, ohne schon im Ansatz als quasi Ausgeschlossener damit in der Abwägung zu unterliegen.[22]

6. Politische Utilitarisierung der Menschenrechte

6.1 Der gute Zweck der Herrschaft

Jedes politische Herrschaftssystem bemächtigt sich der Ideen seiner Zeit um sie für den Mechanismus der Macht nutzbar zu machen. Die europäischen Herrscher in merkantilistischer und absolutistischer Zeit, die mit der Aufklärung um die geistige Führung der Gesellschaft rangen, wollten immer wieder ihre Idee von Gemeinwohl, „Guter Policey" und Staatsräson als das Dominante, als das Höhere und Wichtigere ausgeben, während das individuelle Streben der Privatrechtsgesellschaft als egoistisch, ohne Ordnung und als nicht ohne weiteres gemeinwohldienlich abgewertet wurde. Politische Herrschaft will immer „gut" sein, kleidet sich in Eudämonismus und argumentiert moralisch. Die moderne politi-

22 Die so im System der klassischen Menschen-und Grundrechte angelegte Freiheitspräferenz bestimmt nicht das Ergebnis einer Rechtskontrolle – auch Freiheitsrechte können Wahrung öffentlicher Sicherheit selbstverständlich eingeschränkt werden. Die Freiheitspräferenz und die damit verwobene Idee einer gattungsmäßig allgemeinen Würde des Menschen sorgen lediglich dafür, dass eine solche Rechtsprüfung ergebnisoffen überhaupt stattfindet und nicht unter Berufung auf „Fundamentaleres" als die Freiheit eines Verdächtigen jemand gänzlich aus dem zivilisierten Rechtskreis ausgeschlossen wird, wie dies einem Feindrecht vorschwebt, das die Selbstbehauptung politischer Herrschaft wiederum auf den ersten Platz in der normativen Wertehierarchie rückt, anstatt sich auf die unbestreitbar richtige Aussage zu beschränken, dass es ohne funktionsfähigen Rechtsstaat keine individuelle Freiheit geben kann. Siehe dazu Di Fabio, Udo: Sicherheit in Freiheit. In: *NJW* 2008, 421.

sche Philosophie eines *John Locke* hat diesem kollektivzentrierten und herrschaftslegitimierenden Ansatz das liberal-individuelle Konzept der Bürger- und Zivilgesellschaft entgegengesetzt, mit dem Eigentumsrecht und anderen Freiheitsrechten, ohne die Notwendigkeit eines geordneten, aber in der Reichweite eben begrenzten Staates zu leugnen. Wenn der Westen an diesem konzeptionellen, lange Zeit naturrechtlich begründeten Vorrang des Einzelnen und der von ihm bestimmten Assoziationen vor dem politischen Herrschaftskollektiv nicht festhält, wird er womöglich nicht länger Westen im vertrauten Sinne bleiben und sich von der neuzeitlichen Moderne – vielleicht zunächst kaum merklich, aber irgendwann unumkehrbar – entfernen.

6.2 Gleichgewicht zwischen deliberativem Gemeinschaftswillen und der Eigenwilligkeit des Privaten

Wer tiefer, also geisteswissenschaftlich und ethisch ansetzt, kann sich insofern nicht nur quantitativ an einer „Inflationierung" der Menschenrechte[23] stoßen, sondern auch daran, dass Rechte, die aus der Perspektive eines kollektiven Rechtsgutes und als Ergebnis des politischen Prozesses entstanden sind, als Menschenrechte bezeichnet oder ihnen gleichgestellt werden. Diese koordinierten und ausgehandelten Interessen könnten selbstredend auch anders rechtlich wirksam, verbindlich gemacht werden: als Völkervertragsrecht der Staaten, als Zielfestlegungen und verbindliche Grundsätze, die über den jeweiligen Vertrag hinaus vielleicht eines Tages *ius cogens*[24] werden können, aber nicht notwendig unter der Rubrik und im Geltungsrang eines universellen Menschenrechts. Wenn solche Unterscheidungen wie die zwischen Menschenrecht und Menscheninteresse nicht gelingen, könnten man den ansonsten um Präzision und Begriffsschärfe stets bemühten Juristen vorwerfen, gerade sie rührten im Völkerrecht in ihrem Bemühen um Fortschrittlichkeit und Innovation einen bunten Eintopf an, der großartige, unabdingbare politische Ziele, wie das Recht auf eine gesunde

[23] Stern, Klaus: Die Idee der Menschen-und Grundrechte. In: Merten, Detlef/ Papier, Hans-Jürgen (Hg.): *Handbuch der Grundrechte*, Bd. I, Heidelberg 2004, § 1 Rdnr. 89.

[24] Zum zwingenden Völkerrecht zählt die Diskussion heute nur das Gewaltverbot, das Verbot des Völkermordes und die Beachtung elementarer Menschenrechte. Vgl. Tams, Christian J.: Schwierigkeiten mit dem Ius Cogens. In: *Archiv des Völkerrechts* 40 (2002) S. 331-349; Frowein, Jochen Abr.: Die Verpflichtungen erga omnes im Völkerrecht und ihre Durchsetzung. In: *FS Herman Mosler*, Berlin 1983, 241ff.; Bryde, Brun-Otto: Verpflichtungen Erga Omnes aus Menschenrechten in: Kälin, Walter (Hg.): *Aktuelle Probleme des Menschenrechtsschutzes*, Heidelberg 1994, 165ff.; Whiteman, Marjorie: Jus Cogens in International Law, with a Projected List. In: *Ga. J. Int'l & Comp.* L. 7 (1977), 609ff.

Umwelt oder gute Bildungseinrichtungen, also sinnvolle Infrastrukturmaßnahmen in falscher Kategorienbildung zum Menschenrechtsthema macht.

Eine solche Richtung des Völkerrechts folgt dem innerstaatlich bekannten Trend, die Fragen des öffentlichen Rechts bis hinein in die Staatszwecke, und oft genug auch Probleme des Zivil-und Strafrechts, zu Grundrechtsfragen zu machen[25], wo eigentlich demokratisches Entscheiden und deliberative Verfahren oder schlicht effektiver Vollzug gefordert sind, aber sich dann auch die Begrenzung durch Grundrechte gefallen lassen müssen. Wer alles Politische individualisiert, subjektiviert und zum Menschenrecht macht, stärkt keineswegs das Individuum und seinen Freiraum, sondern er verfehlt die Pointe der ausgewogenen Architektur entwickelter Verfassungsstaaten: Er wird weniger Sinn für das Zusammenspiel von „Privat" und „Öffentlich", von individueller Freiheit und demokratischer Willensbildung aufbringen, er wir die systematischen Erfordernisse konsistenter Rechtsgebiete gering schätzen, ebenso die Gebote der Staatsorganisation, den Wertes der Staatsangehörigkeit und die Handlungsbeschränkungen durch die Finanzverfassung.

6.3 Drohen überstaatliche Vermachtung und Akzeptanzverluste der Menschenrechte?

Doch was hat die Kritik an der so genannten Inflationierung der Menschenrechte mit dem Spannungsbogen „Universalität und unterschiedliche Kulturräume" zu tun? Die Erweiterung der Menschenrechte um kollektive, um politisch ausgehandelte Ziele macht eine überzeugende Begründung der universellen Geltung unwahrscheinlicher und eine Verformung nach politischer Herrschaftslogik wahrscheinlicher. Zugleich fließen immer mehr konkrete, aus verschiedenen Kulturräumen stammende Inhalte in die abstrakten subjektiven Rechte ein. Subkutan werden durch die Konkretisierung der unbestimmten Gehalte der klassisch liberalen Menschenrechte und den Trend zur Eudämonisierung von Menschen-und Grundrechten schnelllebige Kulturvorstellungen in den Universalitätsanspruch eingeschleust. Das vergrößert die Gefahr, dass eines Tages der humanistischen Prämisse individueller Persönlichkeitsentfaltung eine machtvolle Phalanx politisch ausgehandelter Zwecke entgegensteht, ein weltgesellschaftlicher Minimalkompromiss zwischen verschiedenen Kulturräumen, die jene westliche Universalität, die ihre normative Geltung gerade auch durch die humanistische neuzeitliche Vernunft gewinnt, durch die Faktizität des überstaatlicher Kooperationsräson und immer weitere Juridifizierung des Alltagslebens ersetzt. Dann würde dagegen womöglich nicht nur die rationale Vernunftethik rebellieren, sondern auch das Selbstbestimmungsrecht der Völker. Was damit im Alltag der Rechts-

25 Di Fabio, Udo: *Die Staatsrechtslehre und der Staat*, Paderborn u.a. 2003, 68.

anwendung auch gemeint sein kann, macht der Schweizer Völkerrechtler *Daniel Thürer* deutlich, der mit der monistischen Theorie für einen allgemeinen Vorrang des Völkerrechts vor dem Landesrecht (dem innerstaatlichem Recht) plädiert und damit auch dem rechtlichen Universalitätsanspruch der Menschenrechte so weit als möglich entgegenkommt. Doch er schafft ein eigentümliches, monistisch eigentlich nicht begründbares Junktim: „Hingegen sollte angesichts der stark zunehmenden Proliferation von (z.T. inhaltlich wenig bedeutsamen, oft sehr detaillierten) völkerrechtlichen Regelungen und ihres zunehmenden Eindringens in praktisch sämtliche Domänen des innerstaatlichen Rechts die Theorie vom Völkerrechtsprimat nicht als unverrückbar aufgefasst und mechanisch gehandhabt, sondern Raum für eine Güterabwägung in besonderen Ausnahmesituationen offengelassen werden“[26], wobei über das Vorliegen einer Ausnahme das schweizerische Bundesgericht entscheidet.[27]

7. Die Gleichzeitigkeit von Universalisierung und regionaler Fragmentierung

Aber selbst wenn der Westen sich entschließen sollte, einer Denaturierung elementarer Menschenrechte durch die Anreicherung um politische oder kollektive Zielbestimmungen besser zu verhindern[28], stünde er gleichwohl vor dem Problem einer unterschiedlichen Auslegung und tatsächlichen Beachtung elementarer Menschenrechte und des offen oder subkutan erklärten Anspruchs auf Kulturvorbehalte und Relativierungen. Die regionalen Menschenrechtsgewährleistungen wie die Amerikanische Menschenrechtscharta oder die Afrikanische Charta der Menschenrechte und der Rechte der Völker machen deutlich, dass von einem Fundus elementarer Menschenrechte auf dem Boden der Allgemeinen Erklärung der Menschenrechte von 1948 gesprochen werden kann.[29] Übersehen werden dürfen aber auch nicht die beachtlichen regionalen Akzente und Abweichungen, gerade in Bezug auf politische Rechte und Religionsfreiheit. So beginnt die Arabische Charta der Menschenrechte ihre Präambel mit den Worten „ausgehend vom Glauben der arabischen Nation an die menschliche Würde, seit Gott die ara-

26 Thürer, Daniel: Internationales „Rule of Law“ – innerstaatliche Demokratie. In: *RSDIE* 4/1995, 455ff. (468).

27 Ebd., 470.

28 Klare Worte finden sich bei dem enzyklopädischen Großmeister der deutschen Staatsrechtslehre: Stern, Klaus: Die Idee der Menschen-und Grundrechte. In: Merten, Detlef/ Papier, Hans-Jürgen (Hg.): *Handbuch der Grundrechte*, Bd. I, Heidelberg 2004, § 1 Rdnr. 89: „Die vor allem in internationalen Dokumenten verbreitete Inflationierung von Rechten, die als Menschenrechte etikettiert werden, ist für die Kernaussage der Menschenrechte schädlich und muss gestoppt werden.“

29 Stern, Klaus: Die Idee der Menschen-und Grundrechte. In: Merten, Detlef/ Papier, Hans-Jürgen (Hg.): *Handbuch der Grundrechte*, Bd. I, Heidelberg 2004, § 1 Rdnrn. 88f.

bische Heimat auszeichnete, indem er sie zur Wiege der Religionen und Heimstätte der Kulturen machte, wodurch ihr Recht auf ein würdevolles Leben auf der Grundlage der Freiheit, der Gerechtigkeit und des Friedens bekräftigt wurde, in Verwirklichung der unvergänglichen Grundsätze der Brüderlichkeit und der Gleichheit aller Menschen, die in der islamischen Scharia und in den anderen Religionen der göttlichen Offenbarung festgeschrieben sind".

Starke kollektive, traditionsbekräftigende und religiöse Bezugnahmen und der artikulierte Vorrang der Scharia lassen sich durchaus als Versuch deuten, den Universalitätsanspruch der Menschenrechte durch *gestaltende Adaption* erträglich werden zu lassen und sie den eigenen kulturellen und politischen Bedingungen anzupassen. Offen ausgesprochen wird dies auch in der Bangkok Declaration der asiatischen von 1993, wo der universalistische Charakter der Idee der Menschenrechte zwar anerkannt, aber auch ein Kontext der dynamischen Entwicklung internationaler Normsetzung und die Bedeutung nationaler und regionaler Besonderheiten und kulturellen Hintergründe hervorgehoben wird.[30]

Vor diesem Hintergrund haben westliche Verfassungsstaaten wie Deutschland mit ihrer Kultur von Aufklärung und Freiheit eigentlich wenig Veranlassung nach innen oder außen allzu starke Konzessionen im Hinblick auf ihre kulturellen Besonderheiten zu machen, die ja gerade in der weitestgehenden Kongruenz mit dem universalen Kern der Menschenrechte besteht. Die europäisch-westliche Rechtskultur befindet sich gegenwärtig in Übereinstimmung mit den elementaren Menschenrechten, insbesondere mit denen, die als ius cogens ernsthaft diskutiert werden. Nota bene: Deshalb könnten vereinzelte aus westlichem Mund stammende Forderungen nach einer Lockerung des Folterverbotes sich auf andere Kulturräume ganz nachteilig auswirken, weil ja gerade hier auf Betreiben des Westens eine allgemeine Anerkennung als ius cogens bereits durchgesetzt ist.[31]

8. Was sind elementare Menschenrechte?

Aus Gründen der kulturellen Identität von Staaten oder regionalen Staatenverbindungen, aber auch im Blick auf Religionsgemeinschaften, nationale Gefühle oder historische Vorprägungen können keine Abstriche im Kernbereich des elementaren Menschenrechtsschutzes gemacht werden. Elementar ist alles, was Voraussetzung einer Individualität ist, die sich als Persönlichkeit in einem rechtsstaatlichen, privatrechtlich verlässlichen, von ihm konstitutiv mitgestalteten Ordnungsraum entfaltet. Es sind die angeborenen Menschenrechte auf Leben und körperli-

[30] Dazu Tomuschat, Christian: Europäische vs. Asiatische Werte – Scheitert die Universalisierung der Menschenrechte?. In: Schröder, Richard/ Zachhuber, Johannes (Hg.): *Was hat uns das Christentum gebracht?, Religion – Staat – Kultur*, Berlin u.a. 2003, 161 ff (167).

[31] Siehe Kadelbach, Stefan: *Zwingendes Völkerrecht*, Berlin 1992, 293.

che Unversehrtheit, Bewegungsfreiheit der Bürger in einem Staatsgebiet, Meinungs-und Informationsfreiheit, Religionsfreiheit, Eigentumsschutz, Privatautonomie, Rechtsschutz vor unabhängigen Gerichten, Gleichheit vor dem Gesetz, politische Freiheiten zur Gründung von Parteien und Teilnahme an freien Wahlen: Dies ist der Kernbestand individueller Menschenrechte, die vor jeder Herrschaft bestehen und die jeder legitimen politische Organisation ihren prägenden Stempel aufdrücken. Politisch legitime Herrschaft muss diese Rechte achten, sie mit einer jeweils geeigneten Infrastruktur in ihren praktischen Voraussetzungen sichern und sie zugleich mit dem gemeinschaftlich, deliberativ ermittelten, kulturanhängigen Gerechtigkeitsverständnis in Einklang bringen.

9. Gibt es auch elementare Gemeinschaften unter dem Primat der human-individuellen Prämisse?

Menschenrechte sind elementar, wenn sie in einem vorstaatlichen Sinne dem Individuum eigen sind, das sich vom *Unbestimmten* zu seiner Bestimmung nur nach seinem Willen und seinen Plänen im Guten wie im Schlechten entwirft, allein oder nach seinem Willen in Gruppen vereinigt. Der funktionsfähige, aber dadurch in seinem Grundzweck begrenzte Staat, also die verlässliche friedliche politische Ordnung, ist als Matrix dieser angeborenen Menschenrechte ebenso mitgedacht wie ein sozialer Raum der Nähe und Geborgenheit, der die Entwicklung zum vernunftbegabten sittlichen Individuum überhaupt erst praktisch ermöglicht. Deshalb ist das Menschenrecht auf den Schutz von Ehe und Familie zugleich universelle Freiheitsbedingung, als auch ein individuell zustehendes Recht auf Gemeinschaftsbildung und kulturspezifisches „Andersseins".[32] Dies gilt solange keine prinzipielle Kollision mit der Willensfreiheit und Privatautonomie entsteht, wie etwa bei Zwangsehen oder Gewalttaten zur Herstellung der Familienehre.

Menschenrechte sind zwar vorstaatlich, als angeboren gedacht und genügen dadurch dem Primat des humanistischen Individualismus, aber das individuelle Recht auf kollektiven Zusammenschluss auch in einem Staat, zumal in einem freiheitlichen Verfassungsstaat ist als politisches Selbstbestimmungsrecht (bei ausreichender Mächtigkeit) ebenfalls zugleich universell verbürgt, so wie es auch die Schnittstelle zum Recht auf kulturelle Identität in einem Staats-oder völkerrechtlich begründetem Regionalverband darstellt. Man kann insofern zwar auf eine Paradoxie des gesamten methodischen Humanismus hinweisen, der von kollektiven Fremdleistungen abhängig bleibt. Aber das ändert nichts an dem die Identität der Menschenrechte prägenden konstitutiven Vorrang der humanistischen Prämisse.

[32] Vgl. zu dieser Begrifflichkeit: Hoffmann, Hilmar/ Kramer, Dieter (Hg.): *Anderssein, ein Menschenrecht. Über die Vereinbarkeit universaler Normen mit kultureller und ethnischer Vielfalt*, Weinheim 1995.

10. Menschenrechte im Kontext einer völkerrechtlichen Friedens-und Kooperationsordnung

Auf der kollektiven Ebene kommen ganz wesentliche Bedingungen für die Infrastruktur der Freiheit hinzu, aber hier sind wir auf der staats-und völkerrechtlichen Ebene im Staatenverkehr, die inzwischen eine relativ dichte Rechts-und Friedensordnung ausgebildet. Auf dieser Ebene des klassischen Völkerrechts in dessen Kontext sich auch die Menschenrechte einpassen müssen, kommen Kulturvorbehalte zu Geltung, weil mit kollektiven Selbstbestimmungsansprüchen umgegangen wird. Hier herrschen drei normative Prinzipien, die zum Ausgleich gebracht werden müssen.

- Das *Friedens-und Loyalitätsgebot*[33] verlangt, kulturelle, religiöse und politische Selbstbehauptungsansprüche prinzipiell ohne Ansehen des Rangs und des Vorverhaltens des jeweiligen Staates oder der Staatengruppe in ihrem Anspruch ernst zu nehmen, weil sonst eine Rechtsordnung gleicher Staaten nicht möglich ist, die im Minimum friedliche Koexistenz gewährleisten oder jedenfalls fördern muss. Jede zivilisierte Ordnung bedarf einer minimalen Verkehrsräson, einer minimalen Makro-Ethik der Staatenwelt, die in einer grundsätzlichen diplomatischen Mindestachtung auch im Verhältnis zwischen freier Republik und autokratischer Despotie liegt. Weil kollektive Willensbekundungen im Licht des unabdingbaren humanistischen Individualismus nur dann beachtlich sind, wenn sie rechtsstaatlich und demokratisch zustande gekommen sind[34], hat die Willensbekundung einer Willkürherrschaft aber grundsätzlich nur das Gewicht, das ihr auf Grund der Verkehrsräson im zwischenstaatlichen Umgang zukommt.
- Die spezielle Geltungskraft des Anspruchs auf eigene kulturelle Selbstbestimmung, seine Reichweite und sein Gewicht, hängt schon im Licht des Friedensimperativs vom Verhalten des Staates oder einer Staatengruppe ab: Wer seine kulturellen oder sonstigen Selbstbehauptungsansprüche mit *friedensgefährdende*r Gewalt durchsetzt oder derartiges völkerrechtlich zurechenbar verantwortet, mindert – solange dieses Verhalten währt – den Anspruch auf Achtung seines Selbstbestimmungsrechts, ohne dass deshalb be-

33 Zwischen dem Gebot einer Mindestachtung und der weitergehenden Pflicht zur Zusammenarbeit wird man unterscheiden müssen: Das Gebot der Zusammenarbeit etwa verankert in Art. 56 VNCharta; Neuhold, Hanspeter: Die Pflicht zur Zusammenarbeit zwischen den Staaten: moralisches Postulat oder völkerrechtliche Norm?. In: Miehsler, H. (Hg.): *Ius Humanitatis. Festschrift für A. Verdross*, 1980, 575ff.

34 Auch hier schlummert der große Konflikt zwischen universellem Vernunftrecht und kulturellen Tatsachen, etwa zwischen republikanischer Staatsgründung auf Verfassungsgrundlage und ethnischen Selbstbestimmungsansprüchen, siehe Emmerich-Fritsche, Angelika: *Vom Völkerrecht zum Weltrecht*, Berlin 2007, 369ff.

reits gegen Grundsätze der Staatengleichheit verstoßen würde, weil wesentlich ungleiches Verhalten normativ nicht gleich behandelt werden muss.

- Die tatsächliche Gewährleistung *elementarer Menschenrechte* durch einen Staat verstärkt das Gewicht seiner kulturellen Selbstbestimmungsansprüche in einem internationalen normativen System, und zwar in einem System, das nicht nur die Faktizität des gefundenen politischen Kompromisses kennt, sondern auch im Sinne einer politischen Vernunftethik begründbar ist und deshalb Abstufungen der Legitimation erlaubt. Die Verletzung grundlegender Freiheitsrechte dagegen, wie die systematische Verfolgung von Menschen nach Gruppenmerkmalen durch eine Willkürherrschaft oder die Verfolgung von religiösen Bekenntnissen mindern den Anspruch auf Achtung, bei Extremfällen, wie Völkermord, bis hin zum Verlust des Interventionsschutzes.

11. Normwissenschaft der Menschenrechte

Aus all dem folgt, dass die Entwicklung der Menschenrechte nicht allein den Zufälligkeiten und Interessenkompilationen des politischen Prozesses überlassen werden darf. Auch die Realität der regionalen Ausdifferenzierung von Kultur- und Machträumen bei einer gleichzeitigen Zentralisierung im Bereich der Vereinten Nationen bedarf der kritischen Begleitung und Maßstabssetzung durch eine *Normwissenschaft der Menschenrechte*, aber auch durch das kooperativ ausgerichtete Insistieren verfassungsstaatlicher Institutionen. Dahinter steht nicht der selbstgefällige Anspruch von Akademikern, Politikern oder Richtern, mitreden zu wollen, sondern etwas viel bedeutsameres. Der Westen hat vielleicht im Zuge der Entwicklung nach 1945 allzu selbstbewusst darauf gesetzt, dass die elementaren Menschenrechte mit ihrem normativen Programm individueller Freiheit, Rechtsgleichheit und rechtsstaatlicher Demokratie im Verein mit der praktischen Universalwirkung des Marktmechanismus sich überall wird durchsetzen, wo nicht eine Willkürherrschaft genau dies verhindert. Inzwischen ist die Welt komplizierter geworden, weil zwar die globalen *Konformitätskräfte* wie Markt, Wissenschaft oder Recht gewaltig zugenommen haben, aber eben auch kulturelle Gegenkräfte jedenfalls nicht verschwunden sind, sondern zum Teil in alter oder neuer Gestalt und womöglich angepasster an weltgesellschaftliche Bedingungen sich behaupten oder erstarken.[35]

[35] Wobei die VR China ein neues Mixtum-Compositum aus sozialistischem Etatismus, Integration in wirtschaftliche und wissenschaftliche Konformitätsbedingungen, aber auch kulturellem Konfuzianismus zu sein scheint, dazu näher Zhang, Ist das Menschenrechtsbild in China konfuzianisch oder universal? Fortschritte und Probleme in Theorie und Praxis der Menschenrechte. In: Janz, Nicole/ Risse, Thomas (Hg.): *Menschenrechte – Globale Dimension eines universellen Anspruchs*, Baden-Baden 2007, 101ff.

Der Westen kann deshalb nicht länger naiv auf die fraglose Überlegenheit universeller Menschenrechte vertrauen, sondern er muss für seine Auffassung, was universell und was nur vereinbart oder abgeleitet ist, streiten. Eine große Versuchung auch und vielleicht gerade für westliche Demokratien lauert allerdings an der Pforte der internationalen Regelbildung: den innerstaatlich politisch nicht ohne weiteres durchsetzbaren Wunschzettel auf der Ebene internationaler Verträge und am besten als Menschenrecht gleichsam durch die Hintertür mit höheren Weihen als Ernte nach Hause zu bringen. Wer Menschenrechte heute aus welch guten Gründen auch immer instrumentalisiert, wird morgen eine deformierte und womöglich gegen ihn selbst gerichtete überstaatliche Rechtsrealität vorfinden. Gerade die ideologisch und kulturell emotionalisierten Themen an der Bruchstelle zwischen Kulturräumen sollten nicht reflexartig zum Menschenrechtsthema gemacht werden, es sei denn die elementaren Menschenrechte stünden tatsächlich durch massive Missachtung auf dem Spiel. Es bedarf einer offensiv geführten normativen Debatte, die auch den Mut zeigt, die Vertreter von Diktaturen auf internationalem Parkett in ihren Beiträgen zu gewichten, soweit dies die diplomatische Räson im Staatenverkehr zulässt, aber zugleich sich auch einmal selbstkritisch die Frage stellt, ob jede neue progressive Errungenschaft aus dem politischen Labor eines wirtschafts- und zivilisationskritischen Individualismus gleich auf die Bühne universeller Menschenrechte drängen muss.

12. Wiederentdeckung der kulturellen Fundamente und Misstrauen in sozialtechnische Reflexe

Kritisch überdacht werden sollte wohl auch jene sozialtechnische Überbetonung von Politik und Recht, die westlichen Akteuren quer durch die politischen Lager eigentümlich ist. Wenn es stimmt, dass der Westen im Vertrauen auf die Kräfte der freien Wirtschaft, verhandelnder Politik, wissenschaftlicher Wahrheit, praktischen Wohlstandes und der Bindungswirkung des Rechts kulturelle, alltagspraktische, traditionelle und religiöse Kräfte systematisch unterschätzt, dann wird das auch für das Verständnis der Menschenrechte zum Ruf nach einer Korrektur führen.[36] Gewachsene Kulturräume mit ihren sozialen Gemeinschaften und stabile rechtsförmliche Staaten sind ein eigener, für individuelle elementare Menschenrechte unverzichtbarer Wert, wenn die Weltgesellschaft nicht nur auf dem Papier, sondern praktisch funktionieren soll. Elementare Menschenrechte, die unmittelbar aus individueller selbstbestimmter Würde abgeleitet werden können

[36] Siehe insoweit bereits die Kritik von Sandel, Michael J.: *Liberalism and the Limits of Justice*, Cambridge 1982, insbesondere S. 47ff. und S. 168ff.; ders.: Die verfahrensrechtlich Republik und das ungebundene Selbst. In: Honneth, Axel (Hg.): *Kommunitarismus. Eine Debatte über die moralischen Grundlagen moderner Gesellschaften*, Frankfurt/M. 1993, 18ff.

nicht ohne elementare Gemeinschaftsbildungen existieren[37], zu denen zumindest die Familie und wohl auch der Staat als politische Ordnung zählen. Aus der humanen Prämisse darf nicht eine gemeinschafts-und kulturfeindliche Sozialtechnizität werden, die mit ökonomischen, politischen und individualrechtlichen Imperativen die Welt ab ovo neu schaffen, sie auf dem Reißbrett konstruieren will.

13. Menschenrechte, Kultur und Theorie der Gesellschaft

Die Spannungslage zwischen individuellen Menschenrechten auf der einen Seite und nationalen, religiösen oder kulturellen Selbstbestimmungsansprüchen zwingt in eine kultursensible praktische Philosophie der Menschenrechte, während heute Universalismus von vielen als politisches Instrument oder als Ergebnis einer praktisch konsensualen Entwicklung[38], und das keineswegs nur im Sinne einer tatsächlichen gewohnheitsrechtlich bedeutsamen Übung der Staatenpraxis, sondern bereits auf der Ebene internationaler Organisationen verstanden wird.[39] Es gilt deshalb eine Doppelleistung zu erbringen: Wir haben schärfer zu unterscheiden zwischen zwei Perspektiven: zwischen Sollen und Sein und darauf sollten wir auch deutlicher erkennen, wie abhängig und untrennbar beide Perspektiven sind. Die normativen Universalitätsansprüche sind ethische oder juristischer Art, wobei beide normativen Systeme sich immer ein Stück weit vor allem auf die Intervention politischer Herrschaft in allen Formen einzustellen haben. Damit gelangt die Seinsperspektive, die Faktizität in den Vordergrund. Es geht dabei um den tatsächlichen Universalisierungsdruck funktional ausdifferenzierter Systeme, die ihrerseits einen normativen Kern besitzen, es geht um die Faktizität eines universalen Vergesellschaftungsprozesses über das Tauschsystem der Wirtschaft, die naturwissenschaftlich empirische Wissenschaft nebst Technik und die politisch-rechtliche Systembildung.

Der Westen ist insofern Westen, als er seine kognitive und sittliche Normativität und die Realität seiner Alltagskultur im Verlauf der neuzeitlichen Rationalisierung in einem Prozess der Ko-Evolution auf diese mächtigen und autonom gemachten Funktionssysteme ausgerichtet hat, bis zu dem Punkt, wo sich die War-

37 Zur Gefahr des Relativismus und der Erosion der Wertegrundlagen westlicher Gesellschaften: Tomuschat, Christian: Europäische vs. Asiatische Werte – Scheitert die Universalisierung der Menschenrechte?. In: Schröder, Richard/ Zachhuber, Johannes (Hg.): *Was hat uns das Christentum gebracht?, Religion – Staat – Kultur*, 161ff. (163).

38 Fastenrath, Ulrich: Einheit der Menschenrechte: Universalität und Unteilbarkeit. In: Dupuy, Pierre-Marie/ Fassbender, Bardo/ Shaw, Malcolm N./ Sommermann, Karl-Peter (Hg.): *Völkerrecht als Wertordnung. FS für Christian Tomuschat*, Kehl 2006, 153-179, 175.

39 Emmerich-Fritsche, Angelika: *Vom Völkerrecht zum Weltrecht*, Anm. 33, 470f.

nungen vor einer Deformation und Erosion der normativ-kulturellen und der sozialpsychologischen Grundlagen häufen. Andere Kulturräume werden immer noch zu einer solchen Anpassung genötigt, die in Form und Gestalt anders und überraschend ausfallen kann und die im Westen als neue erfolgreiche, vielleicht auch bedrohliche Konkurrenz oder als Rebellion gegen Rationalität und Fortschritt wahrgenommen wird. In einer kulturellen Vielfalt, die auf Universalprinzipien wie Achtung des einzelnen Menschen und seiner Willensfreiheit, Gewaltlosigkeit, Herrschaft des Gesetzes gegründet ist, wird in den Besonderheiten verschiedener Kulturräume das Allgemein sichtbar werden, vielleicht gilt so verstanden „*universalia in rebus*“ und „*universalia in mente*“ zugleich.[40]

Eine breiter angelegte Theorie der Gesellschaft muss jedenfalls erkennen, dass der Universalitätsanspruch westlicher Institutionen als systematischer Wirkungszusammenhang verstanden werden muss: nur das Zusammenspiel von grundsätzlich freier Marktwirtschaft, zweckfreier Wissenschaft, persönlicher Integrität und freier politischer Selbstbestimmung entfaltet jene Dynamik, die aus der normativen Prätention universeller Menschenrechte eine unwiderstehliche Seinstatsache macht und damit die kulturelle Selbstbestimmung auch in die Matrix der Menschenrechte zwingt, aber nur wenn diese Matrix kein zu eng geschnittenes Prokrustesbett wird. Selbst wenn der Westen die Kraft und den Willen aufbrächte, sich wieder auf die engere fundamentale Bedeutung der Menschenrechte zu verständigen, müsste er aber auch sehen, dass die Identitätspflege von staatlichen, para-und überstaatlichen oder gesellschaftlichen Gemeinschaften, und zwar in ihren Funktionsbedingungen, eine gravierende zumindest mittelbar menschenrechtliche Dimension aufweist. Die im Westen mitunter zu beobachtende Ablösung der grundlegenden Individualrechte von korrelierenden institutionellen Gemeinschaftsrechten wie den Schutz von Ehe und Familie, der Vereinigungsfreiheit, der Religionsfreiheit und staatsbürgerlichen Rechten einerseits und die Überschätzung der rechtlichen Gestaltbarkeit aller Sozialbeziehungen durch einen sozialtechnischen Rechtsinstrumentalismus andererseits stärkt nicht den humanistischen Individualismus, sie macht ihn schwach und angreifbar.

Mit anderen Worten: Politisch nicht gestaltbare Kultur der Sprache, des Alltagsverhaltens, des Arbeitsethos, des Gemeinschaftssinn, der Bindungsbereitschaft, der Religion, der künstlerischen Darstellung, das Recht auf Selbstbestimmung und auch auf Abgrenzung gegenüber einer Mehrheitsentscheidung muss ernster genommen werden, und dennoch bleibt jeder Kulturraum, ob regional und staatlich auf der völkerrechtlichen Ebene oder innerstaatlich an das nor-

[40] Vgl. Stegmüller, Wolfgang: Das Universalienproblem einst und jetzt, *Archiv für Philosophie* 6 (1956), 192ff. und 7 (1957), 45ff., Nachdruck in: ders.: *Glauben, Wissen und Erkennen*, 1974, 48 (67).

mativ letzte Wort einer human-individuell verstandenen Menschenwürde und der daraus folgenden gleichen Freiheit zum Selbstentwurf gebunden.[41]

[41] Bielefeldt, Heiner: *Philosophie der Menschenrechte*, Darmstadt 1998, 147; Emmerich-Fritsche, Angelika: *Vom Völkerrecht zum Weltrecht*, Anm. 33, 529.

Matthias Kaufmann

Gibt es ein Menschenrecht auf kulturelle Identität?[1]

In einer Rede, die er am 16. 2. 2008 in Köln vor 16.000 in Deutschland und den Nachbarländern wohnenden Landsleuten hielt, warnte der türkische Ministerpräsident Erdogan sie vor dem Verlust ihrer Identität und bezeichnete Assimilation als „Verbrechen gegen die Menschlichkeit". Der bolivianische Präsident Evo Morales verweist in seinen Ansprachen immer wieder auf seine indigene Identität und propagiert eine Inversion kolonialer Hierarchien. Beide befinden sich im Einklang mit einer seit einigen Jahrzehnten anhaltenden Tendenz, so genannte kulturelle Rechte, oft spricht man auch von dem Recht auf kulturelle Identität, als dritte Generation der Menschenrechte einzufordern. Die erste Generation waren bekanntlich die Schutz- und Partizipationsrechte, die zweite die vor allem im 19. Jahrhundert erkämpften sozialen Rechte.

Doch ist die Diskussion über die Identität keineswegs allein eine Sache der Tagespolitik. Auch die Wissenschaft widmet sich der Thematik mit einiger Intensität, wie kontinuierliche Fachtagungen zu personaler, zu nomadischer oder anderer Identität ebenso belegen wie einschlägige Publikationen von prominenter Seite. Kwame Anthony Appiahs *The Ethics of Identity*, erschienen 2005[2], hat enorme Resonanz gefunden, bereits im Titel der italienischen Übersetzung eines Buches von Seyla Benhabib[3] ist die Rede vom Einklagen kultureller Identität und 2006 publizierte der Nobelpreisträger Amartya Sen ein Werk mit dem Titel *Identity and Violence. The Illusion of Destiny.*[4]

Da es nun einmal eine Aufgabe der Philosophie in derartigen Diskussionen ist, die verwendeten Begriffe zu untersuchen und eventuell erhobene Geltungsansprüche auf ihre Berechtigung zu überprüfen, sei dies in diesem Beitrag unternommen. Die begriffliche Annäherung sucht zugleich eine Antwort auf die Frage, warum kulturelle Identität ein Gut sein sollte, auf das es ein Recht gibt. Ich denke ferner, dass die Rede von kultureller Identität auf einer intuitiven Anglei-

[1] Dieser Beitrag wurde erstveröffentlicht in: Bernd-Rüdiger Kern/Hans Lilie (Hg.), *Jurisprudenz zwischen Medizin und Kultur. Festschrift zum 70. Geburtstag von Gerfried Fischer*, Frankfurt/M. 2010, 125-135.

[2] Kwame Anthony Appiah, *The Ethics of Identity*, Princeton 2005.

[3] Seyla Benhabib, *The Claims of Culture*, Oxford 2002; *La rivendicazione dell'identità culturale*, Bologna, 2005.

[4] Amartya Sen, *Identity and Violence. The Illusion of Destiny*, New York/London 2006.

chung der kulturellen an die nationale Identität beruht, deren begriffliche Probleme sie damit übernimmt und verschärft. Es wird schließlich kurz versucht, sinnvolle von weniger sinnvollen kulturell begründeten Ansprüchen zu unterscheiden.

1. Logische und begriffliche Differenzierungen

Es gibt zunächst zwei logisch verschiedene Bedeutungen von Identität, die traditioneller Weise unterschieden werden, in der hier gewählten Terminologie etwa von Edmund Husserl in seinen *Logischen Untersuchungen*[5]:

- numerische Identität: Ein Gegenstand, eine Person ist identisch mit sich selbst. Der Abendstern ist das selbe Ding wie der Morgenstern, Victor von Bülow ist die selbe Person wie Loriot.
- qualitative Identität: die Gegenstände sind identisch, weil sie eine bestimmte Eigenschaft gemeinsam haben; etwa die Farbe: alle Rappen sind schwarz, oder das Material: alle Holzhäuser sind besonders brandgefährdet, oder eine Fähigkeit: alle Menschen können lachen.

Nun sollte diese trockene Unterscheidung in der mitunter aufgeregten Debatte sicher nicht übersehen werden, doch ist sie wohl kaum der Grund, warum Charles Taylor eine „Politik der Differenz"[6] gefordert hat, damit die „unverwechselbare Identität eines Individuums oder einer Gruppe"[7] auch bestimmt „niemals verloren geht".[8] Wichtiger ist in diesem Kontext sicher die Selbstidentifikation als Deutsche, als Französin oder als Mitglied der abendländischen Kultur, ähnlich, wie man „mit Leib und Seele" Ärztin oder Sportler sein kann.

Es kommt jedoch noch etwas hinzu: Wenn man zur Identität eines Menschen die Menge seiner individuellen Lebensbedingungen rechnet, dann hat sie insofern einen doppelten Aspekt, als sie den Möglichkeiten freier, autonomer Entwicklung der individuellen Persönlichkeit, wie sie dem liberalen Ideal entspricht, deutliche Grenzen setzt. Wir werden, zu einer bestimmten Zeit an einem bestimmten Ort unter bestimmten Umständen in diese Welt geworfen, sind weiblich oder männlich, schwarz oder gelb oder weiß oder rot, arm oder reich usw. Manche dieser Vorbedingungen lassen sich ändern, andere nicht. Gemeinsam prägen sie unsere Weltsicht, formen die Weise, wie wir die Welt erfahren und beurteilen. Sie begrenzen nicht nur das Ausmaß, in dem wir unsere Pläne verwirklichen können. Sie bestimmen auch, wie unsere Pläne aussehen, was wir für

5 Edmund Husserl, *Logische Untersuchungen*, Tübingen 1980, 112f.

6 Charles Taylor, *Multikulturalismus und die Politik der Anerkennung*, 2. Aufl. Frankfurt/M. 1997, 28.

7 Ebd., 25.

8 Ebd., 31.

rational und erstrebenswert halten. Wir müssen im Augenblick nicht fragen, ob dies jemand bestreiten würde, der für individuelle Autonomie eintritt.

Auf der anderen Seite bietet diese Art der Identität dem Menschen eine Art mentales zu Hause, die Sicherheit des moralischen und weltanschaulichen Urteils, die Freiheit von selbstzerstörerischem Zweifel in einer Welt konstanter Reizüberflutung. Wir wissen, was wir als gute Christen, gute Muslime, gute Spanier oder gute Deutsche zu denken haben, so lange wir mit einer kohärenten Welterklärung zufrieden sind. Man kann dies weiterführen und im Rückgriff auf Nietzsche festhalten, für ein sinnvolles, gelungenes Leben sei es wichtig, „der zu werden, der man ist". Dies könnte bedeuten, dass man sich den Gegebenheiten fügt, denen man unterliegt. Doch impliziert der Umstand, dass man als Frau oder als Mann, in einem reichen oder einem armen Land, im Krieg oder in Friedenszeiten aufwächst und all' die anderen Bedingungen, mit denen uns bestimmte Grenzen in den Möglichkeiten gesetzt sind, uns „selbst zu erfinden", nicht, dass uns jede Wahlmöglichkeit bei der Entwicklung zu den Menschen, die wir sein *wollen*, genommen wäre.

Besondere Bedeutung erhalten in diesem Kontext kollektive Identitäten. Die Selbstidentifikation mit einer Gruppe könnte für viele Menschen in unterschiedlichen Kontexten deshalb so wichtig werden, weil man sich innerhalb einer bourgeoisen Gesellschaft nach einer Gemeinschaft im Sinne von Ferdinand Tönnies sehnt: In der Gemeinschaft, so Tönnies, sind die Menschen trotz aller Trennungen wesentlich verbunden.[9]

Es gab und gibt immer wieder Versuche, eine Nation oder eben auch eine Kultur als solche Gemeinschaft zu deuten. Die Identifikation innerhalb der Kultur bietet demnach die Möglichkeit, sich als Mitglied einer echten, nicht nur auf den Eigennutz schielenden Gemeinschaft aufgehoben zu fühlen. Das Lob der ganzheitlichen Aufgehobenheit des Menschen in archaischen Gemeinschaften im Gegensatz zum gefühlskalten Gegeneinander egoistischer Einzelmenschen in den modernen Massengesellschaften ist ein seit langem gepflogener intellektueller Habitus. Hin und wieder wird ein ähnlicher Gegensatz auch in eine Gegenüberstellung von östlichem und westlichem Denken eingebettet, manches Mal von literarischen Repräsentanten von Minderheiten mit oder ohne Migrationshintergrund gegen die repressive, als fremd und feindlich empfundene Mehrheitskultur vorgebracht. Dass man innerhalb einer fremden, oft genug auch feindlichen, manchmal unverständlichen Umgebung, die in der entsprechenden Popmusik immer wieder als „Babylon" bezeichnet wird, die Geborgenheit in einer Gruppe mit vertrauten Angewohnheiten sucht, ist gut nachvollziehbar. Die daraus entstandenen eindrucksvollen literarischen Werke sind Reflex schmerzhafter Erfahrungen und besitzen zweifellos ihre Berechtigung. Gegenüber der Hoff-

9 Ferdinand Tönnies, *Gemeinschaft und Gesellschaft*, Nachdr. der 8. Aufl. von 1935, Darmstadt 1991.

nung, Gemeinschaftsstrukturen in eine Massengesellschaft einführen zu können, sind jedoch Bedenken angebracht, da dies auch innerhalb von Minderheiten die Gefahr repressiver Maßnahmen gegenüber den Schwachen der Gruppe mit sich bringt.

Als wichtiges Motiv zur Bewahrung von Kulturen und ihrer Identität ist zudem der Erhalt der Vielfalt zu nennen Dieses Motiv wurde für die Vielfalt der Lebensstile von Einzelnen mit großer Wortgewalt und immer noch gültigen Argumenten in John Stuart Mills *On Liberty* verfochten, der sich hier deutlich unter dem Einfluss Wilhelms von Humboldt befindet. Wir können auch heute noch sagen, dass die Gesellschaft die vorhandenen Unterschiede zwischen den Menschen akzeptieren und das Ausleben verschiedener Lebensformen fördern sollte, so lange damit keine Unterdrückung von Menschen verbunden ist. Diese Vielfalt bildet durch die damit vorhandene Bandbreite unterschiedlicher Ideen einen Reichtum der Gesellschaft, der ihr helfen kann, die unterschiedlichen Herausforderungen, mit denen sie konfrontiert ist, zu meistern. Dies kann auch durch das Ermöglichen unterschiedlicher Lebensstile größerer Gruppen geschehen, die man dann gerne als Kulturen bezeichnet. Dazu gehört die Bewahrung einer Vielfalt von Ansichten über Schönheit, die uns vor ästhetischer Uniformierung, Verarmung und Langeweile schützt.

2. Nochmals: Was ist kulturelle Identität?

Wie aber stellt man die Identität einer Kultur fest? Anstatt den bereits mehrere hundert Seiten umfassenden diversen Definitionsversuchen einen weiteren hinzuzufügen, sei ein kleiner Umweg gestattet. Die Verwendung des Kulturbegriffes in diesem identitären Sinne scheint nämlich ursprünglich eng verbunden mit der Herausbildung des Nationalstaates, den man den zufällig zusammen gewürfelten Staatsgebilden feudaler Dynastien gegenüberstellte. Insbesondere in der deutschen Tradition war Kultur das, was ein Volk zu einer Nation machte, wodurch es sich von anderen Völkern in seiner Einmaligkeit unterschied. Eine bestimmte Kultur war damit die wesenhafte Voraussetzung der Staatlichkeit, wobei man sich nicht selten auf Herder als den Begründer dieses Kulturbegriffs berief.[10] Wesentlich am Begriff der Kultur ist für viele an der gegenwärtigen Debatte Beteiligten daher ihre Einmaligkeit und Unverwechselbarkeit mit anderen Kulturen, von einigen wird unter dem Einfluss eines bestimmten Trends innerhalb der Ethnologie darüber hinaus die Gleichwertigkeit der Kulturen hervorgehoben. Es herrscht somit derzeit eine etwas „bizarre Mischung“ aus dem anthro-

[10] Vgl. dazu Birgit Nübel: „Zum Verhältnis von ‚Kultur' und ‚Nation' bei Rousseau und Herder“ (29.01.2004). In: *Goethezeitportal*, URL: <http://www.goethezeitportal.de/db/wiss/herder/nuebel_rousseau.pdf> (21.9.07).

pologischen Grundsatz der Gleichwertigkeit aller kulturellen Ausdrucksformen und der romantischen Konzeption ihrer Einmaligkeit.[11]

Wenn wir auf das Verhältnis von Nation und Kultur unsere eingangs gegebene Begriffsdifferenzierung anwenden, so fallen zwei Unterschiede ins Auge:

- Man kann von der numerischen Identität einer Nation sprechen, oder zumindest von der numerischen Identität eines Staates. Weit weniger klar ist, ob man von einer Kultur als deutlich unterschiedenem Gegenstand sprechen kann.
- Noch weniger gewiss ist, ob es eine qualitative Identität gibt, die allen Mitgliedern einer Nation oder einer Kultur gemeinsam ist.

Beim ersten Problem erkennen wir einen deutlichen Unterschied zwischen einer Nation und einer Kultur: Zumindest dann, wenn wir von einer Nation im Sinne eines Staates sprechen, können wir den deutschen Staat als verschieden vom französischen oder polnischen Staat, aber auch als unterschieden von anderen Organisationseinheiten, wie etwa der katholischen Kirche oder einer Gewerkschaft bestimmen. Zu diesem Staat gehört man, wenn man die Staatsangehörigkeit und eine von ihm ausgestellte carte d'identité besitzt. Diese gewissermaßen verbriefte Zugehörigkeit haben wir bei der Kultur nicht. Man kann sich als Angehörige der westlichen, der abendländischen, der mitteleuropäischen, der christlichen Kultur oder auch, wie vor wenigen Jahren aktuell, des alten Europa verstehen, möglicherweise alles gemeinsam, oder eher das eine als das andere.

Beim zweiten Problem befinden wir uns in der Diskussion zwischen der essentialistischen oder objektivistischen und der konstruktivistischen Deutung der Nation und der Kultur.[12] Für die Essentialisten gibt es eine objektiv feststellbare Substanz, ein wesentliches Merkmal, eine bestimmte Eigenschaft, die allen Mitgliedern einer Nation oder einer Kultur gemeinsam ist. Häufig wissen diese Mitglieder noch gar nichts von dieser ihrer Substanz und deshalb müssen etwa die überzeugten Nationalisten und Kulturverteidiger Anstrengungen unternehmen, diese Substanz den Betroffenen zu erklären und die Mehrheitsmeinung in die gewünschte Richtung zu lenken, bei Bedarf auch zu zwingen.

Nach konstruktivistischer Auffassung dagegen gibt es kein solches, allen Mitgliedern einer Nation oder einer Kultur gemeinsames Wesen, keine objektiven Merkmale, sondern lediglich Erzählungen, die bei den Menschen das Gefühl erwecken, da gäbe es etwas, das allen gemeinsam ist. Das bedeutet nicht, dass diese Erzählungen unwichtig wären, schließlich wissen wir sehr gut, dass immer wieder Menschen bereit sind, für ihr Vaterland zu sterben. Man kann diese Erzählungen auch nicht völlig nach Belieben erfinden, sie schließen an historische,

11 Benhabib 2005, 20; Christian Joppke/Steven Lukes (ed.), *Multicultural Questions*, Oxford (UP) 1999, 5.

12 Vgl. z.B. E. Gellner, *Nationalismus. Kultur und Macht*, Berlin 1999.

genetische, geographische Gegebenheiten an. Doch hat sich herausgestellt, dass es unmöglich sein dürfte, Eigenschaften zu finden, die allen oder zumindest den meisten Menschen gemeinsam sind, die einer Nation oder einer Kultur angehören – und den anderen nicht. Dies zeigt sich bereits bei möglichen Wesensmerkmalen einer Nation, die immerhin deutlich einfacher zu ermitteln wären als die einer Kultur.

Nicht zuletzt durch die schlimmen Kriege des 20. Jahrhunderts hat die Plausibilität des essentialistischen Ansatzes deutlich nachgelassen.

Interessanterweise sind die Argumente, warum es derartige Wesensmerkmale einer Nationalität wohl nicht gibt, seit über hundert Jahren bekannt, wurden von mancher Seite jedoch als Teil einer ideologischen Auseinandersetzung um ein konkretes politisches Problem angesehen und lange Zeit nicht in ihrer generellen Tragfähigkeit erkannt.

Ernest Renan hatte in einem Vortrag mit dem Titel *Qu'est-ce qu'une nation?*, Was ist eine Nation? an der Sorbonne am 11. März 1882 diejenigen Merkmale des Nationbegriffs untersucht, die „am häufigsten und mit der größten suggestiven Wirkung genannt und verteidigt werden".[13] Dies sind Rasse, Sprache, Religion, Gemeinschaft der Interessen und natürliche geographische Grenzen. Renan überprüft sie nacheinander, inwieweit sie als objektive, notwendige oder hinreichende Kriterien dafür gelten können, dass eine Gruppe von Menschen eine Nation bildet. Keines der genannten Kriterien erweist sich als geeignet.

Renan schließt daraus, dass solche vermeintlich objektiven Umstände keine hinreichende Grundlage für Bildung und Bestand von Nationen sind. Wichtig ist dabei eine gemeinsame Geschichte, die einen „gemeinsamen Besitz eines reichen Erbes an Erinnerungen"[14] darstellt, ein kollektives Gedächtnis. Entscheidend ist das „gegenwärtige Einvernehmen" aller, das „gemeinsame Leben fortzusetzen".[15] Der Wille zur Nation ist der gemeinsame Wille zu gemeinschaftlichen Projekten, insbesondere zur Solidarität.[16] Hierin liegt die Integrationskraft des Nationgedankens. Sie wird von jedem Einzelnen als Mitglied der Gemeinschaft performativ erzeugt und bestätigt.[17] Eine Nation kennzeichnet sich nicht durch rassische, ethnische, sprachliche, religiöse oder geographische Einheit, sondern durch die „Gemeinschaft des *Bewußtseins* und *politischen Willens*".[18]

Erfahrungen, die man in den letzten Jahren und Jahrzehnten mit dem so genannten *nation building* neu entstehender staatlicher Strukturen gemacht hat,

13 Ernest Renan, *Was ist eine Nation? und andere politische Schriften*, Wien/Bozen 1995.

14 Ebd.

15 Ebd., 56f.

16 Ebd., 57.

17 Ebd.

18 Ebd.

bestätigen häufig Renans Thesen, insofern dieser Prozess in der Regel da gelingt, wo man – oft genug über sprachliche, religiöse und ethnische Schranken hinweg – den Gedanken eines gemeinsamen Projektes zu wecken und zu erhalten vermag. Dagegen scheitert er nicht selten in Regionen, die nach der objektivistischen Auffassung wesentlich bessere Voraussetzungen für eine nationalstaatliche Existenz besäßen. Es gibt sehr interessante politikwissenschaftliche Untersuchungen, die in dieser Beziehung etwa Litauen und Georgien miteinander vergleichen.[19]

Dem Begriff der Kultur[20] wird in den Debatten der letzten zwei Jahrzehnte die Funktion zugewiesen, neben oder sogar gegen die staatliche Organisation die Identität einer Gruppe zu sichern, damit sie ihre Ansprüche gegen den Staat, gegen die „Mehrheitskultur", oder auch schlicht gegen „Kulturen" oder „Zivilisationen" verteidigen, von denen man sich bedroht sieht.

Das Problem liegt offenbar darin, dass es noch sehr viel schwieriger als bei Nationen ist, klare Zugehörigkeitskriterien zu Kulturen zu benennen. Selbst bei den von Will Kymlicka[21] bevorzugten sozietalen Kulturen, etwa der *first nations* in Kanada, wird die Frage nach der Zugehörigkeit der Abgewanderten oder auch der Abwanderungswilligen nicht immer leicht zu lösen sein. Oftmals wird diese Frage durch die rechtliche Anerkennung durch staatliche Behörden beantwortet.[22] Damit tauchen entweder die genannten Probleme von Kriterien wie Rasse, Sprache, Religion etc. bei den Kulturen ebenso auf wie bei den Nationen. Der historische Zugang ist sogar schwieriger: Während man bei der „Geschichte Frankreichs" oder auch der „Geschichte Italiens" trotz aller Veränderungen des zu untersuchenden Gegenstandes denselben in etwa durch die heutigen juristischen Regelungen eingrenzen kann, wird es schwierig, eine Kultur durch ihre Geschichte zu einen, die ihrerseits als Geschichte *dieser* Kultur entweder gar nicht, oder wie Appiah meint, nur durch eine rassische Komponente zu individuieren ist.[23] Oder man fasst das Merkmal der Kulturzugehörigkeit so spezifisch, dass fast alle Menschen notwendig mehreren Kulturen zugleich angehören. Im Unterschied zur Staatsbürgerschaft ist es eben nicht die Ausnahme, sondern der Regelfall, dass man unterschiedlichen Kulturen, ethnischer, religiöser und anderer Art zugleich angehört, ohne dass immer eine klare Präferenzordnung zwischen den Zugehörigkeiten bestünde.

19 Vgl. Barbara Christophe, When is a Nation? Comparing Lithuania and Georgia. In: *Geopolitica* 7/2, 2002, 147-172.

20 Vgl. Ernst Orth, *Was ist und was heißt "Kultur"? Dimensionen der Kultur und Medialität der menschlichen Orientierung*, Würzburg 2000.

21 Will Kymlicka, *Multikulturalismus und Demokratie. Über Minderheiten in Staaten und Nationen*, Hamburg 1999

22 Appiah 2005.

23 Ebd., 137.

3. Worin genau bestehen kulturelle Rechte?

Wie soll es dann aber aussehen, wenn man ein Recht auf kulturelle Identität ausübt?

Vieldiskutierte Beispiele sind die Bewahrung der französischen Identität in Quebec, die *First Nations*, also die indigenen „Nationen" Kanadas, ferner Migrantengruppen in Nordamerika und Europa. Es lässt sich nicht bestreiten, dass zum Recht auf Entfaltung der Persönlichkeit und auf Suche nach dem persönlichen Glück das Recht gehört, seine persönliche Identität in vielerlei Belangen zu finden und zu entwickeln. Dazu gehört, dass niemand aufgrund der Zugehörigkeit zu ethnischen oder religiösen Minderheiten Benachteiligungen ausgesetzt werden darf und jeder und jede die Freiheit erhalten sollte, sich innerhalb der Traditionen der Gruppe, der man sich zugehörig fühlt, zu bilden und sich in der Gemeinschaft aufgehoben zu fühlen. Soweit dies im Rahmen des Möglichen liegt, ergibt sich daraus ein Anspruch auf Fördergelder, die beispielsweise zum Bewahren regionalen oder im Falle der Migranten mitgebrachten Brauchtums ermutigen. Erstens kann dies den Menschen die Möglichkeit eröffnen, das Leben nach ihren Vorstellungen zu gestalten. Zweitens dient es der eben angesprochenen Vielfalt in den Lebensformen wie im ästhetischen Bereich.

Ferner gehört zum Recht auf kulturelle Identität ein Recht auf Zweisprachigkeit, das bedeutet hier: auf staatlich organisierten und unterstützten zweisprachigen Schulunterricht, welches den Angehörigen von Minoritäten die Integration in die Mehrheitskultur erleichtert, da sie auch mit ihrer Herkunftssprache anerkannt werden. Beide Ansprüche stehen, anders als Schutz- und Partizipationsrechte, unter dem Vorbehalt der Realisierbarkeit: Appiah nennt das Beispiel des einzigen litauischen Immigranten in einer Kleinstadt in Iowa, für den sich schlecht eine Umgebung schaffen lässt, durch die er sich ähnlich zu Hause fühlen kann wie die Bewohner von Chinatown oder Little Italy.[24]

Umstritten ist, inwieweit man kulturellen Minderheiten, das heißt in concreto: Persönlichkeiten, die darin Autorität in Anspruch nehmen, Entschei–dungsbefugnis über ihre Mitglieder einräumt, wenn es ihnen zum Erhalt der kulturellen Identität erforderlich scheint. An Taylor wurde mit einigem Recht kritisiert, wenn er einer Minderheit ihr kollektives Ziel nicht nur ermöglichen, sondern im Zweifelsfall auch gegen die erklärten Wünsche und Rechte der Individuen sichern wolle, verlasse er trotz aller gegenteiligen Beteuerungen den liberalen Konsens, sei es nur durch unerwünschte Konsequenzen seiner Auffassung.[25]

[24] Ebd., 87.

[25] Jürgen Habermas, Anerkennungskämpfe im Rechtsstaat. In: Charles Taylor, *Multikulturalismus und die Politik der Anerkennung*, Frankfurt/M. 1997, 147-196, 174; Benhabib 2005, 42.

Andere Autoren bekennen sich freudig zu dieser antiliberalen Wendung. Patrice Meyer-Bisch dagegen besteht in seiner klaren Analyse der Einwände gegenüber kulturellen Rechten und der Möglichkeiten, diese Rechte zu verteidigen, darauf, dass kulturelle Rechte stets solche des Individuums als Subjekt sind, dass sie jedoch das Objekt eines Anspruches auf Teilhabe an verschiedenen Formen gemeinschaftlicher Tätigkeit religiöser, traditioneller und anderer Art implizieren.[26] In der politischen Praxis sind Maßnahmen, welche die Minderheit stärken und damit ihren Mitgliedern helfen, und solche, die einige Mitglieder in der individuellen Entfaltung behindern, nicht immer leicht zu trennen. Doch sind wir verpflichtet, uns um derartige Differenzierungen zu bemühen, wenn wir es mit dem individuellen Selbstbestimmungsrecht ernst meinen. Entsprechend wird von allen, die liberale Prinzipien mit kulturellen Rechten verbinden wollen, die Freiwilligkeit der Zugehörigkeit und die Notwendigkeit der Förderung für die in manchen Minoritäten Benachteiligten – zumeist die Frauen – betont.[27] Beides scheint jedoch für einige religiöse und ethnische Gruppierungen, genauer: für diejenigen, die behaupten, für diese Gruppen sprechen zu dürfen, eine unannehmbare Bedingung zu sein.

Die Ansprüche, die mit der Forderung nach Wahrung kultureller Identität verbunden sind, vermögen in der liberalen Gesellschaft nicht selten zu irritieren, ja zu verstören. Zum Vorschein kommt die Problematik am deutlichsten im Strafrecht und im Familienrecht. Benhabib listet einige spektakuläre Fälle von *cultural defense* auf, wie Doriane Lambelet Coleman bereits 1996 das Phänomen bezeichnet hatte, dass wegen schwerer Straftaten Angeklagte sich darauf berufen, sie hätten aufgrund ihrer kulturellen Herkunft und Einbindung gar nicht anders handeln können.[28] Eine zumindest zeitweilige Offenheit der Strafjustiz gegenüber derartigen Argumenten führte zu einer gewissen Stabilisierung dieser Tendenz. Die rechtliche und politische Diskussion hält auch in Europa nach wie vor an. Im August 2007 nahm der Bundesgerichtshof in Leipzig den Revisionsantrag der Staatsanwaltschaft gegen ein Urteil des Landgerichts Berlin vom April 2006 im Falle der Ermordung der 23-jährigen Türkin Hatun Sürücü an, die sich nach einer Zwangsheirat von ihrem Mann getrennt und in Berlin eine Lehre angefangen hatte. Die Familie hatte es nach Angaben des jüngsten, zur Tatzeit minderjährigen der drei Brüder des Opfers, der die tödlichen Schüsse abgegeben hatte und dafür etwas mehr als neun Jahre Jugendstrafe erhielt, als Kränkung der Familienehre angesehen, dass die junge Frau wie eine Deutsche lebte. Umstritten

26 Patrice Meyer-Bisch, „Les droits culturels, facteurs du lien politique". In: Lukas Sosoe (ed.), *Diversité humaine. Démocratie, multiculturalisme et citoyenneté*, Laval/Paris 2002, 453-472, 455.

27 Ayelet Shachar, *Multicultural Jurisdictions. Cultural Differences and Women's Rights*, Cambridge (UP) 2001, 38ff., 96ff., 131ff.; Seyla Benhabib 2005, 117ff.

28 Benhabib 2005, 122ff.

war, ob die beiden älteren Brüder wegen Mittäterschaft verurteilt werden konnten, da das Landgericht die Beweise für unzulänglich hielt.[29] Anfang August 2007 gab es in Italien heftigen Streit um ein Urteil der Corte Cassazione, das muslimische Eltern freisprach, die gemeinsam mit ihrem Sohn ihre erwachsene Tochter wegen deren Beziehung zu einem Nicht-Muslim und ihrem nicht mit ihrer Kultur konformen Lebensstil geschlagen hatten.[30]

Der andere rechtliche Schwerpunkt, in dem die kulturelle Identität behauptet und verteidigt wird ist das Familienrecht. Ayelet Shachar schlägt vor, in diesem Bereich die Zuständigkeiten und rechtlichen Befugnisse zwischen den staatlichen Stellen und den traditionellen Autoritäten aufzuteilen. Sie hofft dadurch einerseits einem „reactive culturalism", also dem Rückzug von Migrantengruppen auf vermeintliche oder tatsächliche Traditionen und eine damit verbundene Abschließung nach außen, vorbeugen[31] und andererseits zur Transformation traditioneller hierarchischer Strukturen beitragen zu können[32], wobei sie auf den wandelbaren Charakter rechtlicher wie kultureller Inhalte Wert legt[33]: Beides kann aufeinander zu bewegt werden, etwa wenn es um Fragen der Ehescheidung, der Vererbung etc. geht. Daran wurde kritisiert, dass auf diese Weise die Suggestion klarer Grenzen zwischen den Kulturen aufrecht erhalten bleibe, dass eine „Refeudalisierung des Rechts" befördert werde und eine Art „multi-kultureller kalter Krieg"[34] ausgelöst werden könne.

Seit längerem wird jedoch bezweifelt, dass die soziale Welt sich in säuberlich getrennte Kulturen aufteilen lässt.[35] Mehr noch, falls es innerhalb einer Gesellschaft gelingen sollte, derartige Trennungen ins Werk zu setzen, so wäre dies höchstens ein Zeichen pathologischer Entwicklung. Angesichts der unsicheren, oft umstrittenen Zugehörigkeitskriterien ist obendrein keineswegs klar, wer sich erlauben darf im Namen einer Kultur, oder auch nur im Namen einer bestimmten kulturellen Minderheit zu sprechen. Die Personen, die von den staatlichen Behörden oder in den Medien, etwa in Talkshows, als Sprecher derartiger Minderheiten akzeptiert werden, besitzen oftmals keine demokratische Legitimation.

Im Normalfall ist eine Kultur ein viel zu unbestimmter Gegenstand, um zur Abgrenzung individueller oder kollektiver Identität tauglich zu sein. Nicht selten wird jedoch in Minderheiten ein erheblicher sozialer Druck, bis hin zum Drohpotential aufgebaut, um eine derartige Abgrenzung aufrecht zu erhalten und damit

29 *Tagesspiegel*, 28. 8. 2007.

30 *La Repubblica,* 3. 8. 2007.

31 Shachar 2001, 35f.

32 Ebd., 119ff., 131ff.

33 Ebd., 90.

34 Benhabib 2005, 172.

35 Jeremy Waldron, „Minority Rights and the Cosmopolitan Alternative". In: Will Kymlicka (ed.), *The Rights of Minority Cultures*, Oxford 1995, 93-119, 105.

Privilegien einzelner exponierter Vertreter oder von Statusgruppen zu sichern. Häufig versuchen auch die in der ökonomischen Realität scheiternden männlichen Gruppenmitglieder ihren sozialen Status durch repressive Maßnahmen gegen die weiblichen Angehörigen der Minderheit zu erhalten.

Viele, wenn nicht die meisten Menschen gehören jedoch zugleich mehreren Kulturen an, sei es ethnischer, religiöser, sozialer, Klassen gebundener, regionaler, intellektueller oder sonst welcher Art. Und normalerweise gibt es keine eindeutige Präferenzordnung, wie sie vor einigen Jahren ein Krieger aus Kandahar äußerte, der meinte, er sei seit hundert Jahren Afghane, seit dreizehnhundert Jahren Muslim und seit dreitausend Jahren Paschtune. Anders könnte sich etwa eine liberale französische Feministin jüdischen Glaubens eher als Jüdin denn als Französin fühlen, wenn es um die Unterstützung für Israel geht, eher als Französin, wenn ihr Land von anderen Feministinnen nach ihrer Meinung ungerecht kritisiert wird, aber dann doch eher als Feministin, wenn sie meint, auch jüdische Frauen vor dem Machismo ihrer Ehemänner schützen zu müssen. Nicht selten wird sie, oder werden Menschen in vergleichbaren Situationen auch in innere Konflikte geraten. Ein ähnliches Beispiel wird von Amartya Sen gegeben.[36]

Kymlickas Versuch, diesem Problem durch eine Differenzierung zwischen verschiedenen Arten von Kulturen zu entgehen, konnte nicht allgemein überzeugen. Er will bestimmten, in Kanada meist indigenen Minderheiten besondere Rechte als Gruppe zugestehen, anderen, wie den Homosexuellen, aber auch verschiedenen Migrantengruppen hingegen vorenthalten. Er bezieht sich dabei auf Rechte der Gruppe als Ganzes, die sich durchaus gegen einzelne Mitglieder derselben wenden können, und rechtfertigt ihre angebliche Notwendigkeit ohne Rückgriff auf die Rede von Nation mit dem Schutz jener besonderen, „sozietalen" oder „Gesellschaftskulturen". „Die Teilhabe an derartigen gesellschaftlichen Kulturen erschließt ein Repertoire sinnhafter Lebensmuster, die den gesamten Bereich menschlicher Tätigkeiten abdecken...".[37] Seyla Benhabib bezweifelt, dass es überhaupt „Gesellschaftskulturen" gibt.[38] Nach Daniel Weinstock vermögen Kymlickas Unterscheidungskriterien genau das, was sie leisten sollen, nicht zu erreichen, weil sie auf dem Übertreiben vorhandener Unterschiede und dem Ausblenden von Zwischenstufen basieren und die von Kymlicka zugleich geforderte Entwicklung zur autonomen Persönlichkeit möglicherweise bei einigen kanadischen Einwanderergruppen eher gefördert wird als bei manchen indigenen Kulturen.[39]

36 Amartya Sen, *Identity and Violence. The Illusion of Destiny*, New York/London 2006.

37 Will Kymlicka 1999, 22.

38 S. Benhabib, *Kulturelle Vielfalt und demokratische Gleichheit*, Frankfurt/M. 1999, 50, 74, vgl. Carolin Emcke, *Kollektive Identität*, Hamburg 2000.

39 Daniel Weinstock, „Kymlicka, Collective Rights and the Problem of Inclusion". In:

Die häufige mehrfache Zugehörigkeit zu Gruppen mit je eigenen Verhaltensregeln führte zu einer Tendenz, den Begriff der Kultur ganz aus der wissenschaftlichen und politischen und rechtlichen Rede entfernen zu wollen, als unklaren, inhaltsleeren Begriff. Andererseits haben wir durchaus gelernt, das Wort „Kultur“ trotz seiner Vagheit in sehr unterschiedlichen Kontexten zu verwenden und wissen recht genau, dass es sich um etwas sehr Verschiedenes handelt, je nachdem, ob wir von den präkolumbianischen Kulturen Mittelamerikas sprechen und oder von der türkischen Gegenwartskultur oder von der Schwulenkultur, die es vielleicht in Russland oder im Iran nicht gibt, oder der Weinkultur in der Campagna. Wir können notfalls in vager Weise auch von der westlichen, der mediterranen und der islamischen Kultur, der Kultur der Paschtunen, der Azande oder der Nuer sprechen, wenn wir uns klar sind, dass es sich dabei nicht generell um einander ausschließende, fest gefügte Gebilde mit eindeutiger Zuordnung handelt.

Wir können darüber hinaus berücksichtigen, dass Migranten oder andere Minderheiten in einer für sie fremden Welt das Verlangen haben, auch mit ihren andersartigen Gewohnheiten, deren Summe gleichfalls als Kultur bezeichnet werden mag, respektiert und angenommen zu werden, dass sie ferner das Bedürfnis haben, wesentliche Teile ihrer Überzeugungen aufrecht zu erhalten. Es ist sicherlich nützlich und wichtig, angesichts der Vielfalt von Minoritätenproblemen überall auf der Welt die Rechte aller Menschen auf die Suche nach dem guten Leben in Übereinstimmung mit kulturellen Traditionen anzunehmen, so lange die anderen Rechte davon nicht beschädigt werden. Da ist allerdings wichtig, dass die Gruppenzugehörigkeit durchlässig bleibt, dass man sich weder gegen neue Mitglieder abschottet, noch den Wunsch von Mitgliedern, die Gruppe zu verlassen, wenn sie sich benachteiligt fühlen, ignoriert oder sogar verfolgt. Eine eigene Generation von Menschenrechten, die über die Persönlichkeitsrechte und die sozialen Rechte in der Weise hinausgehen, dass sie davon logisch unabhängig sind, scheint dazu nicht erforderlich.

Matthias Kaufmann (Hg.), *Integration oder Toleranz? Minderheiten als philosophisches Problem*, Freiburg/München 2001, 160-169.

Rainer Tetzlaff

Menschenrechte und Modernisierung in Afrika – auf dem Weg zu universell akzeptierten Ethiknormen“

1. Einleitung: Afrika südlich der Sahara – bisher ein Verlierer der Modernisierung

Afrika stellt sich heute als ein vielfältig fragmentierter Kontinent dar, der sich angesichts wachsender Armut und sozialer Ungleichheit nach einer Phase der enttäuschten Modernisierungserwartungen in einer gewaltträchtigen Umbruchphase befindet. Sie macht die intensivierte Suche nach einer globalisierungstauglichen Neuorientierung notwendig. Was auf globaler Ebene als *„zweite internationale Balgerei“* um Afrikas Rohstoffe wahrgenommen wird, diesmal unter Einschluss asiatischer Rohstoffjäger (wie China, Indien, Südkorea), stellt sich auf gesellschaftlicher Ebene dar als Ringen unterschiedlicher sozialer Gruppen um eine zukunftstaugliche, globalisierungsfähige Staats- und Gesellschaftsform, die den Makel des Modernisierungsverlierers abgestreift hat. „Kulturelle Identität, Tradition und Modernität bilden ein Spannungsfeld, das immer wieder neu durchdacht werden muss“[1] Dabei spielt auch das Recht – die Rechtskultur einzelner Länder – eine wichtige Rolle als Medium der Spannungsbewältigung. Denn Globalisierung erhöht die Mobilität von Menschen und schafft neue Begegnungsräume von Menschen unterschiedlicher Herkunftskulturen – vor allem in Afrikas schnell wachsenden Mega-Cities, in deren Slum-Vierteln nicht selten das Faustrecht regiert.

Grundsätzlich sind afrikanische Rechtskulturen fluide pragmatisch gehandhabte Hybridsysteme – also eine nicht genau fixierte und kontextabhängige Mischung von mindestens vier sich überlappenden *Rechtssystemen*, die unterschiedliche historische Erfahrungen und Präferenzen widerspiegeln. Sie begründen unterschiedliche Handlungslogiken und können daher in Zielkonflikte miteinander geraten. So stehen die lokalen ethnischen Rechtstraditionen, die vor allem Familien- und Geschlechterbeziehungen regeln (*customary law*)[2], neben den aus

1 Köhler 2009, 297.

2 Manfred Hinz hat am Beispiel der ethnischen Völker von Namibia aufgezeigt, welche Bedeutung heute noch Chiefs haben, wenn es um die Regelung von ökologischen oder landwirtschaftlichen Fragen der Gemeinschaften geht, in denen „customary law, praktiziert wird. Beachtlich ist der Befund, dass ‚customary law, nicht starr ist, sondern sich auch neuen Herausfiorderungen anpassen kann, Hinz 2010.

der Kolonialzeit stammenden nationalen Rechtssystemen, denen die Leitvorstellung von egalitären Staatsbürgerrechten zugrunde liegt – wenigstens in der Theorie der geschriebenen Verfassung. Die Pluralität der normbildenden Orientierungsangebote für den Bürger erhöht sich ferner durch die Existenz *transnationaler* Akteure, die wegen ihrer materiellen Verlockungen (Geld, Jobs, Stipendien) oftmals von starker Anziehung sind. Zu ihnen gehören NGOs, politische und karitative Stiftungen und vor allem die christlichen Kirchen und protestantischen Sekten sowie – last not least – die muslimischen Missionen.

Vor allem die *Scharia* ist in vielen multireligiösen Ländern Afrikas auf dem Vormarsch und erfreut sich steigender Beliebtheit in verunsicherten, kulturell fragmentierten Gesellschaften wie beispielsweise in Nigeria, Sudan, Tansania und Äthiopien. In der „riskanten Moderne“[3], in der der Entwicklungsstaat oftmals nur noch als schwach und kriminell wahrgenommen wird, bietet die Scharia Einigen ein klares Gerüst von Geboten und Verboten, ebenso wie die basisnahen Pfingstkirchen protestantischer Herkunft andere Menschen anziehen.

Und schließlich ist noch – viertens – die Verbreitung internationaler Ethiknormen mit universellem Geltungsanspruch zu beachten. – das sind „missionsunbedürftige“ positive Erfahrungen[4], die sich in den Rechtsnormen Demokratie, Rechtsstaatlichkeit, Geschlechtergleichheit, Solidarität mit sozial Schwachen und allgemein in den naturrechtlich begründeten Menschenrechten der Vereinten Nationen niedergeschlagen haben. Bei diesem Prozess der Herausbildung einer Normen geprägten „Weltkultur“ hat die UNESCO mit ihren Lehrerbildungsprogrammen in allen Kontinenten einen erheblichen Beitrag zur Modernisierung geleistet[5]

Unter *Modernisierung* soll hier der Typus eines gemeinhin als Fortschritt definierten umfassenden gesellschaftlichen Wandels verstanden werden, der seinen Ursprung in der industriellen Revolution Englands und – in politischer Hinsicht – in der Französischen Revolution von 1789 hat.[6] Sichtbar und messbar wird Modernisierung durch Transformationsprozesse wie Urbanisierung, Industrialisierung und Rationalisierung von Herrschaft, ferner durch formale breitenwirksame Bildung sowie durch politische Mobilisierung der Bevölkerung. Letzteres führt zur Schwächung traditioneller Eliten und ihrer Legitimationsmuster. Nach *Max Weber* bewirkt gelungene Modernisierung die Ablösung personaler, charismatischer und traditionaler Herrschaftsmuster durch rationale Methoden und Institutionen staatlicher Behörden, was idealiter einhergeht mit dem Wandel von der Statusgesellschaft zur Leistungsgesellschaft. Unter Globalisierungsbedingungen jedoch werden solche Prozesse des sozialen und politischen Wandels nicht

3 Nolte 2002.
4 Lübbe, Die Zivilisationsökumene.
5 Meyer 2005; Nolte 2007.
6 Siehe auch Beck 2004, 460.

mehr in der klassischen Weise ablaufen, sondern vielmehr kontextabhängige Mischformen hervorbringen.[7] Die gegenwärtigen Umbruchprozesse in den Ländern Nordafrikas und des Nahen und Mittleren Ostens illustrieren diese kulturspezifisch geprägte Aneignung universeller Normen der Demokratie.

Diese Andeutungen mögen hier genügen, um ein komplexes Phänomen universeller Reichweite zu umreißen, das sich auf regional ganz unterschiedlichen Bahnen realisiert. Vorab kann festgehalten werden, dass Modernisierungsprozesse auch in afrikanischen Gesellschaften seit hundert Jahren mehr oder weniger intensiv (oftmals nur partiell oder oberflächlich) im Gange sind. Deren Ergebnisse in emanzipatorischer Hinsicht sind aber eher als bedenklich bis negativ zu bezeichnen: Sozialwissenschaftler sprechen von *Modernisierung ohne Entwicklung.*[8] Damit ist ein von außen induzierter Veränderungsprozess gemeint, der zur teilweisen Auflösung oder gar Zerstörung bestehender Verhältnisse geführt hat, ohne dass gleichzeitig aus den Ruinen (im Schumpeterschen Sinne) neue Wachstum generierende, nachhaltig funktionierende Institutionen erwachsen wären. Personenkult und Staatszerfall, ethnische Konflikte und kleptokratische Misswirtschaft, okkulte Praktiken und religiöse Sekten sind Anzeichen dafür, dass es in manchen Teilen der afrikanischen Gesellschaftswelt noch nicht zum nachhaltigen Modernisierungsdurchbruch gekommen ist – vergleichbar mit den erfolgreichen Schwellenländern Asiens oder Lateinamerikas. Diese kulturellen Praktiken sind nicht als Übergangsphänomene zu verstehen, die mit gelungener Modernisierung ganz verschwinden würden: vielmehr begleiten und erleichtern sie auf individueller Ebene die Erfahrung des *„dis-embedding“,* des aus den Federn Gerissen Werdens – was als eine passende Metapher für die individuelle Wirkung von Globalisierung erscheint.

2. *Besonderheiten afrikanischen Verständnisses von Menschenrechten: die Banjul-Charta*

Im Juni 1982 wurde von den Regierungen der (damals 53) afrikanischen Staaten die *Afrikanische Charta der Menschenrechte und Rechte der Völker* verabschiedet. Ihre Ausarbeitung fand in der Hauptstadt des Zwergstaates Gambia statt und wird deshalb häufig *Banjul-Charta* genannt. Sie trat am 21. Oktober 1986 in Kraft, nachdem die Hälfte der Staaten der Organisation für Afrikanische Einheit (OAU) sie ratifiziert hatte. Die Charta orientiert sich nicht an der Europäischen Menschenrechtskonvention von 1950, sondern an der Allgemeinen Erklärung der Menschenrechte der Vereinten Nationen von 1948. Sie enthält somit ein klares Bekenntnis zur universellen Gültigkeit der Menschenrechte, die sich – so heißt es in der Präambel – „aus den dem Menschen innewohnenden Eigenschaften her-

7 Siehe im einzelnen Tetzlaff 2008a, 2008b und 2010.

8 Näheres bei Boeckh/Sevilla 2007.

leite, was ihren nationalen und internationalen Schutz rechtfertigt". Verbunden damit ist die Erwartung, dass „afrikanische Tradition und die Werte der afrikanischen Zivilisation" gebührend „berücksichtigt" würden[9].

Aus der afrikanischen Menschenrechtscharta lassen sich *drei Besonderheiten* herauslesen. Die erste Besonderheit bezieht sich auf den Gedanken, dass der Mensch nicht nur individuelle und kollektive Rechte hat, sondern in besonderer Weise auch *Pflichten* gegenüber der Gemeinschaft, deren Wohl er zu mehren hat. Die „Verpflichtung zur Solidarität" (Art. 10) ist der Kerngedanke von Art. 29, der ausführt, dass der Einzelne die Pflicht hat, „die harmonische Entwicklung der Familie zu schützen und für den Zusammenhalt und die Achtung der Familie zu arbeiten; seine Eltern jederzeit zu achten und sie zu unterhalten, wenn sie bedürftig sind". Dies ist ein schöner Gedanke mit einer langen geschichtlichen Tradition: Der Begriff *Assabiya,* die altarabische Stammes-Solidarität, spielt im Werke des arabischen Zivilisationstheoretikers Ibn Khaldun (im 14. Jahrhundert) eine zentrale Rolle. Und von dem englischen Sozialanthropologen Ernest Gellner ist *Assabiya* als Wesenselement der islamischen Geschichte neu gedeutet worden[10]. Was bei Afrikanern und Muslimen die ethisch-religiöse Norm der *Solidarität* mit der Gemeinschaft bedeuten mag, – dem entspricht bei erfolgreich modernisierten westlichen Industriegesellschaften die ethische Norm des *Vertrauens*, auch gegenüber Fremden und gegenüber staatlich geschützten Institutionen, als grundlegend für den eigenen Fortschritt. Ohne verlässliche Institutionen keine Entwicklung.

Zweitens spricht die Banjul-Charta auch von der Pflicht, der nationalen Gemeinschaft zu dienen und Steuern zu zahlen sowie die afrikanische Einheit zu fördern. In Art. 29, Absatz 7 kommt das besondere afrikanische Rechts- und Moralverständnis zum Ausdruck, das den Einzelnen als Teil einer Solidargemeinschaft begreift: „Jedermann hat die Pflicht ..., im Verhältnis zu anderen Mitgliedern der Gesellschaft „positive afrikanische kulturelle Werte im Geiste der Toleranz, des Dialogs und der Zusammenarbeit zu bewahren und zu stärken und, allgemein ausgedrückt, zur Förderung des sittlichen Wohlbefindens der Gesellschaft beizutragen".

Diese Pflichten stellen eine Art Gegenleistung für die gewährten Rechte dar, womit sich eine Differenz zwischen afrikanischer und westlicher Weltanschauung auftut: nach europäischer Auffassung sind Menschenrechte strenggenommen nicht an *Menschenpflichten* als Voraussetzung zur Gewährung gebunden, sondern kommen jedem menschlichen Wesen unabhängig von seinen Leistungen und Verdiensten zu. Diese revolutionär zu nennende Imagination – auch der

9 Abgedruckt in Tetzlaff 1993, 281f; vgl. auch Bielefeld 1998 und Sandkühler 2011 (in diesem Band).

10 Nach Georg Stauth 2001, 149.

Schwerverbrecher, der Schurke, hat eine zu schützende Menschenwürde und darf z.B. nicht gefoltert werden – ist im vorkolonialen und vormodernen Afrika ein eher fremder Gedanke, was gut nachvollziehbar ist: Wo in einer ständig von außen bedrohten Welt – Stichworte Sklavenjagden, Raubkriege, Ressourcenkonflikte – das nackte Überleben einer ethnischen Gemeinschaft das oberste Gebot der kollektiven Vernunft ist, sind die Bedürfnisse und Rechte des Einzelnen dem Wohl aller untergeordnet. Solche Rechte gelten also nicht absolut, sondern sind sozial eingebettet und somit *kontextabhängig*.

Dieser Befund gilt übrigens nicht nur in Afrika, sondern ist wohl in allen *vormodernen* Gesellschaften anzutreffen, die sich im Umfeld von allgemeiner Unsicherheit und unter Verzicht auf die Friedensfunktion des modernen Rechtsstaats behaupten müssen. Dass sich die ethischen Dimensionen des afrikanischen Menschrechtsverständnisses nach der Wahrnehmung realer Lebensbedingungen ausrichten, findet seine logische Entsprechung in den prosperierenden Industriegesellschaften der Moderne: Hier gilt umgekehrt, dass nach der Herausbildung des modernen Rechtsstaates dem Einzelnen kraft seiner menschlichen Würde ein exzeptionell hoher Stellenwert beigemessen wird: Die *Selbstbegrenzung staatlicher Macht* durch eine ethische Norm wie die in unserem Grundgesetz „die Würde des Menschen ist unantastbar" ist die faszinierende Vorstellung einer modernen Gesellschaft, die auf den Erfahrungen des Humanismus, der Aufklärung und der Säkularisierung aufbauen konnte.[11] Hier handelt es sich nicht um Teilhaberechte, sondern um ein Menschenrecht der Kategorie der Ausgrenzungs- und Abgrenzungsrechte des Einzelnen gegenüber dem Staat. Dies muss im fragilen Milieu afrikanischer Städte eher auf Skepsis und Unverständnis stoßen, ist doch hier die Konsolidierung staatlicher Macht bzw. die Abwehr des schleichenden Staatszerfalls aus Mangel an Vertrauen in öffentliche Einrichtungen von alarmierender Dringlichkeit.

Besondere Achtung verdient drittens der Hinweis in der Banjul-Charta auf die *„positiven afrikanischen kulturellen Werte"*. Es ist viel darüber gerätselt worden, ob sich solche afrikanischen Spezifika eindeutig benennen ließen. Nach sechzig Jahren postkolonialem Diskurs lässt sich wohl sagen, dass aus der Praxis, wie die Mehrheit der afrikanischen Länder auf die Herausforderungen der Moderne reagiert hat, sich gewisse typische Verhaltensweisen von sozialen Klassen ablesen lassen. Es wird immer afrikanische Intellektuelle wie auch nicht-afrikanische Sozialwissenschaftler geben, denen solche Diskurse über Werte unheimlich sind, weil sie einen rassistischen oder kulturalistischen Beigeschmack annehmen können. Hinzukommt, dass sich Verallgemeinerungen über menschliches Verhalten leicht verdächtig machen, Klischees und Vorurteile zu transportieren. Dagegen ist aber ins Feld zu führen, dass theoriegeleitete Sozialwissenschaft ohne den Mut zur Verallgemeinerung von an vielen konkreten Einzelfällen gewonnenen

[11] Vgl. auch Schnädelbach 2010, 135.

Erkenntnissen nicht wirklich fruchtbar werden kann. Und die so genannte *„kulturelle Wende"* in den Sozialwissenschaften hat doch unser wissenschaftliches Verständnis von den oftmals verhüllten Motiven und inneren Antriebskräften politisch Handelnder enorm erweitert, – Irrtum immer mit eingeschlossen.[12] Im Zeitalter beschleunigter Globalisierung, in dem sich Menschen unterschiedlicher Herkünfte wie nie zuvor rasch und häufig und intensiv begegnen, wird tiefgründiges kulturelles Wissen über Andere zur unabdingbaren Voraussetzung für Empathie, Toleranz und Respekt – die notwendigen Bausteine für eine friedensfähige Weltgesellschaft der Zukunft.

Globalisierung erzeugt mit den neuen Chancen und Risiken oftmals auch – wie schon erwähnt – die Erfahrung des individuellen *disembedding* – d.h. das Gefühl, aus der gewohnten Verankerung herausgerissen zu werden, aus dem heimelig warmen Bett geworfen zu werden. So ist nach 1989 die verstärkte Suche nach inneren Haltepunkten (wie Ralf Dahrendorf dargelegt hat) oder nach kommunikativer Rückbindung – sei es im Religiösen, sei es im Ethnisch-Kulturellen oder sei es im Magischen – zum Charakteristikum unserer Zeit geworden.[13] Dass solche Prozesse in besonderem Maße auch im sub-saharischen Afrika sichtbar werden – bisher der materielle Verlierer der Globalisierung – kann nicht verwundern. Afrika stellt 12% der Weltbevölkerung, aber nur 1-2% des Bruttosozialprodukts in der Welt, und genauso gering ist sein Anteil an den Exporten der Welt: 1,5%. Im Vergleich dazu boomen Afrikas neue Handelspartner, allen voran die Volksrepublik China, die in eineinhalb Jahrzehnten ihr Handelsvolumen von einer Milliarde Dollar (1992) auf 106,8 Milliarden Dollar (2008) verhundertfacht hat.[14]

Auf diese *neue ökonomische Asymmetrie* in den Süd-Süd-Beziehungen gibt es in Afrika eine Vielzahl von länder- und gruppenspezifischen Reaktionen, je nach kultureller Selbstverortung, sozialem Milieu, erreichtem Bildungsstand und Zugang zu modernen Institutionen. So gibt es neben den begeisterten Anhängern westlicher Werte auch nicht weniger begeisterte Traditionalisten, Fundamentalisten, Migrationswillige, „radikale Verlierer" der Globalisierung und schließlich auch „rationale Verweigerer", die sowohl den Versuch der Anpassung an globale Modernisierungspostulate wie auch die aktive Auflehnung gegen Globalisierung als zwecklos ablehnen.[15] Im Folgenden soll vor allem die Gruppe der Magier, Hexer und Heiler in die Betrachtung einbezogen werden, die in einer alternativen Welt des Okkulten Zuflucht suchen.

12 Tetzlaff 2008b; Tetzlaff 2008a; Hanf 2009.
13 Gutmann/Gutwald 2005.
14 Grill 2010, 27.
15 Näher ausgeführt in Tetzlaff 2008, 36-38.

3. Afrikanische kulturelle Werte: der Anspruch auf Differenz

Wenn hier von *Kultur* die Rede ist, so sei damit auf den erweiterten Kulturbegriff des britischen Ethnologen Edward Tylor verwiesen: „Kultur ist jenes komplexe Ganze, das Wissen, Glaube, Kunst, Moral, Sitte und Brauch und alle anderen Fähigkeiten und Gewohnheiten einschließt, die der Mensch als Mitglied der Gesellschaft erworben hat".[16] Dass Kultur dabei in einem gewissen Gegensatz zu Globalisierung geraten kann, ist eine weit verbreitete und durchaus berechtigte Befürchtung. In diesem Zusammenhang kann Kultur als das verstanden werden, „was sich als soziale Ordnung bedroht sieht und als erhaltenswert darstellt".[17] Hinzu kommt heute aber die Betonung der Tatsache, dass der heutige Zeitgenosse mehr als eine kulturelle Identität aufzuweisen hat: zu recht spricht man von ‚multiplen Identitäten', Damit ist die Gleichzeitigkeit der Gültigkeit von unterschiedlichen Werten und Orientierungshilfen gemeint, die als subjektiv angeeignete Realitäten die komplexe Existenz eines Menschen bestimmen.

Immer wieder haben afrikanische Intellektuelle gewagt, etwas Allgemeines über afrikanische Werte oder die afrikanische Kultur, die afrikanische Weltanschauung auszusagen. So ist immer wieder behauptet worden, dass „das Band zwischen Religion und Gesellschaft" auf dem afrikanischen Kontinent vergleichsweise stark sei. Der 1993 verstorbene Präsident der Elfenbeinküste, der Katholik *Félix Houphouet-Boigny*, hat einmal gesagt: „Vom Erzbischof bis zum kleinsten Katholiken, vom großen Medizinmann bis zum kleinsten Muslim, vom Pastor bis zum kleinsten Protestanten haben wir alle eine animistische Vergangenheit".[18] Mit dem Hinweis auf den *„Animismus"* war wohl gemeint, dass die Seelen der verstorbenen Ahnen dem Afrikaner in seinem Gegenwartsbewusstsein präsent sind, dass ferner magische Verwünschungen, Amulette und Opfer für die Ahnen Bestandteile einer Alltagskultur sein können, die Menschen dabei helfen, mit den Zumutungen des Kolonialismus oder heute des modernen Lebens zurecht zukommen.[19]

Solche keineswegs als „irrationell" abzuqualifizierenden Praktiken sind vielfach empirisch belegt und von afrikanischen Filmemachern beeindruckend ins Bild gesetzt worden; ich interpretiere sie als mitunter nützliche Strategien des innerlich wie äußerlich verunsicherten Menschen zur Bewältigung von Angst oder zur Gewinnung von Trost und Heimat. – kurzum eine individuell rationale Antwort auf das oben beschriebene *disembedding*. Dabei nutzen Afrikaner die Jahrhunderte alte Tradition der *Weisheitslehrer*, die kollektive Erfahrungen von Ethnien oral tradieren und oftmals in Form von Orakeln oder Sprichwörtern an

[16] Nach C. Lenz 2001, 323.

[17] Dirk Baeker, zit. nach Rieger/Leibfried 2004, 54.

[18]. Nach Etounga-Manguelle 2002, 106.

[19] Africa Writes Back, 2008.

Ratsuchende weitergeben.[20] Ein solches lautet etwa: „Wer aus dem Brunnen nach oben schaut, sieht nur einen Teil des Himmels“.

4. Die Negritude-Philosophie

Ein weiterer Versuch, ein Spezifikum der afrikanischen Rechtskultur und Weltanschauung auf den Begriff zu bringen, stellt die *Négritude*-Bewegung der 60er Jahre des vorigen Jahrhunderts dar – wie der bis heute beliebte Mythos *Panafrikanismus* eine bewusste Reaktion auf rassische Diskriminierung durch transatlantischen Sklavenhandel und europäischen Kolonialismus. Die *Négritude* als Aufforderung, sein Bewusstsein, schwarz zu sein, zu kultivieren, d.h. in den Worten ihres Schöpfers Aimé Césaire aus Martinique, „sein Schicksal, seine Geschichte und seine Kultur auf sich zu nehmen“, ohne dabei andere Völker abzulehnen oder auszuschließen. Die Studenten aus der Karibik und aus dem frankophonen Afrika lehnten die damalige Kolonialpolitik der Assimilation ab, weil sie darin die von ihnen geforderte Leugnung ihrer Identität als Schwarze erkannten. *Négritude* hingegen fördert durch Pluralismus die Menschlichkeit und das Zusammenleben mit anderen Völkern. Populär geworden ist die *Négritude*-Philosophie durch den ersten Präsidenten des unabhängig gewordenen westafrikanischen Staates Senegal, *Leopold Senghor*. Er begriff sie nicht als Ausdruck von Rassismus, sondern als die spezielle Art von schwarzen Menschen, den Kosmos zu erfassen. Während Aimé Césaire die Vermischung der Rassen und Kulturen strikt ablehnte, – aus Angst vor Identitätsverlust –, förderte und forderte Leopold Senghor das, was wir heute *Hybridkultur* nennen, in der richtigen Erkenntnis, dass alle Völker im Laufe von Jahrtausenden durch Wanderung und Mischung gewordene Produkte von Interkulturalität sind. Senghor vertrat die Ansicht, dass sich die afrikanische Kultur von der europäischen im Wesentlichen durch den Gegensatz Kollektiv versus Individuum prinzipiell unterscheidet: Er nannte dabei *vier Merkmale* der afrikanischen Weltanschauung:

1. Vorrang der *intuitiven Vernunft* als Erkenntnismittel vor der rationalen Erkenntnis, Erkenntnis durch Anteilnahme bei den ‚Negro-Afrikanern';
2. Dialektik im Sinne eines *pluralen Dialogs;*
3. Afrikanische Weltanschauung sei *Religion*: sie wird in der Praxis erlebt; die Spiritualität spielt eine große Rolle im Leben des Menschen;
4. Humanismus, und zwar ein *Humanismus*, der weniger individuell, sondern mehr sozial, weniger technisch, sondern mehr kulturell bestimmt sei.[21]

Soweit dieses Konstrukt beansprucht, *essentielle* Aussagen über afrikanische Völker enthalten zu wollen, ist es nach heutiger Erkenntnis als unwissenschaft-

[20] Kimmerle 2001, 686.
[21] Nach Gerd-Rüdiger Hoffmann 2001, 687; Georges Ngal 2001, 444.

lich abzulehnen. Der Kulturbegriff lässt sich vor berechtigter Kritik nur dann bewahren, wenn Kultur als Ensemble von Eigenschaften, Institutionen und Verhaltensweisen einer Gemeinschaft verstanden wird, die grundsätzlich wandelbar, lernfähig und offen gegenüber anderen Menschen ist. Daher repräsentieren Senghor und die Negritude-Anhänger nur einen (gefährlichen) Pol der afrikanischen Debatte über afrikanische Identität und Kultur, weil dieser *Differenz-Ansatz* das Trennende zwischen Menschen auf Dauer zu stellen beansprucht oder dafür missbraucht werden kann. Eine andere, neuere Variante des Ringens um afrikanisches Selbstverständnis repräsentieren diejenigen, die zwar auch von afrikanischen Werten und Eigenschaften sprechen, diese aber nicht romantisieren, sondern sie als schädlich, weil entwicklungshemmend abqualifizieren, und deshalb zu Modernisierungs-Reformen im Sinne der Anpassung an universelle Normen ermuntern.

5. Etounga-Manguelle – Selbstkritik und ein afrikanisches Plädoyer für „kulturelle Anpassung" an Modernität

Zu den bekanntesten Kritikern des Differenz-Ansatzes gehört der Kameruner *Daniel Etounga-Manguelle*, der als ehemaliger Mitglied des Stabs afrikanischer Berater bei der Weltbank und Präsident einer westafrikanischen Entwicklungsgesellschaft (mit über 50 Entwicklungshilfeprojekten) die These von der kulturellen Anpassungsnotwendigkeit Afrikas in die Welt getragen hat. In dem weit verbreiteten Reader *„Culture Matters"* – auf Deutsch unter dem Titel „Streit um Werte" erschienen – behauptet er, dass es in Afrika trotz seiner kulturellen Vielfalt und der großen Zahl von Subkulturen „ein Fundament von gemeinsamen Werten, Einstellungen und Institutionen" gäbe, das die Nationen südlich der Sahara, und in vieler Hinsicht auch die nördlich von ihr, miteinander verbinden würde.[22] *Etounga-Manguelle* gibt zu bedenken, dass sich die afrikanische Kultur letztlich allen Systematisierungsversuchen entziehen würde und dass daher nur eine ungefähre Vorstellung von den kulturellen Wirklichkeiten seines Heimatkontinents zu vermitteln sei. Unter dem Gesichtspunkt der Tauglichkeit für Modernisierung und 'Entwicklung' (im Sinne der Weltbank) nennt er *neun entwicklungshemmende Eigentümlichkeiten*, von denen hier sieben aufgegriffen und kommentiert werden sollen. Bei aller einseitigen Pointierung der Schattenseiten seiner eigenen Herkunftskultur kann *Etounga-Manguelle* doch einen heuristisch nützlichen (wenn auch keineswegs singulären) Zugang zu den widersprüchlichen Realitäten des heutigen Afrika eröffnen.

1. Eine viel zu große *hierarchische Distanz* zwischen den Mächtigen und Reichen oben und den Armen unten, was eine Gesellschaft immobil macht.

22 Etounga-Manguelle 2002, 105.

Gleichzeitig herrscht eine folgenreiche Konfliktscheu vor: „Differenzen, die sonst die Grundlage des sozialen Lebens sind, werden entweder nicht wahrgenommen oder aber ignoriert, um den Schein eines sozialen Zusammenhalts aufrechtzuerhalten“.[23]

Öffentlich artikulierte und rechtsstaatlich regulierte Konflikte sind heutzutage – wie Modernisierungsforscher gezeigt haben – eine zentrale kulturelle Errungenschaft und Grundlage für die regulierte Lernfähigkeit einer Gesellschaft. Durch die *Demokratisierung* einiger afrikanischer Gesellschaften sind hierbei bereits wichtige Fortschritte erzielt worden – ich denke vor allem an die Gruppe von ca. acht ‚good performance'- Länder, darunter Mauritius, Botswana, Mali, Ghana, Benin, Senegal, Mosambik und Tansania. Hier sind auch unter Armutsbedingungen bereits erhebliche Fortschritte in Richtung auf einen demokratischen Rechtsstaat mit einem Mehrparteiensystem gemacht worden.

Allgemein aber gilt, dass die massive Armut im sub-saharischen Afrika – die sich in den vergangenen zehn Jahren kaum abbauen ließ – *Millennium Development Goals* hin oder her –, die gesellschaftlichen Chancen für die Befolgung der zivilen Menschenrechte drastisch eingeschränkt hat. Die Realisierung der zivilen Rechte wie auch des *Menschenrechts auf soziale Sicherheit* (Art. 22 der AEMR von 1948) etwa wird massiv durch die politischen und wirtschaftlichen Rahmenbedingungen in der Mehrzahl afrikanischer Länder eingeschränkt.[24] Das ist in erster Linie das Ergebnis einer ungerechten internationalen Wirtschafts- und Agrarmarktordnung mit einer global gewordenen Konsumstruktur, die Hunger und soziale Ungerechtigkeit in den Randzonen eher zementiert als abbaut. Armut ist eine permanente Verletzung der Freiheit und der sozialen Autonomie des Menschen.[25]

2. Die *Kontrolle der Ungewissheit* (was die Zukunft bringen wird) würde in Afrika eher durch Kultur und Religion ausgeübt, als durch technologische Erfindungen oder durch anpassungsfähige Rechtsnormen (wie dies etwa seit kurzem in den asiatischen Schwellenländern festzustellen sei). Damit verhält sich die postkoloniale Gesellschaft in Afrika ganz im Rahmen der Normalität: überall hat Religion dazu gedient, nicht-religiösen Zielen zu dienen, wie zum Beispiel als kultureller Kitt einer Gesellschaft zu fungieren.

David Martin – Professor für Religionssoziologie an der London School of Economics – geht von *Spiritualität* als eine Art von anthropologischer Universalie aus, die dann aber in verschiedenen Kulturen auf verschiedene Weise kanalisiert werden würde. „In Europa stellen wir ein Wachstum individueller Spiritualität fest, in Formen, die gemäß persönlicher Vorlieben selbst verfertigt werden. In Lateinamerika und Afrika finden wir nicht nur Spiritualität, die großenteils

23 Ebd., 112
24 Windfuhr 2008, 83.
25 Kreide 2008, 40f.

durch Kirchen (und durch den Islam) kanalisiert wird, sondern eine zutiefst spirituell durchsetzte religiöse Landschaft, die den Hintergrund für alles andere darstellt. In Afrika schließt dies auch die Politik ein".[26]

1. Afrikaner, stark im Ahnenkult verankert, hätten keine dynamische Auffassung von der *Zeit,* – gemäß der bei Max Weber erörterter Kapitalismustugend „Zeit ist Geld". Afrikaner – so meint *Etounga-Manguelle* – planen typischerweise nicht die Zukunft, entwerfen keine Szenarien und verzichten auf die Möglichkeit, vorausschauend zu planen und den Gang der Ereignisse zu beeinflussen.
2. Als viertes Merkmal wird die afrikanische Vorliebe für *exzessive Geselligkeit* genannt – alles bietet einen Vorwand für ein Fest: Geburt, Taufe, Heirat, Geburtstag, Beförderung, Wahl eines Amtes, ein Trauerfall..."[27]) – und kostet viel Zeit und Geld. Der damit verbundene Ausfall von Arbeitszeit und Arbeitseinkommen passt schlecht in eine kapitalistische Wettbewerbsgesellschaft. Hier klafft eine große Differenz zur Freizeitverhalten etwa der chinesischen Werktätigen: Es gibt nur zwei oder drei Wochen Urlaub im Jahr und die Arbeitsdisziplin ist hoch.
3. Die nicht vollzogene *Trennung von Gott und Welt,* von Religion und Politik, von moralischer Autorität und politischer Macht sei ebenfalls entwicklungshinderlich. „In Afrika lastet die Macht der Religion noch immer auf dem Individuum wie auf dem kollektiven Schicksal...Es ist schwer, die afrikanische Passivität anders zu erklären als durch die Furcht vor jenem Gott, der im Gewand eines jeden afrikanischen Häuptlings verborgen ist".[28] Aus der europäischen Geschichte kennen wir den Jahrhunderte umspannenden Prozess, bis es dem urbanen Bürgertum im Geiste der Aufklärung gelungen war, „sich seines Verstandes ohne Leitung eines anderen zu bedienen" (Kant). Die katholische Kirche vor allem hat bis in die zweite Hälfte des 20. Jahrhunderts – bis zum 2. Vatikanischen Konzil – am Grundsatz *extra ecclesia nulla salus* festgehalten, was der Idee der universellen Bedeutung der Menschenrechte, inklusive des Rechts auf Religionsfreiheit, diametral widersprach. In Afrika haben heute die christlichen Missionsgesellschaften aller Art, katholische wie auch protestantische Pfingstkirchen aus den USA, großen Zulauf – gewiss auch eine Reaktion auf alles durchdringende, daher ‚unheimliche' Globalisierung.
4. Für den Einzelnen mag das religiöse Angebot der Kirchen Trost und Orientierungshilfe sein, für die Nation als ganzes wächst in dem Maße Gefahr heran, in dem *fundamentalistische* Welterkenntnis Menschen kompromissunfä-

[26] Martin 2007, 436
[27] Etounga-Manguelle 2002, 111
[28] Ebd., 109.

hig und tendenziell gewaltbereit macht: Wer Gott auf seiner Seite hat, hat nichts zu fürchten. Gewalt gegen Andersgläubige als Auftrag an Fundamentalisten -„als Gottesdienst“ – wie mein Bremer Kollege von der Jacobs University *Hans Kippenberg* treffend formulierte.[29] Der z.B. seit Jahren in *Nord- und Mittelnigeria* schwelende und gelegentlich explodierende Kulturkampf zwischen Christen und Muslimen, bei dem es sich um eine nicht untypische Durchdringung von politischen Machtansprüchen und zur Schau getragenen Glaubensbekenntnissen in Regionen von zunehmender Ressourcenknappheit handelt, ist Ausdruck dieser neuen zentrifugalen Wettbewerbs um territoriale Geltung.

5. „Der Begriff *der individuellen Verantwortung* komme – so wieder *Etounga-Manguelle* – „in den überzentralisierten traditionellen Strukturen Afrikas nicht vor...Der Tribalismus blüht in unseren Ländern, weil wir das Individuum negieren und weil es in Ermangelung eines operativen Systems individueller Rechte und Verantwortlichkeiten einen schweren Stand hat“.[30]

Damit hängt auch die ambivalente Haltung zum individuellen Besitz an Grund und Boden zusammen. Von den Institutionen-Ökonomen wie Douglass North – haben wir die Bedeutung der garantierten Eigentumsrechte für den Aufstieg westlicher und asiatischer Marktgesellschaften gelernt: ohne individuelle oder familiäre Eigentumsrechte gibt es für potentielle Investoren und Unternehmer keine Anreize, das Risiko einzugehen, mit privaten Ressourcen technologische Innovationen zum Nutzen der Allgemeinheit vorzunehmen. Eigentumsrechte waren und sind stets notwendigerweise eingebettet „in institutionelle Strukturen einer Gesellschaft, und die Schaffung neuer Eigentumsrechte erfordert neue institutionelle Vorkehrungen zur Regelung von Wettbewerb und Zusammenarbeit“.[31]

Der Artikel 17 (1) der Allgemeinen Erklärung der Menschenrechte lautet: „Jeder Mensch hat allein oder in Gemeinschaft mit anderen Recht auf Eigentum“; es zielt also letztlich auf den Eigentümer in einer Kommune. Das afrikanische Bodenrecht in einigen Staaten kennt inzwischen auch das private Eigentum, aber Recht haben und Recht bekommen, das ist auch hier zweierlei. Da es z.B. kaum Katasterämter gibt, können sich Grundeigentümer in Vorstädten nie vor Enteignung aus politischen Gründen sicher sein. In der sambischen Vorortkommune Kalingalinga z.B. scheiterte ein mustergültig entwickeltes kommunales Siedlungsprojekt letztlich an der Gier von Politikern, die in dem aufstrebenden Stadtteil Grundstücke erwarben und sich den Regeln der Kommune nicht unterordnen wollten. Hunderte von Kleineigentümern wurden so um ihre Wohnrechtstitel

29 Kippenberg 2008.
30 Etounga-Manguelle 2002, 111.
31 North/Thomas 2008, 5.

geprellt, die sie ja von einer staatlichen Behörde zugewiesen bekommen mussten.[32]

Vermutlich ist die Feststellung noch immer richtig, dass überwiegend nur das *Recht auf Nutzung der Böden und deren Erträge* das in Afrika Übliche ist, speziell in den Gebieten mit traditioneller Land- und Viehwirtschaft. Weithin gibt es verständliche Scheu und Bedenken, Acker- und Weideland, das ja auch Heimat der Ahnen und Ort heiliger Haine ist, wie eine Ware zu behandeln – zumal kommunales Land in Zeiten der Not die letzte Überlebensressource darstellt. Man zögert zu Recht, dieses kostbare Gut marktfähig zu machen, weil auch die notwendigen zuverlässigen Rahmenbedingungen für eine funktionstüchtige Geld- und Marktwirtschaft noch fehlen. Aber man kann wohl als universell gültige Erfahrungsnorm festhalten: Ohne berechtigtes, weil erprobtes *Vertrauen* der Bürger in die öffentlichen und privaten *Institutionen* einer Gesellschaft kann sich keine Gesellschaft von innovationsbereiten Risiko-Unternehmern entwickeln. Denn soziale Institutionen basieren auf bestimmten Normen und Regeln, sie erleichtern die moralische Orientierung des Einzelnen und sie definieren für Akteure Verhaltensrollen in wiederkehrenden Situationen und führen zur Angleichung wechselseitiger Verhaltenserwartungen.

Ursprünglich gab es auch in Europa nur das „Vertrauen zwischen Menschen – das englische *„trust"*. Mit der Herausbildung komplexer Arbeitsteilung und der Entstehung von Parlamenten, Postämtern, Sparkassen und Krankenkassen– wuchs das Bedürfnis nach zuverlässigen Amtsträgern. „Vertrauen im Sinne von *„confidence"* – also die Erwartung, dass ein System ohne eigenes Zutun, auch ohne Bestechung, funktioniert. Dieses Prinzip wurde erst in der Moderne mit der Herausbildung des nationalen Rechtsstaates ‚erfunden'.[33] Zwei kulturell-politische ‚Eigentümlichkeiten' (im Sinne der postkolonial entstandenen Verhaltensweisen) blockieren bisher in Afrika dieses Weg der Herausbildung einer marktkonformen Rechtskultur: endemische Korruption der staatstragenden Machteliten und die erst schwach entwickelte institutionelle Struktur zum Zwecke der Machtbegrenzung und Machtkontrolle.

6. *Justizschwäche, Gender-Ungleichheit und amtliche Korruption – Kulturelle Hindernisse für Entwicklung*

Korruption von Machteliten – die außerrechtliche Aneignung öffentlicher Güter zum privaten Nutzen – ist wahrlich keine afrikanische Besonderheit, sondern ein universell vorkommendes Übel, das u. a. auf menschliche Gier zurückzuführen ist. Aber im afrikanischen Kontext sind ihre Auswirkungen wegen der Knappheit

[32] Oesterreich 2004, 144.

[33] Nach dem Befund der Historikerin Ute Frevert „Eine riskante Erfindung der Moderne". In: *Süddeutsche Zeitung* vom 23./24.10.2010, S.24.

öffentlicher Güter und der Schwäche der Marktwirtschaft wohl sozial schädlicher als anderswo. *Korruption* hat mindestens drei strukturelle Ursachen: eine ungerechte politische Umgebung, die für einige Gruppen größere Möglichkeiten der illegalen Aneignung von Ressourcen auf Kosten anderer bietet; zweitens eine schwache Justiz, die nicht in der Lage ist, Recht zu schützen und Bestrafung von überführten Tätern durchzusetzen. Es triumphiert die Kultur des Schweigens und der Vertuschung.[34] Und drittens verleitet die geringe Bezahlung von Polizisten und unteren Angestellten die Amtsträger dazu, sich illegale Einnahmen zu verschaffen. „Wer bei der Korruption nicht mitspielt, hat es schwer seine Stelle zu behalten... Die Großfamilie hat große Erwartungen ‚Wir haben dafür gesorgt, dass einer von uns die Stelle bekommt. Nun musst du auch für uns sorgen' ".[35]

Korruption hat einen hohen Preis, weil sie nicht nur eine Gesellschaft moralisch zersetzt, sondern auch der nationalen Gemeinschaft das notwendige Investitionskapital zu entziehen tendiert. Allein Nigeria soll zwischen 1960 und 1999 etwa 320 Milliarden Euro eingebüßt haben, „von den jeweils Regierenden des Landes gestohlen oder zweckentfremdet"; ein Großteil dieses Geldes sei ins Ausland transferiert worden – wie es im Untersuchungsbericht des Afrika-Ausschusses des britischen Parlaments vom März 2006 hieß.[36]

Ein aktuelles Beispiel aus Liberia, seit den 1980ern ein „failed state" , soll zeigen, wie schwierig es ist, eine moderne rechtsstaatliche Verfassungswirklichkeit zu schaffen, wenn ein Bürgerkrieg zuvor die alten Rechtsnormen zerstört hat und neue noch nicht verinnerlicht wurden: Die Südafrikanerin *Anu Pillay* (Büroleiterin einer deutschen Frauenhilfsorganisation *medica mondiale*) berichtete 2010: „Frauen haben traditionell einen niedrigen Stand, Missbrauch und häusliche Gewalt waren hier schon immer weit verbreitet – der Krieg hat das soziale Gefüge dann komplett zerstört". Heute seien es häufig die Frauen, die das Geld für die Familie verdienten. „Die Männer fühlen sich schwach und erniedrigt, das ist eine Erklärung für die hohe Vergewaltigungsrate, auch unter den zum Teil sehr jungen Mädchen". Hinzu kommen Aberglaube und Opferrituale, für die immer wieder Mädchen entführt werden. Die Justiz funktioniert überhaupt nicht, so Pillay: „Von 800 Fällen sexueller Gewalt, die beispielsweise eine Klinik der Polizei gemeldet hat, wurden nur 165 von einem Gericht angenommen, und in ganzen fünf Fällen kam es zu einem Prozess, Verurteilungen gab es keine. Aber die meisten Frauen und Mädchen würden Missbrauch oder eine Vergewaltigung gar nicht erst melden, da sie Polizei und Justiz nicht vertrauen".[37]

[34] Wrong 2009.

[35] So der kongolesische Medizinprofessor Dudu Musway 2006, 9.

[36] „Diebstahl im großen Stil. Der Preis der Korruption". In: *Der Überblick* 2/06, 11.

[37] Zit. nach Jens Wiegmann, Die Frauen sollen Liberia retten. In: *Welt am Sonntag*, Nr. 51, vom 19. 12. 2010, 12.

7. Magie und Hexerei – das Irrationale als ein Bestandteil einer Alltagskultur

Die afrikanische Gesellschaft sei weitgehend eine solche, „in der Magie und Hexerei florieren", stellte *Etounga-Manguelle* fest. Hexerei sei „sowohl ein Instrument des sozialen Zwangs (sie trägt dazu bei, die Treue der Individuen zu ihrem Clan zu erhalten) als auch ein sehr bequemes politisches Instrument zur Eliminierung jeder Opposition, die sich etwa regen könnte. Hexerei ist für uns ein psychologischer Zufluchtsort, wo alle unsere Unwissenheit Antwort findet und unsere wildesten Fantasien Wirklichkeit werden". Irrationalismus werde verherrlicht – auf Kosten des Gebrauchs der eigenen Vernunft und Intelligenz. Es gäbe eine Neigung, „die Lösung unserer Probleme an Zauberer und Medizinmänner zu delegieren".[38]

Dieses Verhalten ist auch nach meiner Beobachtung nicht selten anzutreffen, aber es ist wohl nur die eine und einseitige, rein negative Deutung der Hexerei. Der belgische Sozialanthropologe *Peter Geschiere* hat demgegenüber herausgefunden, dass es durchaus eine fortschrittsförderliche Durchdringung von traditionellen Bräuchen mit modernen Prinzipien des Marktes und der Geldwirtschaft gäbe. Er war erstaunt zu beobachten, wie in Kamerun die Logik der Markt- und Geldwirtschaft – der Tausch von Äquivalenten – bis hin zu Heirats-, Geburts- und Beerdigungsriten vorgedrungen sei, somit kulturelle Hybridformen hervorbringend. Der angebliche kulturelle Widerstand in herkömmlichen Verwandtschaftsriten gegen die Logik der modernen Geld- und Marktwirtschaft sei keineswegs mehr überall anzutreffen.[39]

Dieses Thema hat auf Grund seiner geheimnisumwitterten Exotik immer wieder Sozialwissenschaftler, Politiker, Touristen und Entwicklungshelfer fasziniert – vielleicht auch deshalb, weil es uns beispielhaft einen Blick in den Spiegel bietet, mit anderen Worten in unsere eigene (mittelalterliche) Vergangenheit. Alchemie, Zauberei, Hexerei und Hexenverbrennung, Teufelsaustreibung und Walpurgisnächte sind nur allmählich, und niemals vollständig, rationaler Weltbeherrschung gewichen. Nicht minder wichtig ist das Thema deshalb, weil immer mehr Afrikaforscher bei der Suche nach den Ursachen für Stagnation und Fehlentwicklung eines ganzen Subkontinents auch auf kulturell geprägte Denk- und Handlungsweisen der politischen Machtelite – der *Staatsklasse* – zu sprechen kommen. Man sucht kulturell geprägte Einstellungen von Amtsträgern zu ergründen, die dann manipulativ eingesetzt werden können, um z.B. politische oder wirtschaftliche Interessen durchzusetzen. Auch dieser Zusammenhang macht eine Dimension von *bad governance* aus.

Dazu ein aktuelles Beispiel: In den vergangenen Jahren ist im Zuge der globalen *dritten Welle der Demokratisierung* (die mit dem Sturz der Aquino-Diktatur

[38] Etounga-Manguelle 2002, 114.
[39] Geschiere 2001, 355.

auf den Philippinen begonnen hatte) auch Afrika in den Sog der Demokratisierung geraten. In mehr als der Hälfte aller Staaten des Subkontinents haben demokratische Mehrparteienwahlen zum Parlament stattgefunden, – einige davon sogar *free and fair* (wie es im Jargon der Wahlbeobachter von UNO und Europäischer Union heißt). Aber des Öfteren erlebte die konsternierte Welt, dass offensichtlich abgewählte Ministerpräsidenten oder Staatschefs die Wahlergebnisse des Volkes, für dessen Freiheit sie ja einst gekämpft hatten, einfach ignorierten: Wahlen wurden in großem Stil gefälscht (so in Nigeria, Elfenbeinküste, Simbabwe und Kenia), Wahlergebnisse wurden erst nach Wochen veröffentlicht (so in Äthiopien) oder gar nicht (Nigeria), und selbst abgewählte Präsidenten, die aber das Militär hinter sich wussten, blieben einfach im Amt. So geschah es im Dezember 2010, als der amtierende Präsident der Elfenbeinküste *Laurent Gbagbo* sich dreist weigerte, dem Wahlsieger *Allasane Quattara* den ihm zustehenden Präsidentensessel zu räumen. Es kam in einigen Fällen zu von außen erzwungenen *„Machtteilungs-Abkommen"* zwischen Regierung und Opposition (Kenia, Simbabwe), die den Sinn und den Charme demokratischer Wahlen – nämlich die friedliche Abwahl von Machtträgern durch den Souverän, das Volk – auf den Kopf stellten.[40]

Es gibt einige empirische Evidenz für die These, dass in den post-kolonialen Staatsklassen Afrikas eine Vorstellung von *Mach*t verbreitet ist, die vom heute üblichen Machtbegriff westlicher Länder abweicht: Während bei uns die politische Macht in gewisser Hinsicht immer suspekt ist und unter Legitimationsdruck steht, ist das Machtstreben oder die Aufstiegsmentalität selbst nicht verpönt und auch nicht erklärungsbedürftig. In Afrika stelle sich – Signer zufolge – das Verhältnis eher umgekehrt dar: „Ein Machtträger ist im Prinzip schon dadurch legitimiert, dass er die Macht besitzt. Macht legitimiert sich gewissermaßen durch sich selbst, durch ihre Realität. Demgegenüber sind Statusveränderungen suspekt" (wie im Abendland bis zur Französischen Revolution, als der Dritte Stand rebellierte). Sie werden oftmals mit unlauteren Machenschaften, mit Magie oder Hexerei, in Verbindung gebracht. Das gelte auch in der Privatwirtschaft: „Dem Aufsteiger wird magische Bereicherung unterstellt, während dem Absteiger missglückte Magie nachgesagt wird. Oder aber er gerade wegen seines Unglücks … als potentiell frustrierter Rächer und Hexer gefürchtet".[41] Hexerei fungiert hier offenkundig als Rachemittel der Kleinen, der weniger Erfolgreichen.

Plötzlicher Erfolg oder auch plötzlicher Misserfolg – bei Wahlen, bei Marktinvestitionen, bei Examina oder Fußballspielen – werden als erklärungsbedürftig mit dem Irrationalen in Verbindung gebracht. *Neid auf den Erfolgreichen* spielt dabei als psychische Antriebskraft für die Marginalisierung und Diffamierung eine Hauptrolle in einer Gesellschaft, in der die Tradition der Egalität ein kulti-

[40] Seitz 2009, Mills 2010.
[41] Signer 2004, 29.

vierter Mythos ist. „Der etablierte Mächtige kann demgegenüber aus dem Ruch, über besondere, magische Kräfte zu verfügen (so wie es beispielsweise Malawis Diktator Dr. Banda verbreiten ließ), zusätzlich einschüchternde Legitimität beziehen: Er hat eben ‚*puissance*' oder ‚*force*' und steht mit kosmischen Kräften in Verbindung.[42]

Das Gebot des Statuserhalts ist natürlich das logische Gegenteil von „Entwicklung" und Aufstieg durch individuelle Leistung. Eine Arbeitsethik im Weberschen oder Konfuzianischen Sinne kann sich hier nur schwer herausbilden: In einer Gesellschaft ohne leistungsbasierte ‚Arbeitsethik', „die Erfolg auf Glück, Magie oder die Gunst der Götter zurückführt, ist es nur logisch, dass die Früchte dieses Erfolgs geteilt werden müssen. Die Vorstellung von ‚wohl verdientem Privateigentum' ist wenig ausgeprägt ... Eine Weltsicht, die dazu tendiert, jedes Einkommen prinzipiell als unverdient zu betrachten, neigt tendenziell natürlich zu einem Konzept von Gerechtigkeit, in dem reiche Leute ihr Einkommen mit den anderen teilen sollten".[43]

Wieweit diese Verallgemeinerung mit zunehmender Modernisierung noch zutrifft, muss hier offen bleiben. Beispielsweise bei den wirtschaftlich sehr erfolgreichen Bamileké in Westkamerun habe ich erfahren, dass es auch ganz andere – nämlich marktrationale – Verhaltensweisen gibt, mit den Risiken und Ungewissheiten der Moderne fertig zu werden: Hier triumphiert das individuelle und clangestützte marktwirtschaftliche Leistungsprinzip.

8. Die afrikanische Zivilgesellschaft als Hoffnungsträger für universelle Rechte?

Europäer genauso wie Asiaten oder Latinos müssen sich davor hüten, uns vertrauten Vorstellungen von einer modernen Gesellschaft eins zu eins auf afrikanische Verhältnisse zu übertragen, ohne dabei bestimmte kulturelle Kontexte zu beachten. Dazu ein Beispiel: So wird immer wieder von Entwicklungshelfern und von Sozialwissenschaftlern eine Idealisierung der so genannten *„civil society"* vorgenommen. Sie solle als die ehrliche leistungsstarke Gegenkraft gegen einen korrupten und ineffizienten Staat durch Entwicklungshilfe gestützt werden. Das klingt beim ersten Hören plausibel, sollte aber nicht die Frage unterdrücken, ob die unterstellte Trennung von politischer und gesellschaftlicher Realität bereits heute in Afrika gerechtfertigt ist.

Z.B. haben *Patrick Chabal* (von der University of London) und *Jean-Pascal Daloz* (vom Afrika-Forschungsinstitut in Bordeau) in ihrem viel diskutierten Buch *Africa Works* aufgezeigt, wie „Unordnung als politisches Instrument" herrschaftsstabilisierend wirken kann. Dabei geben sie zu bedenken, dass die von uns

[42] Ebd., 29f.

[43] Nach Signer, der sich auf Anthropologen und Ethnologen wie Platteau, Mbiti, Naipaul, Augé et al., bezieht, 2004, 385f.

so gerne unterstellte Dichotomie zwischen Staat und Zivilgesellschaft meistens reines Wunschdenken sei; in der afrikanischen Realität der Gegenwart würde man sie kaum finden. Die Hoffnung auf demokratische Reformen ausgerechnet auf die Zivilgesellschaft zu setzen – auf das autonome Bürgertum – sei angesichts der Macht ethnischer-regionaler Hierarchien eher irreführend als hilfreich. *Chabal und Daloz* geben dafür eine zutreffende Beobachtung als Begründung an: der postkoloniale Staat in Afrika sei so schwach und „geringfügig institutionalisiert" und so wenig von der Gesellschaft emanzipiert, dass es wenig Raum für eine Konzeptionalisierung einer entscheidenden *funktionalen Differenz* zwischen Staat und Gesellschaft geben könne. Die Verdoppelung des Staates in personale Herrschaft und in ein unpersönliches Amt, oder anders gesagt die Herausbildung eines nationales Institutionengefüge mit *checks and balances* und einer kritischen Öffentlichkeit jenseits des ‚Leviathan' habe nicht stattgefunden.

Diese möglicherweise rein eurozentrische Weltsicht kann unbeabsichtigte negative Folgen haben: Wenn kulturelle Eigentümlichkeiten in afrikanischen Gesellschaften nur auf die politische Elite bezogen werden, und a priori die Masse der Bevölkerung (d.h. Bauern, Händlerinnen, Arbeiter und Angestellte) davon ausgenommen werden, erliegt man leicht dem Phänomen des *wishful thinking*: Man sieht das, was man für richtig und wünschenswert hält. Dabei kann es sein, dass tradierte Vorstellungen von Gerechtigkeit, Anstand, Geselligkeit, Geschlechterrollen und tribaler Solidarität *von allen* Gemeindemitgliedern als wertvoller Erfahrungsschatz geschätzt und als Ressource zur sozialen Selbstverortung und zur individuellen Karriere genutzt werden. Die Meinung, dass kulturelle Werte eigentlich gar keine nützliche Rolle spielen würden und höchstens von politischen Ideologen manipuliert und instrumentalisiert würden, ohne tiefere Wurzeln in der Gesellschaft zu haben, dürfte in der Regel nicht zutreffen. Die Vorstellung der *reziproken Solidarität* etwa gilt für alle sozial eingebundenen Mitglieder, ebenso die Verpflichtung, die Allgegenwart der Ahnen und der Geister Verstorbener zu beachten.

Chabal und Daloz fragen daher: Warum sollten Politiker Afrikas mit einer auf kommunales Wohlergehen fixierten eigenen Sozialisation dem westlichen Staatsverständnis folgen und die formale Rechtsstaatlichkeit – das *rule of law* – respektieren, „wenn sie selbst so viel von dem beständigen Klima der Unsicherheit und der Informalität profitieren können".[44] Denn man kann ja Macht ausspielen, um einen eigenen profitablen Deal auszuhandeln – die individuelle Rechtfertigung für Korruption, wie es scheinen mag. Man kann daher, *Chabal und Daloz* folgend, vier Schlüsselkonzepte einer eigenen Weltanschauung umreißen, die der *politischen Kultur des Kontinents* ihr Gepräge geben:

[44] Chabal/Daloz 1999, 65-69.

1. Die fließende Grenze zwischen dem Ewigen und dem Zeitlichen;
2. Die Wichtigkeit der Religion, der Transzendenz, für die Bestimmung von Identität;
3. Die permanent vorhandene Verbindung von Lebenden und Toten und
4. Die Bedeutung des Irrationalen für die Vorstellung von Kausalität.

Allerdings scheinen Chabal und Daloz zu übersehen, dass auch diese Generation von autoritären Führern, für die Modernisierung und nachhaltige Entwicklungspolitik bislang keine Priorität darstellten, den Kräften der Globalisierung ausgesetzt sind, z.B. den politischen Demonstrationseffekten von Volksrevolutionen, wie sie sich seit Anfang des Jahres 2011 in Nordafrika entwickelt haben.

9. Ursache und Wirkung: Die Prävalenz von Externalitäten wie z.B. ‚Witchcraft'

Als letzter Punkt soll ein heikles Thema zur Sprache kommen, das möglicherweise hilfreich sein kann, die hier aufgeworfene Frage nach den Ursachen des Politikversagens in Afrika ein stückweit neu zu beleuchten: die alltagsbestimmenden, gängigen Vorstellungen von Ursache und Wirkung. Damit ist die Neigung von Amtsträgern und Führern gemeint, die Ursachen von Fehlschlägen nach außen zu verlagern, *zu externalisieren.*

Zur Rechtskultur in Afrika zählt auch die Praxis, dass demokratisch nicht legitimierte Politiker oftmals die Wirkung ihrer politischen Entscheidungen mit Kräften von *externer Kausalität* in Verbindung bringen und so persönliche Verantwortung negieren und abschieben. In der Welt des Magisch-Religiösen wird die Verantwortung für „außergewöhnliche" Ereignisse einer auffälligen Person (als Hexe diffamiert) im Rahmen der Gemeinschaft zugeschrieben. Aber in der Politik kann das Ungewöhnliche allen möglichen Ursachen und Personen zugeschrieben werden. Externe Schuldige sind vorzugsweise Kolonialismus, Imperialismus, Abhängigkeit, Globalisierung und die Weltbank etc. Das ist mehr als nur Opportunismus, um von eigenem Versagen abzulenken. Es findet eine Entsprechung im kollektiven kulturellen und religiösen Bewusstsein des allgemeinen Publikums".[45]

Hat z.B. ein Politiker eine Wahl verloren, wird er rasch behaupten (und wohl auch denken), dass seine politischen Rivalen mit unerlaubten Mitteln manipuliert hätten – mit Zauberei, Hexerei, Voodoo-Praktiken und dergleichen. Er wird dann geneigt sein, das Wahlergebnis als gefälscht nicht anzuerkennen. Damit findet er allerdings nur Zuspruch bei seinen Gefolgsleuten und Parteianhängern. So können selbst demokratische Wettbewerbswahlen unbeabsichtigte Folgen haben: Erhöhung der Unsicherheit und Zunahme an politischer Gewalt zwischen kon-

[45] Ebd., 69.

kurrierenden Gruppen um Macht und Zugang zu den Fleischtöpfen des Staates. Wer es einmal geschafft hat, nach oben zu kommen, hat „das Recht zu essen", und verlässt den privilegierten Ort nicht ohne Not. Diese Haltung ist von dem französischen Afrika-Forscher Francois Bayart als „*Politik des Bauches*" bezeichnet worden. Sie signalisiert – gemessen am westlichen Staatsverständnis – einen institutionellen *Defekt in der Rechtskultur*: die schwierige politische Nachfolgefrage ist nicht durch allseits akzeptierte Rechtsverfahren institutionell anzugehen und dann gewaltfrei zu lösen.

Manchmal ist es schwierig, die Grenze zwischen Rationalität und Irrationalität eindeutig zu bestimmen. Nicht immer ist das Magische nur dummer Zauber, sondern auch Kitt der Gemeinschaft. *Witchcraft* sollte daher nicht à priori verteufelt werden; denn sie kann – je nach Kontext – eine von drei Bedeutungen haben: Sie kann als Therapie eingesetzt werden. Doch der Versuch der Heilung hat – selbst wenn er gelingt – einen Preis: Es muss ein Schuldiger, ein Sündenbock gefunden werden. Dieser wird meistens – nicht immer – im Kreise der Großfamilie oder des Dorfes gefunden. Z.B. bei Albinos. Hunderte sind in den vergangenen Jahren in Ländern wie Benin und Tansania rituell geopfert – und teilweise als Stärkungsmittel verspeist – worden. Zweitens hat die Hexenkunst die Funktion, eine Gemeinschaft zusammenzuschweißen; denn man hat gemeinsam eine Lösung eines Problems gefunden. Drittens hat *Witchcraft* mitunter die Funktion, soziale Gleichheit zu befördern: denn der Erfolgreiche, reich Gewordene, tut gut daran, seinen individuell erworbenen Reichtum mit der Gemeinschaft zu teilen – zum Beispiel so, dass reich gewordene Städter im Dorf ihrer Jugend eine Schule bauen lassen und große Steinhäuser für die Großfamilie errichten. (Das ist Brauch bei den Bamileke in Westkamerun). Ethnizität und Heilkunst bzw. Zauberei haben auch Funktionen der sozialen Regulierung: Es handelt sich um Formen von sozialer Verantwortung mit irrationalen Mitteln. Aber diese Form der Krisenbewältigung hat in modernen Verfassungsstaaten nur noch marginale Bedeutung; vor allem im politischen Raum sich demokratisierender Gesellschaften muss Rationalität im Sinne der vernünftigen Begründung von Machtansprüchen die Oberhand gewinnen.

Auch dieser kulturelle Faktoren freilegende Erklärungsansatz für afrikanische Verhaltensweisen im Bereich der Politik ist nur ein konstruierter Versuch, komplexe soziale Realitäten mittels Empathie besser erfassen zu können als ohne Erklärungsangebote aus Psychologie, Anthropologie und Ethnologie. Aber wie stark im Einzelfall ‚irrationale' Verhaltensweisen der beschriebenen Art politische Entscheidungen auf nationaler Ebene tatsächlich beeinflussen, lässt sich nicht verallgemeinern.

10. Ausblick: Afrika ist auf dem langen Wege zur kulturellen Anpassung an Postulate der Moderne

Erstens: Auch in den Ländern Afrikas sind – mal stärker, mal schwächer, je nach Tiefe der erreichten Modernisierung – die Mechanismen *der kulturellen Globalisierung* am Werke. Einfallstor dafür ist vor allem die wissenschaftlich-technische Zivilisation, deren nützliche Produkte z.B. von den Tausenden von so genannten Entwicklungshelfern und von den Mitarbeitern der Auslandsfirmen transferiert werden. Was in der Praxis lebensdienlich und praktisch erscheint, wird ganz oder teilweise von außen übernommen und dem einheimischen Wertesystem einverleibt, neue Hybridformen bildend. Dazu gehören als die größten Errungenschaften der postkolonialen Zeit die *regulativen Ideen* von Demokratie, Parteienvielfalt und universell gültigen Menschenrechten, einschließlich Geschlechtergleichheit, Minderheitenschutz sowie Rechtssicherheit durch eine unabhängige Justiz.

In der afrikanischen Realität sind diese regulativen Ideen erst partiell und oftmals zögerlich angekommen oder implementiert worden, weil materielle Armut und kulturelle Eigentümlichkeiten die volle Verwirklichung von Rechtssicherheit und der Menschenrechte behindern. Wenn nationales *Recht* im Sinne von Habermas die „geronnene praktische Vernunft" einer Gesellschaft widerspiegeln soll, so gibt es bisher nur eine Pluralität gruppenspezifischer Partialrechte. Dabei ist das fehlende *Vertrauen* der Bürgerinnen und Bürger aus den verschiedenen Regionen und Ethnien des Landes zu den Institutionen des gemeinsamen Staates – Polizei, Justiz, Ministerien – als ein Haupthindernis für Modernisierung anzusehen. Es ist die subjektive Kehrseite der objektiven Schwäche staatlicher Institutionen. *Standardisierung* von öffentlichen Leistungen lässt meistens noch auf sich warten.

Zweitens kann festgehalten werden, dass eine beschleunigte Anpassung an universell akzeptierte politische Gestaltungsprinzipien und kulturelle Lebensstile (Menschenrechte) in dem Maße zu erwarten ist, in dem es gelingt, funktionstüchtige staatliche Dienstleistungsbetriebe in den Bereichen Sicherheit, Gesundheit, Bildung und Wirtschaft (Arbeitsplätze!) zu schaffen. Die historische Logik vormodernen Daseinsbewältigung wird erst mit gelungener Modernisierung allmählich weichen: Dann werden notwendige Anpassungsleistungen an rationale Postulate der Marktgesellschaft erbracht werden können und vermutlich im Verfahren der kulturellen Siebung mit den eigenen Traditionen verschmelzen – wie dies auch in anderen Kulturzonen der Weltgesellschaft geschieht. Bunte, manchmal irritierende, aber keineswegs nur irrationale oder dysfunktionale *Hybridform*en werden so auch weiterhin entstehen und bestehen. Auf jeden Fall spricht wenig dafür, dass der von Manchen befürchtete globale kulturelle Einheitsbrei in Afrika entstehen könnte, der lokale Eigentümlichkeiten verschlingen würde.

Es ist wünschenswert, dass kulturelle Vielfalt im Rahmen globalen Wettbewerbs erhalten bleibt; denn in *kultureller Differenz,* die zum friedlichen Austausch führt, steckt immer auch Potential für Besseres und Neues. .Die größten Veränderungen sind hier mittel- bis langfristig im Bereich von politische Partizipation und Verantwortung der politischen Klasse zu erwarten. Ferner können durch neue Erfahrungen im Milieu von Migration, Exil und Diaspora neue Muster der Geschlechterbeziehung und der Kindererziehung entstehen.

*Drittens s*chließlich ist festzuhalten, dass noch als das größte Hindernis für eine notwendige Anpassung an die Postulate der Moderne – etwa nach asiatischem Vorbild – in der hartnäckig konservierten Struktur *neo-patrimonialer Herrschaftsverhältnisse* zu sehen ist. Hierbei handelt es sich in erster Linie um das *Syndrom des „Big man",* das durch fehlgeleitete internationale Entwicklungszusammenarbeit meist noch unbeabsichtigt zementiert wird. Das Herrschaftssystem neo-patrimonialer Staatspräsidenten folgt in etwa folgender Logik, die der deutsche Ex-Botschafter *Volker Seitz* in seinem Bestseller „Afrika wird arm regiert" wie folgt charakterisiert hat:

Politische Macht speise sich nicht zwangsläufig aus eigener Leistung oder aus demokratisch legitimierten Wahlverfahren, sondern „aus der Nähe zum etablierten Machtzentrum", dem amtierenden Präsidenten. Die Loyalität der dienstleistenden Klientel gegenüber dem Präsidenten, dem Patron, würde von diesem mit Status-Sicherung, Geld, Privilegien und mit Prestigegewinn belohnt. „Eine Unterscheidung zwischen öffentlichen und privaten Mitteln wird dabei nicht gemacht … Die Rituale um Präsidenten erinnern an Höfe der Feudalzeit. Die Höfe denken nicht an die Zukunft des Landes, sondern setzen alle Energien daran, dem Chef zu schmeicheln, Titel zu ergattern und Kabinettsposten zu übernehmen, die wenig Arbeit machen, aber viele Möglichkeiten bieten, an Staatsgelder zu kommen".[46]

Dies erklärt ansatzweise, warum in zahlreichen post-kolonialen Staaten nicht wettbewerbsfähige Marktwirtschaften (*profit-seeking societies*) entstanden sind, sondern konsumorientierte Bauchgesellschaften (*rent-seeking socities*) mit einer Machtelite, deren Verhaltensweise von borniertem Eigennutz auf Kosten der Entwicklungschancen der Gesamtbevölkerung geprägt wird. Dabei ist nicht auszuschließen, dass eine dosierte Reduktion auswärtiger Entwicklungshilfe-Transfers in Zukunft zu einer größeren Verantwortung der politischen Klasse gegenüber der eigenen Erwerbsbevölkerung führen würde, damit zusammenwachsen kann, was für den Modernisierungserfolg zusammengehört: eine Rechtskultur der demokratischen Verantwortung der politischen Klasse vor dem eigenen Volk.

[46] Seitz 2009, 75.

Literatur

Africa Writes Back, 2008, *The African Writers Series & Launch of African Literature*, edited by James Currey, Oxford.

Amsden, A. H., 2001, *The Rise of ‚The Rest'. Challenges to the West from Late-Industrializing Economies*, Oxford.

Assmann, J./ Strohm, H. (Hg.), 2010, *Magie und Religion*, München.

Beck, U., 2004, Modernisierung. In: M. G. Schmidt (Hg.), *Wörterbuch zur Politik*, Stuttgart 2. Aufl., 460-461.

Bielefeld, H., 1998, *Philosophie der Menschenrechte. Grundlagen eines weltweiten Freiheitsethos*, Darmstadt.

Chabal, P./Daloz, J.-P. (Hg.), 1999, *Africa Works. Disorder as Political Instrument*, Oxford.

Der Überblick. Zeitschrift für ökumenische Begegnung und internationale Zusammenarbeit. Heft 2/2006: *Korruption. Die Kunst des Stehlens. Ein altes Übel neu entdeckt.* Hamburg.

Geschiere, P., 2001, Kinship, Witchcraft and the Market: Hybrid Patterns in Cameron Societies. In: *African Perspectives*, 340-358

Grill, B., 2010, Stimme ohne Macht. Der Elfenbeinküste droht nach den Präsidentenwahlen ein Bürgerkrieg. Ist Demokratie für schwache Nationen gefährlich?. In: *Die Zeit*, Nr. 50, vom 9. 12. 2010, 10.

Gutmann, H.-M./ Gutwald, C. (Hg.), 2005, *Religiöse Wellness. Seelenheil heute*, München.

Hanf, T. et al (Hg.), 2009, *Entwicklung als Beruf. Festschrift für Peter Molt*, Baden-Baden.

Hinz, M.O./N.E. Namwoonde (Eds.), 2010, *Customary Law Ascertained, Vol. I. The Customary Law of the Owambo, Kavango and Caprivi Communities of Namibia*. Windhoek.

Kimmerle, H., 2001, Weisheitsphilosophie. In: J. E. Mabe (Hg.), *Das Afrika-Lexikon*, Stuttgart, 685-687.

Kippenberg, H. G. , 2008, *Gewalt als Gottesdienst. Religionskriege im Zeitalter der Globalisierung*, Bonn.

Köhler, V., 2009. Über den Einfluss traditioneller Wertvorstellungen der Empfängerländer auf die Entwicklungszusammenarbeit mit den internationalen Gebern. In: Theodor Hanf u.a. (Hg.), *Entwicklung als Beruf. Festschrift für Peter Molt*, Baden-Baden, 293-299.

Kreide, R., 2008, Neglected Injustice: Poverty as a Violation of Social Autonomy. In: *Zeitschrift für Menschenrechte*, 2/2008, 40-59.

Lübbe, H., 2005, *Die Zivilisationsökumene. Globalisierung kulturell, technisch und politisch*, München.

Martin, D., 2007, Das Europäische Modell der Säkularisierung und seine Bedeutung in Lateinamerika und Afrika. In: Hans Joas und Klaus Wiegandt (Hg.), *Säkularisierung und Weltregionen*, Frankfurt/M., 435-464.

Meyer, J. W., 2005, *Weltkultur. Wie die westlichen Prinzipien die Welt durchdringen*, Frankfurt/M..

Mills, G., 2010, *Why Africa is Poor and What Africans can Do About it*, Johannisburg.

Musway, D., 2006, Bestechende Lebenskunst. Alltagsriten der Korruption in der DR Kongo. In: *Der Überblick*, Hamburg, 42. Jahrgang, Juni 2006, 6-9.

Naipaul, V. S., 2010, *The Masque of Africa. Glimses of African Belief*, London.

Nolte, P., 2007, *Riskante Moderne. Die Deutschen und der neue Kapitalismus*, München.

North, D./R. P. Thomas (Hg.), [22]2008, *The Rise of the Western World. A New Economic History*, London, New York.

Österreich, J., 2004, Das Recht auf kommunale Entwicklung. Lokale Legitimität als Motor für Entwicklung am Beispiel von Kalingalinga, Lusaka. In: U. Selchow/ F.-J. Hutter (Hg.), *Menschenrechte und Entwicklungszusammenarbeit. Anspruch und politische Wirklichkeit*, Wiesbaden, 141-152.

Pollmann, A., 2010, Menschenwürde nach der Barbarei. Zu den Folgen eines gewaltsamen Umbruchs in der Geschichte der Menschenrechte. In: *Zeitschrift für Menschenrechte*, Schwalbach im Taunus, 26-45.

Rieger, E./S. Leibfried, 2004, *Kultur versus Globalisierung*, Frankfurt/M.

Schnädelbach, H., 2009, *Religion in der modernen Welt*, Frankfurt/M.

Seitz, V., 2009, *Afrika wird arm regiert oder Wie man Afrika wirklich helfen kann*, München.

Signer, D., 2004, *Die Ökonomie der Hexerei oder Warum es in Afrika keine Wolkenkratzer gibt*, Wuppertal.

Stauth, G., 2001, Skizzen zur materiellen Kultur des religiösen Ortes (Islam) – Kulturelle Immanenz. In: H. Schrader et al (Hg.), *Markt, Kultur und Gesellschaft. Zur Aktualität von 25 Jahren Entwicklungsforschung*, Münster, 149-166.

Sundermeier, T., 2010, Erfahrungen mit Heilern in Afrika und Asien. Ein Beitrag zur Magie-Diskussion. In: J. Assmann/ H. Strom (Hg.), *Magie und Religion*, München, 179-200.

Tetzlaff, R., (Hg.), 1993, *Menschenrechte und Entwicklung. Deutsche und internationale Kommentare und Dokumente.* Eine Welt. Stiftung Entwicklung und Frieden, Bonn.

Tetzlaff, R., 2007, Ohne kulturelle Evolution“ wird Afrika nicht überleben. In: A. Boeckh/ R. Sevilla (Hg.), *Kultur und Entwicklung. Vier Weltregionen im Vergleich*, Baden-Baden, 197-218.

Tetzlaff, R., 2008a, Ökonomie und Kultur in Afrika: Entwicklungspolitische Handlungsspielräume im Zeitalter der Globalisierung. In: J. Wallacher et al. (Hg.), *Kultur und Ökonomie. Globales Wirtschaften im Spannungsfeld kultureller Vielfalt*, Stuttgart, 117-148.

Tetzlaff, R., 2008b, *Afrika in der Globalisierungsfalle*, Wiesbaden.

Tetzlaff, R. 2010, Wachsende Religiosität als Antwort auf Globalisierung. Zur Konstruktion von kultureller Identität als Erlebnis von Differenz. In: W. Weisse/H.-M. Gutmann (Hg.), *Religiöse Differenz als Chance? Positionen, Kontroversenn, Perspektiven*, Münster, New York, München, 27-46.

Tetzlaff, R. 2011, Muslime in Europa zwischen Anpassung und Abwehr – Anmerkungen zum Thema Islam und der säkulare Verfassungsstaat. In: M. Abou-Taam, J. Esser/ N. Foroutan (Hg.), *Zwischen Konfrontation und Dialog. Der Islam als politische Größe*, Wiesbaden.

Weisse, W., (Hg.), 2010, *Differenz als Potential*, Hamburg

Wiegmann, J., 2010, Die Frauen sollen Liberia retten. In: *Welt am Sonntag*, Nr. 51, vom 19. 12. 2010, 12.

Wrong, M., 2009*, It's our Turn to Eat. The Story of a Kenyan Whistle Blower*, London.

Sarhan Dhouib

Von der interkulturellen Vermittlung zur Transkulturalität der Menschenrechte[1]

1. Einleitung

Kann man heute noch als Intellektueller aus einem arabischen Land die Idee der Menschenrechte vertreten, ohne als Anhänger des ‚westlichen Imperialismus' abgestempelt zu werden? Ist es nicht andererseits ‚exotisch', zumindest aus Sicht der westlichen Welt, über eine ‚andere', *aber ebenso* ‚rationale' außereuropäische Sichtweise der Begründung und der Geltung der Menschenrechte zu reflektieren? Die beiden Fragen verweisen auf epistemische Probleme: auf die Begegnung der Kulturen und den Austausch des Wissens. Diese Probleme sind in global integrierten Arbeits-, Produktions- und Gütermärkten und durch die heutige – im Zeitalter der Globalisierung – grenzüberschreitende Mobilität von Menschen, Technologien und Ideen drängender denn je. In der Regel reagiert die Philosophie auf diese Problemlage, indem sie versucht, eine umfassende Definition von ‚Interkulturalität'[2] und ‚interkultureller Philosophie'[3] zu geben. Zwar eröffnet die interkulturelle Philosophie den Weg für eine innovative Transformation der Wissenschaftsinhalte und ihrer epistemischen Ordnungen, indem sie fordert, nicht mehr über die Anderen, sondern *mit* den Anderen zu denken und zu handeln. Sie ist jedoch immer noch nicht reich genug an Erfahrungen, zum Teil eingeschränkt in ihren normativen Ressourcen und zurückhaltend hinsichtlich ihrer Begriffe.[4] Sie ist ein offenes Projekt, das auf einer ‚Philosophie des Aufsuchens' gründet,

1 Eine kürzere Fassung dieses Textes wurde im Sammelband *Wege in der Philosophie. Geschichte – Wissen – Recht – Transkulturalität*, hg. v. S. Dhouib/ A. Jürgens (Weilerswist, 2011) unter dem Titel: Zur Transkulturalität der Menschenrechte (S. 278-296) publiziert.

2 Zur Entstehung- und Entwicklungsgeschichte der ‚interkulturellen', ‚multikulturellen' und ‚transkulturellen' Diskurse bis 1980 sowie zur ‚Interkulturalität' als Methodenbegriff in verschiedenen Wissenschaften vgl. Elberfeld 2008, 7-36.

3 Die interkulturelle Philosophie wird seit den neunziger Jahren des 20. Jahrhunderts in unterschiedlichen Perspektiven thematisiert. An dieser Stelle seien die folgenden Publikationen erwähnt: Fornet-Betancourt 1998; Kimmerle 2002; Mall 1995; Wimmer 1990, 2004.

4 Vgl. Kimmerle/ Sandkühler/ Stenger 2007, 30-37.

die uns Menschen ein neues *Mitsein* ohne jeglichen *exklusiven* normativen Gehalt verspricht.[5]

Vor diesem Hintergrund geben die historischen Entwicklungen der Menschenrechte nach ihrer Deklaration im Jahre 1948, am Beispiel des *Internationalen Paktes über wirtschaftliche, soziale und kulturelle Rechte* (1966), der *Erklärung zum Recht auf Entwicklung* (1986) und der jüngsten *Allgemeinen Erklärung zur kulturellen Vielfalt* der UNESCO (2001), einen Hinweis darauf, dass die Menschenrechte ein entwicklungsfähiges und dynamisches Konzept darstellen. Menschenrechte sind Rechte, die einem jeden Menschen ungeachtet aller seiner sonstigen Eigenschaften allein Kraft seines Menschseins zukommen sollen: Es handelt sich dabei nicht um eine deskriptive Sachverhalts-Definition, sondern um eine normative Forderung[6], wobei die verschiedenen geschichtlichen Entwicklungen der Umsetzung der Menschenrechte innerhalb der einzelnen Kulturen nicht außer Acht gelassen werden dürfen.

Es wäre sinnvoll, die unterschiedlichen Prozesse der Entwicklung der Menschenrechte aus der Sicht eines ‚übergreifenden Konsenses'[7] zu erfassen. Dieser Begriff wird von John Rawls verwendet, um die Rolle der leitenden politischen Gerechtigkeitsvorstellung in einer modernen liberalen Gesellschaft zu klären, in der unterschiedliche Weltanschauungen miteinander koexistieren oder auch gegeneinander stehen.[8] Im Rahmen der Debatte über die Universalisierung der Menschenrechte und der Kritik an kultur-essentialistischen Exklusivitätsansprüchen wurde dieser Ausdruck von Heiner Bielefeldt aufgenommen und theoretisch weiterentwickelt. Dabei werden die Menschenrechte als Kern eines interkulturellen *‚overlapping consensus'* thematisiert, an dem unterschiedliche Kulturen mitwirken können.[9] Trotz seines innovativen Versuchs thematisiert Bielefeldt weder das Konzept der interkulturellen Philosophie noch die außereuropäische philosophische Sichtweise bezüglich der Menschenrechte. Er geht lediglich auf die Vorstellung der Menschenrechte bei Islamisten und bei deren säkularen Gegnern ein. Dadurch wird jedoch die philosophische Debatte ausgeblendet. Im Folgenden wird deshalb versucht, eine Behebung dieses Forschungsdesiderats einzuleiten.

In meinem Beitrag geht es in erster Linie um die Frage nach der ‚interkulturellen Vermittlung' der Menschenrechte und ihrer Transkulturalität, und zwar

5 Vgl. Meskini 2010, 138f.

6 Vgl. Sandkühler 2010, 1530ff.

7 Zur These eines ‚übergreifenden Konsenses' bei Rawls vgl. Rawls 1992, 293-363; 1998, 219-261.

8 Vgl. Bielefeldt 1998, 145.

9 Zu Bielefeldts These von den Menschenrechten als Kern eines interkulturellen ‚overlapping consensus' vgl. Bielefeldt 1998, 115-117, 145-149.

vor dem Hintergrund der gegenwärtigen ‚arabisch-islamischen Philosophie'.[10] Bei meiner Untersuchung stütze ich mich auf die Auseinandersetzung zweier arabischer Philosophen aus dem *maghrebinischen* Raum mit der Philosophie der Menschenrechte und den damit verbundenen Fragen nach ihrer Begründung und Geltung im Kontext der heutigen Debatte über ‚Kulturpluralismus' und ‚Universalismus'.

Mein Aufsatz ist in drei Teile gegliedert: Im ersten Teil stelle ich die Philosophie der Menschenrechte aus der Sicht des marokkanischen Philosophen Mohammed Abed al-Jabri (1935-2010) vor. Dabei orientiere ich mich an der Frage: Wie ermöglicht die interkulturelle Erweiterung der normativen Grundlagen der Menschenrechte ihre universelle Implementierung und Geltung?

Im zweiten Teil werde ich die schwierige Beziehung zwischen der Universalität der Menschenrechte und dem Kulturpluralismus aus der Perspektive der ‚Philosophie des Zusammenlebens'[11] des tunesischen Philosophen Fathi Triki behandeln. Dabei spielen die folgenden Fragen eine wichtige Rolle: Steht der Kulturpluralismus im Widerspruch zur Universalität der Menschenrechte? Und welche Gründe führen zu einer kritischen Bearbeitung des Universalitätsbegriffs und somit zu einer Begründung der Transkulturalität der Menschenrechte?

Ausgehend von der kritischen Auseinandersetzung mit den beiden genannten Auffassungen, werde ich im letzten Teil der Arbeit versuchen, meine eigene Position darzulegen und auf einige Schwierigkeiten der Verwirklichung von Menschenrechten aufmerksam machen.

2. Die interkulturelle Vermittlung der Menschenrechte und ihre Folgen

2.1 Interkulturelle Vermittlung der Menschenrechte

Die Menschenrechte, wie man sie z.B. aus der *Allgemeinen Erklärung der Menschenrechte* vom 10. Dezember 1948 kennt, gehören nach al-Jabri zum ‚Undenkbaren' innerhalb des Denksystems der klassischen islamischen Jurisprudenz, wie sie sich zwischen dem 8. und 12. Jahrhundert herausgebildet und bis zum 20. Jahrhundert entwickelt hat. Obwohl innerhalb dieses Denksystems die Begriffe ‚Recht' und ‚Pflicht' zur Sphäre des ‚Denkbaren' gehören, kann dies

10 Man sollte der Bezeichnung ‚arabisch-islamische Philosophie' keine religiöse Bedeutung zuschreiben. Zwar handelt es sich dabei um eine Philosophie in arabischer Sprache, die im Kontext der islamischen Kultur angesiedelt ist; sie orientiert sich aber an den allgemeinen Grundproblemen der Philosophie. Des Weiteren hat sich die Behandlung der philosophischen Probleme im arabisch-islamischen Kulturraum einerseits in ständiger Auseinandersetzung mit der europäischen und angelsächsischen Philosophie und andererseits mit der eigenen philosophischen Tradition, die seit dem 9. Jahrhundert entstanden ist, vollzogen.

11 Vgl. Triki 1998a.

grundsätzlich nicht zu einer Thematisierung der ‚Menschenrechte' führen[12]: Einerseits strukturiert die klassische islamische Jurisprudenz das Verhältnis zwischen den Menschen vor dem religiösen Hintergrund des Schöpfers und seiner Geschöpfe und verfügt daher über keinen Begriff eines autonomen Rechtssubjets im philosophischen modernen Sinne[13]; andererseits kommen die Bürger- und Menschenrechte explizit in der europäischen Aufklärung zum Ausdruck und sind als ein historisches Produkt des langen Prozesses der Säkularisierung aufzufassen. Diese erste Diagnose bezüglich der Entstehung der Menschenrechte wird von al-Jabri nicht bestritten. Wäre es dennoch ‚denkbar', die philosophischen Prinzipien der Menschenrechte, wie sie in der europäischen Aufklärung zu erkennen sind, mit ähnlichen Prinzipien aus dem Koran zu vergleichen? Wie kann eine solche Herangehensweise zu einer Herausbildung von Parallelen bzw. Gemeinsamkeiten bezüglich des Aufstellens von Prinzipien der Menschenrechte führen und somit ihre kulturelle Anschlussfähigkeit an die zeitgenössische arabisch-islamische Kultur ermöglichen? Welche Rolle könnte man der interkulturellen Vermittlung der Menschenrechte zuschreiben?

Um diese Fragen zu behandeln, wird im Folgenden auf die Relevanz der interkulturellen Vermittlung der Menschenrechte eingegangen.

Die Universalität der Menschenrechte, wie sie z.B. in der Erklärung von 1948 zum Ausdruck kommt, wird von al-Jabri nicht in Frage gestellt. Es steht für ihn außer Zweifel, dass die Menschenrechte ein allgemeines Gut sind und dass ihre Universalität ein gemeinsames Ziel der Kulturen darstellt, wenngleich der Universalitätsbegriff kontrovers behandelt wird. Wozu wird in diesem Fall die interkulturelle Vermittlung der Menschenrechte gebraucht und wie wird sie legitimiert?

Das Streben nach einem gemeinsamen und allgemeinen Ziel setzt nach al-Jabri voraus, dass man von denselben oder zumindest ähnlichen Prämissen ausgeht. Dass nicht-europäische Kulturen die Universalität der Menschenrechte mit der europäischen Kultur teilen, setzt voraus, dass diese Kulturen über ähnliche Fundamente der Menschenrechte verfügen. Diese Prinzipien sollen in den jeweiligen Kulturen anhand eines hermeneutischen Verfahrens identifiziert werden. Somit werden eine dynamische Annäherung sowie eine kulturelle Anschluss-

12 Zur ausführlichen Bedeutung der Termini des ‚Undenkbaren' und des ‚Denkbaren' vgl. al-Jabri 2004[3], 193-199; engl. Übersetzung 2009, 209ff. Soweit nicht bereits Übertragungen in deutscher Sprache vorliegen, stammen Übersetzungen von Termini und Zitaten aus dem Arabischen, Englischen und Französischen von mir.

13 Zur Herausbildung des Personenbegriffs (chakhs) im klassischen islamischen Recht, zu seinem Unterschied zu den koranischen Termini [c]Abd (Diener), Makhlouk (ens creatum) und Bachar (humus) sowie zu seiner Bedeutungsdifferenz zu dem Begriff der Innya (Ipseität) bei den Mystikern vgl. Meskini 2010, 143-147; 2010a, 281-295. Zum Personenbegriff in der islamischen Tradition vgl. Arkoun 2009, 62-83.

möglichkeit erzielt, die es erlauben würden, ähnliche Prinzipien zu finden, auf denen die Menschenrechte gründen . Im Fall der arabisch-islamischen Kultur geht es für al-Jabri weder darum, die Menschenrechte auf den Koran und die Sunna – die Überlieferung und die Taten des Propheten Mohammed – zurückzuführen, noch die Überlegenheit des islamischen Menschenrechtsverständnisses gegenüber dem des Westens nachzuweisen.[14] Solche ideologisch motivierten Versuche – wie man sie z.B. in der *Allgemeinen Erklärung der Menschenrechte im Islam* (1981)[15] oder in der *Kairoer Erklärung über Menschenrechte im Islam* (1990)[16] lesen kann – sind irreführend, da sie zum einen einem gravierenden Anachronismus verhaftet bleiben und zum anderen sich zu einer unüberwindbaren Kluft zwischen den Kulturen bekennen.[17]

Die Rekonstruktion der kulturellen Gemeinsamkeiten, auf deren Basis die Menschenrechte mehr Legitimität erlangen würden, wird als eine interkulturelle Vermittlung bzw. Begründungsstrategie der Menschenrechte verstanden. Diese Strategie zur Begründung der Menschenrechte wird von al-Jabri als „kulturelle Implementierung“ aufgefasst:

> Ich meine mit der kulturellen Implementierung der Menschenrechte in unserem zeitgenössischen arabischen Denken das Schaffen eines Bewusstseins für die Universalität der Menschenrechte innerhalb unserer Kultur anhand der Hervorhebung der Universalität der theoretischen Prinzipien, worauf die Menschenrechte beruhen und die sich – wie wir sehen werden – nicht grundsätzlich von den Prinzipien, worauf die Menschenrechte in der westlichen Kultur gründen, unterscheiden.[18]

Al-Jabri definiert die Aufgabe folgendermaßen:

> Der Prozess der kulturellen Implementierung der Menschenrechte in unserem zeitgenössischen arabischen Denken muss sich meines Erachtens der Aufgabe widmen, die Universalität der Menschenrechte in den westlichen und islamischen Kulturen hervorzuheben, d.h. sie muss zeigen, dass sie auf den gleichen philosophischen Prinzipien beruhen. Die Differenzen drücken daher

[14] Eine kritische Auseinandersetzung mit einem solchen ‚islamischen' Verständnis der Menschenrechte bietet z.B. die Arbeit F. Zakariya 2011, 71-82.

[15] Vgl. Bundeszentrale für politische Bildung 2004, 546-549 (Präambel).

[16] Vgl. ebd., 562.

[17] Zur Kritik der unterschiedlichen regionalen Erklärungen der Menschenrechte im Islam vgl. Arkoun 1993, 53ff., 1999, 206-211; Ben Achour 2003, 257; Triki 2005, 331.

[18] Al-Jabri 2004, 144; engl. Übersetzung 2009, 177.

> keine ‚kulturelle Konstante' aus; sie sind eher auf den ‚Entstehungskontext' zurückzuführen. Die Intentionen und die Ziele sind die gleichen.[19]

Um die interkulturelle Vermittlung der Menschenrechte bzw. ihre Implementierung behandeln zu können, stellt sich zuerst die Frage, auf welchen normativen Grundlagen, ja Begründungen die Menschenrechte beruhen. Wie wäre eine interkulturelle Erweiterung der normativen Grundlagen sinnvoll, damit die universelle Geltung der Menschenrechte mehr an Verbindlichkeit gewinnen könnte?

2.2 Die normativen Grundlagen der Menschenrechte

In seiner Rekonstruktion der Begründung der Menschenrechte greift al-Jabri auf die naturrechtliche Auffassung des 18. Jahrhunderts zurück, vor allem auf die Theorien von Locke und Rousseau. Somit schließt er seine Begründung an die naturrechtliche Idee *vor-* oder *außer*-gesellschaftlicher Rechte an. Denn die ‚natürlichen' Rechte des Menschen gehen allen gesellschaftlichen Einrichtungen voraus oder liegen ihnen zugrunde. Sie sind demnach gesellschaftsunabhängige Maßstäbe und Beurteilungsgesichtspunkte für gesellschaftliche Verhältnisse.[20]

> Daraus folgt die Übereinstimmung zwischen dem Begriff der ‚Menschenrechte' und dem Ausdruck ‚Naturrechte': Die Rechte des Menschen sind seine Naturrechte. Es ist klar, dass der Bezug zur ‚Natur' in diesem Zusammenhang bedeutet, dass die Menschenrechte auf eine absolute Referenz gegründet werden: Die Natur geht jeder Kultur und jeder Zivilisation, jeder Gesellschaft und jedem Staat voraus. Daher bildet sie eine allgemeine und absolute Referenz, und die Rechte, die darauf gegründet werden, sind ebenfalls allgemeine und absolute Rechte.[21]

Man kann sich fragen, warum al-Jabri darauf verzichtet, die Menschenrechte als juridische Rechte zu behandeln[22], die den Einzelnen durch Gesetze verliehen werden. Es liegt die Vermutung nahe, dass die naturrechtliche Begründung der Menschenrechte eine geeignetere Begründungsstrategie innerhalb autoritärer arabischer Staaten darstellten könnte. Eine solche Begründungsstrategie geht von einer *vor*staatlichen Instanz aus, die die Rechte verleihen kann und somit den Menschenrechten eine minimale Begründung absichern. Obwohl einige Fortschritte im Bereich der Entwicklung der Menschenrechte in einigen arabischen Ländern erkennbar sind, bleiben die Prozesse der Verrechtlichung meistens mit

[19] Ebd., 143; engl. Übersetzung, 177.
[20] Vgl. Menkel/ Pollmann 2008, 28f.
[21] Al-Jabri 2004^3, 151; engl. Übersetzung 2009, 181.
[22] Zu Menschenrechten als juridische Rechte vgl. Habermas 1992, Kap. III und IV. Zur Transformation moralischer in juridische Rechte vgl. Sandkühler 2008, 369-394.

gravierenden politischen Problemen behaftet. Außerdem findet die naturrechtliche Begründung der Menschenrechte, die auf der Idee eines ‚Naturzustands' und eines ‚sozialen Vertrags' fußt, eine kulturelle Korrespondenz in der arabisch-islamischen Kultur. Damit wird die Ermöglichung einer interkulturellen Erweiterung der normativen Grundlagen der Menschenrechte erzielt, um eine minimale Begründung und Akzeptanz der Menschenrechte zu gewährleisten:

> Die Religion war also keine allgemeine und ‚universelle' Referenz, worauf die europäischen Philosophen im 18. Jahrhundert die Universalität der ‚Menschenrechte' gründeten. Sie haben eine unabhängige rationale Referenz herausgebildet, die die Autorität der Kirche aufhebt und übersteigt. Eine solche Referenz beruht auf den folgenden drei Hauptannahmen: Die Übereinstimmung zwischen der Ordnung der Natur und der Ordnung der Vernunft, die Hypothese von einem ‚Naturzustand' und die Idee eines ‚sozialen Vertrags'.[23]

Wie werden die ‚Übereinstimmung zwischen der Ordnung der Natur und der Ordnung der Vernunft', die Hypothese von einem ‚Naturzustand' und die Idee eines ‚sozialen Vertrags' interkulturell vermittelt?

2.3 Interkulturelle Erweiterung der normativen Grundlagen

Die ‚Übereinstimmung zwischen der Ordnung der Natur und der Ordnung der Vernunft', die Hypothese eines ‚Naturzustands' und die Idee eines ‚sozialen Vertrags' entsprechen in der Rekonstruktion von al-Jabri einigen Koranversen zur ‚Korrespondenz von Verstand und Natur', sowie dem ‚Hanīfbegriff' und den Begriffen des ‚Bundes' (ᶜahd, mīṯāq) und der ‚Beratung' (shūrā).

Ausgehend von den Hinweisen im Koran zielt al-Jabri darauf, zum einen die blinde Nachahmung der Vorväter zu kritisieren[24] und zum anderen die Aufforderung zum autonomen Gebrauch des menschlichen Verstandes hervorzuheben.[25] Die Aufforderung im Koran zur ‚Reflexion'[26], zum ‚Nachdenken'[27] und zum ‚Betrachten'[28] interpretiert al-Jabri als eine Fähigkeit zur Rechtleitung und als eine Aufforderung, die Ordnung der Natur durch den Verstand zu erkennen.[29] Es besteht daher eine Korrespondenz zwischen der Ordnung des Verstands und der der Natur.

[23] Al-Jabri 2004, 147; engl. Übersetzung 2009, 179.
[24] Vgl. Der Koran 2007, 26: 70-74.
[25] Vgl. ebd., 2: 164.
[26] Vgl. ebd., 3: 190.
[27] Vgl. ebd., 59: 2.
[28] Vgl. ebd., 7: 185, 6: 77.
[29] Vgl. Al-Jabri 2004, 156; engl. Übersetzung 2009, 184.

Diese Aufforderung zum Gebrauch des Verstands hängt mit der Rückkehr zum Hanīf-Zustand zusammen. Die ‚Reflexion' führt die Ordnung der Natur auf einen Hanīf-Zustand zurück. Der Hanīfbegriff bezeichnet im Koran etwa „die natürliche Art, in der Gott die Menschen erschaffen hat".[30] Außerdem verbindet „der Koran […] den Begriff in besonderer Weise mit Ibrāhīm [= Abraham] und kontrastiert ihn mit dem des Polytheisten. In Übereinstimmung mit der koranischen Anschauung, dass der Islam die Religion des Ibrāhīm fortsetze bzw. wiederherstelle, werden sowohl die Gläubigen als auch der Prophet selbst aufgefordert, sich als Hanīf zu verhalten."[31]

Man braucht in diesem Rahmen nicht ausführlicher auf die einzelnen philologischen, theologischen und islamwissenschaftlichen Interpretationsfragen zum Hanīfbegriff einzugehen.[32] Relevant für die Herangehensweise von al-Jabri ist allein die interkulturelle Vermittlungsfunktion dieses Begriffs: Es handelt sich dabei um einen natürlichen Zustand, der allen monotheistischen Religionen vorausgeht und der mit dem Naturzustand vergleichbar ist.

Vor dem Hintergrund dieses Zustandes, der als abrahamitisches Moment der monotheistischen Religionen interpretiert werden kann, werden die Begriffe des ‚Bundes' und der ‚Beratung' behandelt. Mit dem Bundbegriff im Koran sind die folgenden Bedeutungen gemeint: Einerseits Anordnungen und Verfügungen, die Gott in verschiedenen Stadien der Heilsgeschichte für die Menschen festsetzte,[33] sowie Verpflichtungen,[34] welche die Menschen gegenüber Gott eingingen, andererseits die Abkommen und die Verträge der Menschen untereinander.[35]

Die Idee des Bundes ähnelt in ihrer Funktion der Idee des Vertrags: Nachdem Gott die Menschen dazu verpflichtet hat, nur ihn anzubeten, hat er durch seine Propheten die Menschen beauftragt, ihn auf Erden zu vertreten: Das Zusammenleben der Menschen folgt dem Prinzip der ‚Beratung', das den Konsens im sozialen und politischen Bereich schafft.

30 Vgl. Der Koran 2007, 30: 30: „Richte nun dein Antlitz auf die (einzig wahre) Religion! (Verhalte dich so) als Hanīf! (Das (d.h. ein solches religiöses Verhalten) ist) die natürliche Art, in der Gott die Menschen erschaffen hat. Die Art und die Weise, in der Gott (die Menschen) geschaffen hat, kann (oder: darf?) man nicht abändern (w. (gegen etwas anderes) austauchen). Das ist die richtige Religion. Aber die meisten Menschen wissen nicht Bescheid."

31 Maier 2001a, 76f.

32 Zum Hanīfbegriff im Koran vgl. Paret 2005, 32f., 390. In diesem Kontext wäre es sinnvoll, den Fitrah-Terminus zu berücksichtigen.

33 Vgl. Der Koran 2007, 3: 76f., 13: 20f., 33: 7f., 15.

34 Vgl., ebd., 2: 40.

35 Vgl., ebd., 6: 152, 16: 90f., 48: 10. Zum Bundbegriff im Koran vgl. Maier 2001, 29; Schacht1960ff., Bd., 1 (1960), 255; Bosworth 1960ff., Bd. 7 (1993), 187f.

2.4 Mögliche Einwände gegen die interkulturelle Erweiterung der normativen Grundlagen der Menschenrechte

Ich habe al-Jabris Versuch, die Menschenrechte in den Kontext der arabisch-islamischen Kultur zu implementieren, als eine interkulturelle Vermittlung der Menschenrechte interpretiert. Denn seine Rechtfertigungsstrategie bezweckt, die philosophischen Prinzipien der Menschenrechte – verstanden in einer naturrechtlichen Perspektive – kulturell übertragbar zu machen. Diese kulturelle Übertragung führt zu einer interkulturellen Erweiterung der normativen Grundlagen der Menschenrechte.

Der Implementierungsversuch, den al-Jabri vorgenommen hat, ist vielmehr im Rahmen einer spekulativen und rationalen Theologie angesiedelt. In diesem Kontext wäre es angebracht zu fragen, warum ein starker Vertreter des Rationalismus wie der Philosoph al-Jabri die interkulturelle Vermittlung der Menschenrechte vor dem Hintergrund einer rationalen Theologie bevorzugt.[36] Besteht nicht in diesem Kontext die Gefahr, die Menschenrechte auf die Religion zu reduzieren?

Nach meiner Auffassung beruht al-Jabris Implementierungsversuch auf einer ähnlichen Argumentationsstrategie, wie sie von Ibn Rushd in seiner *Entscheidenden Abhandlung* angewendet worden ist, um die griechische Philosophie erneut zu rechtfertigen.[37] Um die Mehrheit der ‚Muslime'[38] erreichen zu können und sie davon zu überzeugen, dass das Philosophieren eine rationale und sogar eine religiöse Verpflichtung sei, sollte der Philosoph zusätzlich im Jargon der rationalen Theologen argumentieren. Dadurch kann es ihm gelingen, die kulturessentialistischen und Exklusivitätsansprüche der orthodoxen Theologen zu widerlegen. Hinsichtlich der Reflexion von Menschenrechten gewinnt diese Denkstrategie heutzutage an Aktualität, vor allem nach dem Misserfolg der Aufklärungsversuche in der arabisch-islamischen Welt im 20. Jahrhundert. Die rationale Theologie kann die Universalität der Menschenrechte begründen und sie dadurch für eine breitere Öffentlichkeit zugänglich machen.

Es ist sinnvoll hervorzuheben, dass die Universalität der Menschenrechte eine ‚kulturelle Konstante' zwischen den Kulturen bildet. Damit verbunden ist eine interkulturelle Geltung der Menschenrechte, die bei allen Kulturen auf Akzeptanz rechnen kann. Die kulturelle Differenz hingegen ist für al-Jabri nur im Bezug auf den ‚Entstehungskontext', d.h. auf die rekonstruierten Prinzipien der Menschenrechte nachvollziehbar. Sie besteht vor allem in der internen Rationalisierungsmöglichkeit, über die eine Kultur verfügt, um die Universalität der Nor-

[36] Vgl. Al-Jabri 2009a; 2011, 103-116.

[37] Vgl. Averroes 2009, 1ff.

[38] Ich verwende dieses Wort weniger in einem religiösen als vielmehr in einem kulturellen Sinne.

men auszudrücken. Aus diesem Grund ist seine interkulturelle Übertragung ihrer Prinzipien im Horizont des Korans verortet. Dies sollte nicht als eine reduktionistische Herangehensweise verstanden werden, die die Menschenrechte auf den Islam zurückführen möchte. Denn gerade gegen die reduktionistische Vorstellung und somit gegen die kulturrelativistische Auffassung der Menschenrechte im arabisch-islamischen Kulturraum, die überwiegend von Islamisten und einigen säkularen Intellektuellen vertreten wird[39], richtet sich der Implementierungsversuch von al-Jabri.[40]

Dennoch ist al-Jabris Versuch mit mindestens zwei gewichtigen Einwänden konfrontiert, auf die ich hier kurz eingehen möchte. Der erste Einwand besagt, dass die Menschenrechte nur innerhalb der Säkularisierung, die sich gegen die Religion richtet, entstehen können. Der zweite Einwand betrifft die Meinungsfreiheit sowie die Gleichberechtigung zwischen Mann und Frau im Islam.

Al-Jabris Verständnis der Säkularisierung steht nicht im Widerspruch zur Religion. Zwar musste die Säkularisierung in Europa gegen eine bestimmte Form der Religion, die von der Kirche vertreten wird, kämpfen, sie richtete sich aber nicht grundsätzlich gegen die Religion. Eine Anpassungsmöglichkeit der Religion innerhalb der Säkularisierung wäre möglich unter der Voraussetzung, dass sie u.a. die Menschenrechte achtet. Ist diese Konstellation praktisch möglich im heutigen politischen Kontext der arabischen Gesellschaften? Dieser Frage ist der dritte Teil meiner Arbeit gewidmet.

Vor dem Hintergrund einer rationalen Theologie wird die Vermittlung der Menschenrechte erschwert und somit die Meinungsfreiheit bzw. Religionsfreiheit und die Gleichberechtigung zwischen Mann und Frau. Genau gegen diese These ist die Auffassung von al-Jabri zu verstehen. Im Einklang mit den jüngsten theologischen und juristischen Reformtendenzen ist al-Jabri zu Recht der Meinung, dass im Koran keine konkrete Strafandrohung gegen den Apostaten zu finden sei.[41] Des Weiteren lässt sich aus seiner rational-pragmatischen Argumentation ableiten, dass die Gleichberechtigung zwischen den Geschlechtern im Islam – zumindest theoretisch – auch theologisch legitim sei. Dieser Punkt wird im dritten Teil meiner Arbeit durch Verweis auf neuere feministische und subversive Reformbestrebungen im Islam ergänzt.

39 Vgl. Mohr 2010, 221f.
40 Vgl. Al-Jabri 2004, 139-144; engl. Übersetzung 2009, 175ff.
41 Vgl. ebd., 173-179; 196-200.

3. Kulturpluralismus und Transkulturalität der Menschenrechte

Die späteren Konkretisierungen der Menschenrechte wie z.B. der *Internationale Pakt über wirtschaftliche, soziale und kulturelle Rechte* von 1976, die *Erklärung zum Recht auf Entwicklung* von 1986[42] und die *Allgemeine Erklärung zur kulturellen Vielfalt* von 2001[43] beinhalten Fathi Triki zufolge weitere Positivierungen politischer, sozialer, ökonomischer und kultureller Rechte.[44] Insbesondere in der letzten Erklärung werden die „Menschenrechte als Garantien für kulturelle Vielfalt" in den Vordergrund gestellt. Dabei wird der „kulturelle Pluralismus" als eine „politische Antwort auf die Realität kultureller Vielfalt"[45] (Art. 2) aufgefasst. In diesem Kontext ist zu fragen, wie sich der Kulturpluralismus mit der Universalität der Menschenrechte vereinbaren lässt. Die Beschäftigung mit dieser Frage hängt bei Triki mit der kritischen Behandlung des Universalitätsbegriffs zusammen und sollte zu einer Auffassung der Transkulturalität der Menschenrechte führen.

Parallel zu den obigen Deklarationen sind ferner ‚regionale' und ‚transnationale' Menschenrechtserklärungen zur Sprache gekommen, wie z.B. die *Allgemeine Erklärung der Menschenrechte im Islam* (1981)[46], die *Kairoer Erklärung über Menschenrechte im Islam* (1990)[47] und die *Arabische Charta der Menschenrechte* (1994).[48] Sind diese Deklarationen als Ausdruck einer ‚kulturellen Vielfalt' oder einer ‚geschlossenen Identität' zu verstehen?

In diesem Zusammenhang möchte ich anhand der ‚Philosophie des Zusammenlebens', wie sie bisher von Triki entwickelt wurde, die Artikulation des Kulturpluralismus mit der Universalität der Menschenrechte im Horizont einer transkulturellen Perspektive interpretieren. Dabei stütze ich mich vor allem auf die Klärung der Begriffe der ‚Vernünftigkeit', des ‚Plurikulturalismus', der ‚Interkulturalität' und der ‚Transkulturalität'.

3.1 Der Vernünftigkeitsbegriff im Kontext der Philosophie des Zusammenlebens

Die ‚Philosophie des Zusammenlebens' lässt sich als eine kritische und offene Philosophie charakterisieren.[49] Sie distanziert sich stark von den geschlossenen metaphysischen Denksystemen und vom Dogma der totalitären Doktrinen, seien

42 Vgl. Bundeszentrale für politische Bildung 2004, 251-260.
43 Vgl. Allgemeine Erklärung zur kulturellen Vielfalt 2001.
44 Triki 2005, 331f.; Vgl. Sandkühler 2010, 1543f.
45 Allgemeine Erklärung zur kulturellen Vielfalt 2001, Art. 4.
46 Vgl. Bundeszentrale für politische Bildung 2004, 546-562.
47 Vgl. ebd., 562-567.
48 Vgl. ebd., 568-574.
49 Vgl. Triki 1998, 13.

sie religiöser oder politischer Art. Sie ist eine ständige Suche nach den Bedingungen des Zusammenlebens der Menschen und der Kulturen in einer Welt, in der weiterhin Verletzungen der Menschenrechte, Völkermorde, Neokolonialismus und diverse Formen von Ausgrenzung fortdauern.[50]

Drei Hauptmomente der Philosophiegeschichte verweisen auf die aktuelle Relevanz der Philosophie des Zusammenlebens: Erstens die Ethik des Sokrates, die das menschliche Denken auf die Angelegenheiten der Menschen ausrichtet; zweitens der Vernünftigkeitsbegriff von al-Farabi (872-950) sowie der Gerechtigkeits- bzw. der Geselligkeitsbegriff von Miskawayh (932-1030), auf deren Basis eine Verbindung von theoretischer und praktischer Philosophie gesucht wird, die fähig ist, das menschliche Glück zu denken und zu erlangen; drittens die Ethik Kants, die den Anderen berücksichtigt und ein Ideal vom ewigen Frieden anstrebt.[51]

Die Aktualisierung von al-Farabis Vernünftigkeitsbegriffs (at-ta^{c}aqul) ist meines Erachtens in diesem Kontext von zentraler Bedeutung, denn es handelt sich um keine geschichtsphilosophische Konzeptualisierung des Begriffs, sondern um einen systematischen Zugang, der allgemeingültige rationale Normen für das Zusammenleben der Menschen begründen kann.[52]

Triki übernimmt die Unterscheidung von al-Farabi in der *Abhandlung über den Intellekt*[53] und den *Ausgewählten Aphorismen*[54] zwischen Intellekt bzw. ‚Vernunft' und ‚Vernünftigkeit' und versucht sie weiter zu thematisieren, um die ethischen, sozialen und politischen Implikationen der Vernünftigkeit für eine Philosophie des Zusammenlebens zu gewinnen: Die Vernunft liegt jeder theoretischen Reflexion zugrunde. Im Unterschied dazu, verbindet sich die Vernünftigkeit mit dem praktischen Gebrauch der Vernunft und ihrer Verwendung im Alltag der Menschen.[55] Die Vernünftigkeit öffnet die Vernunft gegenüber der Praxis und ermöglicht daher, das Zusammenleben der Menschen gemäß theoretischen Kriterien und praktischer Verfügung zu gestalten.

Ein weiterer Beweis für die Relevanz der Idee der Vernünftigkeit findet Triki in Rawls Unterscheidung zwischen dem ‚Vernünftigen' und dem ‚Rationalen'.[56]

50 Vgl. Triki 2002, 36.
51 Vgl. ebd., 25-38.
52 Vgl. Triki 1998, 79-86.
53 Vgl. Al-Farabi 1948. Zur deutschen Übersetzung von al-Farabis *Abhandlung über den Intellekt* vgl. ders. 1892, 61-81. Eine fundierte und aktualisierte Arbeit bieten die französische Übersetzung und der Kommentar von Dyala Hamzah vgl. Al-Farabi 2001.
54 Vgl. Al-Farabi, *Fusul muntaza^{c}a* [Ausgewählte Aphorismen] hg. von Fawzi Najjar, 1971. Darauf basierend sind die englische sowie die französische Übersetzung entstanden, vgl. Al-farabi 2001a; 2003.
55 Vgl. Triki 1998, 79ff.
56 Vgl. Rawls 1998, 120-127.

„Das Rationale“, schreibt Rawls, „ist gleichwohl eine von der Idee des Vernünftigen verschiedene Idee und bezieht sich auf einzelne, einheitliche Akteure (entweder Individuen oder Körperschaften), die in der Lage sind, zu urteilen und zu überlegen, welches ihre ureigensten Zwecke und Interesse sind.“[57] Hingegen ist das Vernünftige „ein Element der Idee der Gesellschaft als eines Systems fairer Kooperation, und daß deren Bedingungen von allen vernünftigerweise akzeptiert werden können, gehört zur Idee der Reziprozität“[58].

Auf die Interpretation der Vernunft und der Vernünftigkeit bei Triki kann in diesem Kontext nicht ausführlicher eingegangen werden. Deshalb beschränke ich mich auf folgende Punkte seiner ‚Philosophie des Zusammenlebens': (a) auf die lebendige und dynamische Einheit von Vernunft und Vernünftigkeit als wichtige Grundlage für das menschliche Leben, (b) auf die Öffnung der Vernunft gegenüber den alltäglichen Problemen der Menschen und ihrer Lebenspraxen[59], (c) darauf, die ‚Vernünftigkeit' als eine neue ethische, politische und ästhetische Perspektive zu erschließen und ihr humanes Antlitz wiederzuerwecken[60], (d) darauf, den Anderen auf gleicher Ebene zu behandeln, und (e) darauf, das Streben nach dem kantischen Ideal eines ewigen Friedens zu fördern.[61]

Mit der Aktualisierung der Vernünftigkeit wird eine minimale rationale Grundlage des menschlichen Zusammenlebens geboten, denn erst auf dieser Basis wird es möglich, von dem Universalitätsanspruch der Normen zu sprechen. Relevant ist ferner das Streben nach einem ‚vernünftigen übergreifenden Konsens', der zum einen das Faktum des Pluralismus der Kulturen ernst nimmt und zum anderen die Universalität der Menschenrechte zum Ziel setzt. Somit erfährt Rawls' Begriff des ‚übergreifenden Konsenses' eine interkulturelle Erweiterung. Wie wird in diesem Fall der Pluralismus der Kulturen wahrgenommen, ohne auf die Universalität der Normen zu verzichten? Diese Frage wird nun mit den Begriffen des Plurikulturalismus und der Interkulturalität kritisch behandelt.

3.2 Plurikulturalismus

‚Plurikulturalismus' bezeichnet die Koexistenz von zwei oder mehreren Kulturen innerhalb einer Gesellschaft oder einer Gruppe von mehreren Gesellschaften. Diese Koexistenz ist im Zeitalter der Globalisierung aktueller denn je. Daher versucht Triki anhand des Plurikulturalismusbegriffs einige Aspekte des Globalisierungsphänomens zu beschreiben. Ziel des Plurikulturalismusbegriffs ist es, der heutigen kulturellen Vielfalt gerecht zu werden, sei es in pluralistischen oder

57 Ebd., 123.
58 Ebd., 122.
59 Vgl. Triki 1998, 29ff.; ders. 2002. 27ff.
60 Vgl. Triki 1998, 79ff.; ders. 1998a, 32-37; ders. 2002, 28-34.
61 Vgl. Triki 1998a, 29ff.; ders. 2002, 27ff.

monokulturellen Gesellschaften. Durch die grenzüberschreitende Bewegung von Menschen und Ideen wird der Monokulturalismus zunehmend an Bedeutung verlieren.

Zwar sieht Triki in der Globalisierung eine Chance für eine bessere Vernetzung der Individuen und für ein konstruktives Zusammentreffen unterschiedlicher Kulturen, dennoch konzentriert er sich mehr auf die negativen Seiten der Globalisierung.[62] Dabei müssen hier zwei Aspekte erwähnt werden: Die massive Verbreitung der Gewalt und die Einebnung der kulturellen Vielfalt auf eine einzige und einseitige Form der Kultur.

Mit der Globalisierung tritt eine Konfiguration des ‚Fremden' zutage: Man unterscheidet den ‚guten Fremden' vom ‚Illegalen', vom ‚Schwarzhändler', vom ‚Terroristen', vom ‚Flüchtling', von dem, der politisches Asyl beantragt.[63] Der ‚Fremde' wird der „unmögliche Bürger" oder der „Noch-nicht-Bürger".[64] Diese Gestalt verändert sich hin zur irreduziblen Andersheit des Anderen. In diesem Kontext stellt Triki jenen Widerspruch in den Vordergrund, der der Logik der Globalisierung innewohnt: Während in Europa die Grenzen fallen und die Menschen dadurch mehr Freizügigkeit genießen, werden die anderen Nicht-Europäer kontrolliert und juristisch von außen beherrscht.

Obwohl Triki sich in seiner Beschreibung der Globalisierung auf den Terminus des Plurikulturalismus stützt, schreibt er ihm keine normative Bedeutung zu:

> Deshalb betone ich, dass mit ‚Plurikulturalismus' ein Faktum beschrieben werden kann, das offensichtlich in Transformationen von Gesellschaften im Prozess der Globalisierung besteht, aber niemals in dem Sinne eine kohärente philosophische Doktrin bezeichnen kann, dass jegliche Form von Einheit ausgeschlossen wird, und dies heißt letztlich: jegliche Form von Abstraktion und folglich von begrifflicher Konzeptualisierung. ‚Plurikulturalismus' bezeichnet eine empirische Feststellung, nicht aber ein Konzept.[65]

Es scheint, dass das Problem weniger in der Verwendung des Konzepts ‚Plurikulturalismus' liegt, als vielmehr an den ethischen und politischen Konsequenzen dieser Beschreibungsweise: Theoretisch mangelt es dieser Modalität an einer ausreichenden Normativität, und sie ist aus diesem Grund nicht in der Lage, ein allgemeingültiges Prinzip zu bieten, woraus die Menschenrechte universell denkbar werden. Praktisch führt die starke Hervorhebung der Vielfalt der Kultu-

62 Vgl. Kühnhardt 2005, 343.

63 Vgl. Triki 2003, 24ff. Der Zusammenhang von Trikis Konzept ‚Plurikulturalismus' mit dem Konzept ‚Multikulturalismus' ist nicht deutlich. Es liegt die Vermutung nahe, dass mit den beiden Konzepten derselbe Gegenstand gemeint ist.

64 Ebd., 22.

65 Triki 2005, 327. Für die Verbesserung der Übersetzung von Zitaten Trikis danke ich Hans Jörg Sandkühler ganz herzlich.

ren zu einer kulturrelativistischen Vorstellung der Menschenrechte. Der Plurikulturalismus bildet nur einen Ausgangspunkt. Deshalb ist es angebrachter, dem kulturellen Pluralismus aus der Perspektive der Interkulturalität gerecht zu werden, denn dies erlaubt zumindest eine Interaktion zwischen den Kulturen.

3.3 Interkulturalität

Mit dem Interkulturalitätsbegriff werden Interaktionen zwischen den Kulturen herausgestellt, die ebenso fruchtbare Reibungen und konstruktive Übereinstimmungen hervorbringen wie sie deutliche Unterschiede erkennen lassen. Erst innerhalb der Interkulturalität wird dem kulturellen Pluralismus Rechnung getragen. Aus diesem Grund liegt das Hauptanliegen der Interkulturalität darin, gegen die politische Identifikation und die Nivellierung der Lebensweisen vorzugehen, um die kulturelle Vielfalt zu bewahren. Triki betont:

> Mit dem Begriff ‚Interkulturalität' ist eine Philosophie verbunden, die es erlaubt, sowohl die strukturellen Unterschiede der Kulturen als auch deren Gleichheit hinsichtlich ihrer intrinsischen Werte zu respektieren und jede Kultur als Träger einer Universalität zu verstehen, die zum Angebot eines ‚bonum commune' an die ganze Menschheit macht.[66]

Der kulturelle Pluralismus bildet somit eine primäre Identitätsstufe, die von der interkulturellen Philosophie weiterentwickelt werden kann.

Bei der Kritik an der ‚westlichen Rationalität' steht die Interkulturalität als Denkmodus und philosophische Haltung, denn die westliche Rationalität wird von Triki unter dem Aspekt der Ausgrenzung der Anderen betrachtet. Als nordafrikanischer Philosoph, der die Erfahrung des Kolonialismus kennt, stellt er die Exklusivität der ‚westlichen Rationalität' in Frage, da sie die einzige ist, die einen universellen Anspruch auf Vernunft und Menschenrechte erhebt. Hier kann sogar von einem Paradox der europäischen Moderne die Rede sein: Einerseits werden die Ideale der Freiheit, Gleichheit und Brüderlichkeit als Ideale für die ganze Menschheit hervorgehoben; anderseits werden zugleich nicht-europäische

[66] Ebd.

Kulturen und Völker in Lateinamerika, in Afrika und Asien systematisch missachtet.[67]

Hinter dieser Praxis steht nicht nur Rassismus, sondern auch das, was Triki in Anlehnung an Walter D. Mignolo ‚Kolonialität' (coloniality, colonialité) nennt. Mit diesem Ausdruck wird nicht nur die historische Tatsache des Kolonialismus charakterisiert; vielmehr wird damit eine Denkstruktur dargestellt, die die Anderen ausgrenzt:

> In der Tat ist es die Struktur westlicher Rationalität, die es ermöglicht hat, Kolonialität als mögliches Verhältnis zum Anderen zu integrieren. Die jüngste praktische Umsetzung dieses Verhältnis ist im Irak nach der Kolonialisierung durch die USA und Großbritannien zu sehen. Ein anderer Ausdruck von Kolonialität ist die Konstruktion israelischer Wohnkolonien im besetzten Palästina. Die Utopie der Freiheit, des Fortschritts und der Humanität, die wir der Aufklärung verdanken, wurde regelmäßig militärisch und ideologisch durch die westlichen Herrschaftskräfte ‚berichtigt'.[68]

Gegen diesen hegemonialen Normativitätsanspruch sind die unterschiedlichen Menschenrechtserklärungen als Zeugnisse kultureller Vielfalt aufzufassen; sie ermöglichen eine „dialogische Logik", die versucht, die leere Abstraktion des Universalitätsbegriffes in der *Allgemeinen Menschenrechtserklärung* aufzuheben. Es geht in diesem Zusammenhang nicht darum, die Universalität der Menschenrechte zu leugnen, sondern die schwierige Artikulation der Differenz zwischen der Universalität der Menschenrechte und der Vielfalt der Kulturen zu reflektieren, ohne jedoch die *Allgemeine Erklärung der Menschenrechte im Islam* (1981) oder *Die Kairoer Erklärung über Menschenrechte im Islam* (1990) stark berücksichtigen zu müssen. Diese Erklärungen weisen eher auf einen geschlossenen Identitätsansatz hin und beanspruchen einen exklusiven und religiö-

67 In Ahnlehnung an Michel Serres kann man hervorheben, dass das Universalismusprojekt der klassischen Vernunft, die mit einem Reduktionismus operiert hat, als eine „Projektion der von Gewalt geprägten Situation des Herrn und des Kolonisators" betrachtet werden kann. Serres setzt fort: „Das Unsinnige, das Ungedachte, das Unfühlbare und Undenkbare, das Unbewusste all das ist buchstäblich häretisch, wild, versklavt. Das klassische Zeitalter kolonialisiert jungfräuliche Landstriche durch Negation, Mord und eine Praxis der verbrannten Erde. Auch im stillen Haus des universalen Menschen liegen Leichen im Keller. Von diesen Landstrichen aus gesehen, ist es ein wildes Zeitalter, und die Toten schreien nach Rache. Es vertrieb die Irren und gab ihnen als Wohnstatt das Meer des Irrationalen; es verbrannte die Hexen, die Juden und einige Astronomen; es unterdrückt die Phantasie, drückte dem Traum seine Herrschaft auf, eliminierte den Irrtum und lehnt im strengen Sinne die Kultur ab oder vielmehr die Kulturen." Serres 1991, 278f.

68 Triki 2005, 331f.

sen Universalitätsbegriff. Sie beruhen auf einer apologetischen und glorifizierten Vorstellung des Selbst.

Im Zuge der kritischen Auseinandersetzung mit der Exklusivität des Universalitätsbegriffs, die sowohl von der europäisch-westlichen Moderne – die in die Erklärung von 1948 eingeschrieben ist – als auch von islamisierten Menschenrechtserklärungen behauptet wird, formiert sich das Plädoyer für die interkulturelle Philosophie. In diesem Zusammenhang betont Triki:

> Das Konzept ‚Interkulturalität' unterstellt die Angemessenheit der verschiedenen Vorschläge in Erklärungen der UNESCO und der Vereinten Nationen zugunsten der Berücksichtigung kultureller Unterschiede, sei es im *Internationalen Pakt über wirtschaftliche, soziale und kulturelle Rechte* von 1966 oder in jener der Vereinten Nationen *zum Recht auf Entwicklung* von 1986 oder auch in der jüngsten *Allgemeinen Erklärung zur kulturellen Vielfalt* der UNESCO von 2001. Interkulturalität beinhaltet eine pragmatisch begründete Logik des Dialogs, um den rationalistischen Archetypus zu ersetzen, der im Kontext einer Globalisierung der Ideen, Märkte, Rechte, Wissenschaften und Technologien ein anderes als westliches rationales Recht undenkbar werden lässt und in dem die traditionellen Rechte nur als das erscheinen, was durch den Prozess der Modernisierung zunichte zu machen ist.[69]

Das Konzept der Interkulturalität geht über den faktischen Pluralismus der Kulturen hinaus, indem es das Verbindliche zwischen den Menschen erkennt und rekonstruiert, um die Einheit des Menschlichen zu bewahren. Darauf aufbauend versucht die Transkulturalität die Universalität der Normen als gemeinsamen Anspruch zu denken und nach einem entsprechenden Handeln zu streben.

3.4 Transkulturalität

Das Konzept der Transkulturalität geht über die Konzepte des Plurikulturalismus und der Interkulturalität hinaus.[70] Transkulturalität bietet Individuen oder Gruppen die Möglichkeit, kritisch zu kommunizieren. Sie besteht aus einer horizontalen Bewegung, die dazu führen sollte, gemeinsame Werte und Normen zwischen den Kulturen zu suchen, und einer vertikalen Bewegung, die darauf zielt, Begriffe auszubilden, die über die empirische Vielfalt der Kulturen hinausgehen. Daher nimmt „‚Transkulturalität' nun [...] den kritischen Aspekt aller Kulturen wieder auf, um das, was universell sein kann, auf transversale und transzendente Weise

[69] Ebd., 331.

[70] Zur einer möglichen Bedeutung des Begriffs der Transkulturalität vgl. Welsch 2010, 2771-2777.

zu bestimmen und hierdurch einen kritischen und stets erneuerbaren Korpus von Werten zu konstruieren, die der ganzen Menschheit gemein sind".[71]

Dabei spielt die Kritik am abstrakten Universalitätsbegriff der europäischen Moderne eine wichtige Rolle. Denn „die Kritik falscher Universalitätsvorstellung hat das Ziel, vom *Imperium* des ‚vergeistigen' Menschen und von der Beherrschung durch die Politik der Supermächten zu befreien, die des Modells des vergeistigten Menschen bedürfen, um gegenüber dem Rest der Welt eine ‚zivilisierende (kolonialisierende) Mission' entfalten zu können."[72]

Die Universalität, nach der die Transkulturalität strebt, liegt nach Triki in der transversal hindurchlaufenden Bewegung, die die Kulturen historisch und ontologisch miteinander verbindet. Aus diesem Grund plädiert er für eine „transkulturelle Theorie der Moderne"[73], die die ‚Frühaufklärung' in der arabischen Philosophie vor allem im 12. Jahrhundert sowie die kulturellen, sozialen und politischen Leistungen der arabischen Moderne seit dem 19. Jahrhundert einbezieht.

Außerdem werden innerhalb dieser Auffassung der Transkulturalität die anderen Kulturen wahrgenommen. Aus dieser Perspektive wird betont:

> In der neuen, mit ‚Transkulturalität' verbundenen Sichtweise ist *Alterität* die Basis allen menschlichen Handelns; sie fordert die Kultivierung des Altruismus und angesichts der gegenwärtig die Welt erschütternden Barbarei die Entwicklung des Gefühls der Liebe zur Menschheit. ‚Transkulturalität' bezeichnet einen neuen Raum, der sich der aktuellsten philosophischen Reflexion eröffnet, um der Universalität ihr menschliches Profil zurückzugeben und sie von der politischen Praxis des Imperialismus der Supermächte zu befreien.[74]

Dieser humane Charakter des Zusammenlebens von Menschen und Kulturen gründet auf einer wechselseitigen Achtung und Anerkennung und zielt darauf, die Transkulturalität der Normen auf der Basis der Vernünftigkeit zu verwirklichen.

4. *Auf dem Weg von der Interkulturalität zur Transkulturalität der Menschenrechte*

4.1 *Zwischenbilanz*

Die bisherige Beschäftigung mit den Menschenrechten aus der Perspektive des interkulturellen übergreifenden Konsenses muss nun weiter differenziert werden:

[71] Triki, 2005, 336.
[72] Ebd., 337.
[73] Ebd.
[74] Ebd., 339.

Zunächst auf der Ebene der Prinzipien. Dabei spielt eine interkulturelle Erweiterung der normativen Prinzipien der Menschenrechte und die Schaffung der Bedingungen ihrer Implementierung eine entscheidende Rolle. In diesem Zusammenhang erlangt die kulturelle Differenz ihre Relevanz. Sie besteht nach al-Jabri in der Möglichkeit, über eine Kultur zu verfügen, um die Universalität der Normen in einer kulturell spezifischen Weise auszudrücken. Hingegen ist für Triki die kulturelle Differenz primär konstitutiv, da sie die Andersheit der Anderen ausmacht und zugleich den Zugang zur Interkulturalität in einem ersten Schritt und zur Transkulturalität in einem zweiten Schritt eröffnet. Dennoch heben die beiden Philosophen auf kulturelle Differenz ab, verfolgen jedoch keine kulturrelativistische Begründung der Menschenrechte. Sie plädieren eher für ein offenes Identitätskonzept.

Zweitens auf der Ebene der Ziele. Hier steht die Kritik an einem exklusiven Universalitätsanspruch im Mittelpunkt. So verweist al-Jabri auf ein *gemeinsames* Streben nach der Universalität der Menschenrechte und befasst sich kaum mit der Kritik dieses Begriffs. Aus einer anderen Position folgt die Argumentation Trikis. Sie besteht in der Neubegründung der Universalität im Horizont des heutigen Zusammenlebens der Kulturen. Sowohl die Interkulturalität als auch die Transkulturalität verweisen auf die Transformation der Wissensinhalte und drängen auf die Wahrnehmung der Anderen.

Drittens auf der Ebene der Mittel zur Verwirklichung der Menschenrechte. Hier stehen die praktischen Anwendungen der Menschenrechte sowie die Modalitäten ihrer Verwirklichung zur Debatte. Dabei ist festzustellen, dass der Weg von der interkulturellen Vermittlung bis hin zur Transkulturalität der Menschenrechte von den beiden Philosophen nicht ausreichend thematisiert worden ist. Abschließend möchte ich kurz darauf eingehen.

4.2 Menschenrechte und Säkularisierung

Obwohl seit dem 19. Jahrhundert in einigen arabischen und muslimischen Ländern Säkularisierungsprozesse ausgelöst wurden, die später zur Implementierung der Menschenrechte geführt haben, leidet die Menschenrechtskultur immer noch an vielen gesellschaftspolitischen Problemen (Ungleichheit, Ungerechtigkeit, Unterdrückung der Frauen).[75] Die Frage ist, was die realen Hemmnisse sind, die den Weg hin zu einer demokratischen und somit menschenrechtlichen Entwicklung blockieren.

In Anlehnung an die Überlegungen des Sozialphilosophen Hischam Sharabi[76] bin ich der Ansicht, dass die autoritären gesellschaftspolitischen Strukturen in der arabischen Welt die praktische Verwirklichung der Menschenrechte verhin-

[75] Vgl. Arkoun 1998, 138-153.
[76] Vgl. Sharabi 1988; ders. 1998, 211-217.

dern.[77] Diese sind nicht nur politischer, sondern auch sozialer und kultureller Art. Die Implementierung der Menschenrechte darf nicht nur Gegenstand theoretischer Reflexion sein; vielmehr ist sie eine praktische Aufgabe der zivilgesellschaftlichen Akteure und der demokratischen Institutionen.

4.3 Menschenrechte und Feminismus

In diesem Kontext plädiert Sharabi für die Anwendung des Gleichheitsprinzips zwischen den Geschlechtern im Bereich des Rechts und im Alltagsleben, d.h. in der Familie, in der Schule und im Beruf. Besonders die Frauenrechte ermöglichen der Frau mehr Schutz gegenüber patriarchalischer Autorität. Das drückt sich vor allem in der Gleichstellung bei der Suche nach Arbeit, im Erbrecht, bei der Scheidung und in der Frage nach der Kinderbetreuung aus. Außerdem öffnet das rechtliche Gleichheitsprinzip den Weg für eine stärkere Partizipation an der Gestaltung der sozialen und politischen Strukturen und ermuntert sie zu einem direkten Engagement im Prozess der Demokratisierung.[78]

Die Kritik an den vorherrschenden patriarchalischen Strukturen und die Forderung nach Gleichheit werden auch von den feministischen Bewegungen in der arabischen und islamischen Welt wahrgenommen und zum Teil durchgesetzt.[79] Dabei spielt auf theoretischer Ebene die Kritik an den patriarchalischen Auslegungen des Korans eine prominente Rolle bei der Entstehung eines neuen Bewusstseins, das den Frauen erlaubt, sich von der religiös-politischen Hegemonie zu befreien[80]; auf der praktischen Ebene spielen die Institutionen und die Akteurinnen der zivilen Gesellschaft eine gewichtige Rolle bei der Verwirklichung dieses neuen Bewusstseins. Diese gesellschaftlichen und politischen Säkularisierungsprozesse können als Ausdruck der interkulturellen Vermittlung der Menschenrechte betrachtet werden; sie setzten einen Prozess zur Universalisierung und somit zur Transkulturalität der Menschenrechte in Gang und fördern mehr stabile institutionelle demokratische Strukturen.

77 Zu einer ausführlichen Analyse vonSharabis Kritik der autoritären gesellschaftlichen Strukturen vgl. Turki 2007, 9-24. Zur Kritik des patriarchalischen Systems aus menschenrechtlicher Sicht vgl. 'Eid 2009, 483-487.

78 Vgl. Turki 2007, 17f.

79 Vgl. Ahmed 1992.

80 Vgl. Barlas 2002; Wadud 1999. In diesem Zusammenhang ist es wichtig hervorzuheben, dass die feministische Kritik an der interpretatorischen Vereinnahmung des Korans seitens Theologie und Politik in den letzten Jahren in der arabischen Welt an öffentlicher Beachtung gewonnen hat. Dies wäre ohne die digitale Wende und der raschen virtuellen Vernetzung unmöglich gewesen. Als Beispiel vgl. Garami 2007; Youssef 2009[5]. Vgl. ferner Jadaane 2010; 2011, 83-91.

4.4 Die Menschenrechte und die Philosophie

Ein Rechtssystem ist nicht als ein statisches Modell aufzufassen; vielmehr ist es als ein unvollendetes System zu verstehen, das ständig der Verbesserung bedarf und der Verbesserung fähig ist. Vor diesem Hintergrund lässt sich die Debatte um die Menschenrechte nicht auf das Verhältnis zwischen Islam und säkularisiertem Christentum, zwischen Europa und dem Nahen Osten, zwischen Orient und Okzident reduzieren. Überall, wo es um den Menschen geht, finden innergesellschaftliche, politische und philosophische Diskussionen über die weitere Entwicklung und der Universalisierung der Menschenrechte statt. Der Philosoph, der global denkt und der heute der gefährdeten Menschlichkeit ihr humanes Antlitz bewahren möchte, ist aufgefordert, die Einheit aus der Vielfalt heraus zu bilden. Um uns vor einem gefährlichen Abgleiten in einen naiven Kulturrelativismus oder hohlen Universalismus zu bewahren, ist es sinnvoll, ständig zu versuchen, die Verschiedenheit der Menschen im Lichte menschlicher Lebensbedingungen und im Horizont der Universalisierung der Menschenrechte zu denken.

Literatur

Ahmed, L., 1992, *Women and Gender in Islam: Historical Roots of a Modern Debate*, New Haven.

Allgemeine Erklärung zur kulturellen Vielfalt (2001). In: http://www.unesco.de/443.html

Arkoun, M., 1993, Der Ursprung der Menschenrechte aus der Sicht des Islam. In: Küng, H./ K-J. Kuschel (Hg.), *Weltfrieden durch Religionsfrieden. Antworten aus den Weltreligionen*, München.

Arkoun, M., 1998, Religion und Demokratie: Das Beispiel Islam. In: Heller, E./ H. Mosbahi (Hg.), *Islam, Demokratie, Moderne. Aktuelle Antworten arabischer Denker*, München.

Arkoun, M., 1999, *Der Islam. Annäherung an eine Religion*, Heidelberg.

Arkoun, M., 2009, The concept of person in Islamic Tradition. In: S. K. Jayyusi (ed.), *Human Rights in Arab Thought. A Reader*, London/ New York.

Averroes, 2009, *Die entscheidende Abhandlung und die Urteilsfällung über das Verhältnis von Gesetz und Philosophie*, Hamburg.

Barlas, A., 2002, *›Believing women‹ in Islam: Unreading Patriarchal Interpretations of the Qur'an*, Austin.

Ben Achour, Y., 2003, *Le Rôle des civilisations dans le système international. Droit et relations internationales*, Paris.

Bielefeldt, H., 1998, *Philosophie der Menschenrechte. Grundlagen eines weltweiten Freiheitsethos*, Darmstadt.

Bosworth, C. E., 1993, Mīthāk. In: *Encyclopaedia of Islam* (Bd. 7), Leiden.

Bundeszentrale für politische Bildung (Hg.), 2004, *Menschenrechte. Dokumente und Deklarationen*, Bonn/ Berlin.

Der Koran, [10]2007, Übersetzung von Rudi Paret, Stuttgart.

'Eid, 'A al-R., 2009, Patriarchy and human rights. In: S. K. Jayyusi (ed.), *Human Rights in Arab Thought. A Reader*, London/ New York.
Elberfeld, R., 2008, Forschungsperspektive ›Interkulturalität‹. Transformation der Wissensordnungen in Europa. In: *Zeitschrift für Kulturphilosophie*, Bd. 2, Heft 1.
Al-Farabi, 1892, Über die Bedeutungen des Wortes Intellect (Vernunft). In: Dieterici, F., *Alfarabi's Philosophische Abhandlung*, Leiden.
Al-Farabi, 1948, *Risāla fī-l-ᶜaql* [*Abhandlung über den Intellekt*], hg. von M. Bouyges, Beirut.
Al-Farabi, 1971, *Fusul muntazaᶜa* [Ausgewählte Aphorismen] hg. von Fawzi Najjar, Beirut.
Al-Farabi, 2001, *L'Épītre sur l'intellect*, Paris.
Al-Farabi, 2001a, *The Political Writings. Selected Aphorisms and Other Texts*, Ithaca.
Al-Fārābī, 2003, *Aphorismes choisis*, Paris.
Fornet-Betancourt, R. (Hg.), 1998, *Unterwegs zur interkulturellen Philosophie*, Frankfurt/M.
Garami, A., 2007, *Al-ikhtilaf fi ath-thaqafa al-arabia al-islamiya* [Die Differenz in der arabisch-islamischen Kultur], Beirut.
Habermas, J., 1992, *Faktizität und Geltung. Beiträge zur Diskurstheorie des Rechtes und des demokratischen Rechtsstaats*, Frankfurt/M.
Al-Jabri, M. A., 2004[3], *Al-dīmoqrātiya wa huqūq al-insān* [*Die Demokratie und die Menschenrechte*], Beirut.
Al-Jabri, M. A., 2009, *Democracy, Human Rights and Law in Islamic Thought*, London/ New York.
Al-Jabri, M.A., 2009a, *Kritik der arabischen Vernunft. Die Einführung*, Berlin.
Al-Jabri, M.A., 2011, Rationalismus, Politik und Erkenntnistheorie. Ein Beitrag zur arabisch-islamischen Philosophie der Gegenwart. In: *Concordia. Internationale Zeitschrift für Philosophie* (Themenheft: Arabisch-islamische Philosophie der Gegenwart), Heft 59.
Jadaane, F., 2010, *khārij as-sirb. Bahth fi al-niswīyya al-islamīyya al-rafida wa igrā'āt al-huriyya* [Außerhalb des Schwarms. Studie über den islamischen negationistischen Feminismus und die Versuchung der Freiheit], Beirut.
Jadaane, F., 2011, Féminisme et Islam. In: *Concordia. Internationale Zeitschrift für Philosophie* (Themenheft: Arabisch-islamische Philosophie der Gegenwart), Heft 59.
Kimmerle, H., 2002, *Interkulturelle Philosophie zur Einführung*, Hamburg.
Kimmerle, H./ H.J. Sandkühler/ G. Stenger, 2007, Was leistet interkulturelle Philosophie? Antworten von Heinz Kimmerle, Hans Jörg Sandkühler und Georg Stenger. In: *Information Philosophie*, Heft 4.
Kühnhardt, L., 2005, Commentary. In: Kühnhardt, L./ M. Takayama (Hg.), *Menschenrechte, Kulturen und Gewalt. Ansätze einer interkulturellen Ethik*, Baden-Baden.
Maier, B., 2001, Bund (ᶜahd, mīṯāq). In: B. Maier, *Koran-Lexikon*, Stuttgart.
Maier, B., 2001a, Hanīf. In: B. Maier, Koran-Lexikon, Stuttgart.
Mall, R. A., 1995, Philosophie im Vergleich der Kulturen. Interkulturelle Philosophie – Eine neue Orientierung, Darmstadt.
Menkel, Ch./ A. Pollmann, [2]2008, *Philosophie der Menschenrechte zur Einführung*, Hamburg.

Meskini, F., 2010, Entschuldigung, Verzeihen und Rechtfertigung oder Monotheistische Politiken. In: Poulain, J./ H. J. Sandkühler/ F. Triki (Hg.), *Gerechtigkeit, Recht und Rechtfertigung in transkultureller Perspektive*, Frankfurt/M./ Bern/ Bruxelles.

Meskini, F., 2010a, Qui est l'individu en Islam? Individualité et transcendance. Essai sur l'individuation musulmane. In: Poulain, J./ H.J. Sandkühler/ F. Triki (éds.), *Pour une démocratie transculturelle*, Paris.

Mohr, G., 2010, Die Fallen der verlogenen Humanismen. Geschichte und Rechtfertigung von einem postkolonialen Standpunkt. In: Poulain, J./ H.J. Sandkühler/ F. Triki (Hg.), *Gerechtigkeit, Recht und Rechtfertigung in transkultureller Perspektive*, Frankfurt/M./ Bern/ Bruxelles.

Paret, R., [7]2005, Der Koran. Kommentar und Konkordanz, Stuttgart.

Rawls, J., 1992, Die Idee des politischen Liberalismus. Aufsätze 1798-1989, Frankfurt/M.

Rawls, J., 1998, *Politischer Liberalismus*, Frankfurt/M.

Sandkühler, H. J., 2008, Menschenrechte. Zur Transformation moralischer in juridische Rechte. In: Yousefi, H. R./ K. Fischer/ I. Braun/ P. Gerdsen (Hg.), *Wege zu Menschenrechten. Geschichten und Gehalte eines umstrittenen Begriffs*, Nordhausen.

Sandkühler, H. J., 2010, Menschenrechte. In: ders. (Hg.), *Enzyklopädie Philosophie*, 2. Aufl. in 3 Bdn., Hamburg.

Schacht, J., 1960, [c]Ahd. In: *Encyclopaedia of Islam* (Bd. 1), Leiden.

Scharabi, H., 1998, Der Weg zur Moderne: Betrachtungen über die Macht, die Frau und die Armut. In: Heller, E./ H. Mosbahi (Hg.), *Islam, Demokratie, Moderne. Aktuelle Antworten arabischer Denker*, München.

Serres, M., 1991, *Hermes: I. Kommunikation.* Aus dem Franz. übers. von Michael Bischoff, Berlin.

Sharabi, H., 1988, *Neopatriarchy. A Theory of Distorted Change in Arab Society*, New York.

Triki, F., 1998, *La stratégie de l'identité*, Paris.

Triki, F., 1998a, *Philosopher le vivre-ensemble*, Tunis.

Triki, F., 2002, Raisonnabilité et vivre-ensemble. In: Sandkühler, H.J./ F. Triki (Hg.), *Die Aufgabe der Philosophie in der transkulturellen Welt*, Frankfurt/M./ Bern/ Bruxelles.

Triki, F., 2003, Les figures de l'étranger. In: Sandkühler, H.J./ F. Triki (Hg.), *Der Fremde und die Gerechtigkeit*, Frankfurt/M./ Bern/ Bruxelles.

Triki, F., 2005, Pluralisme culturel et transculturalité. In: Kühnhardt, L./ M. Takayama (Hg.), *Menschenrechte, Kulturen und Gewalt. Ansätze einer interkulturellen Ethik*, Baden-Baden.

Turki, M., 2007, Herrschaft und Demokratie in der arabischen Welt. Überlegungen zur Phänomenologie der Macht. In: *Polylog. Zeitschrift für interkulturelles Philosophieren*, Heft 17.

Wadud, A., 1999, *Qur'an and Women: Rereading the Sacred Text from a Woman's Perspective*, New York.

Welsch, W., 2010, Transkulturalität. In: Sandkühler, H.J. (Hg.), *Enzyklopädie Philosophie*, 2. Aufl. in 3 Bdn., Hamburg.

Wimmer, F. M., 1990, Interkulturelle Philosophie. Geschichte und Theorie, Bd. 1, Wien.

Wimmer, F. M., 2004, Interkulturelle Philosophie, Wien.

Youssef, O., [5]2009, *Hajratu muslima fi al-mirāth wa al-zawāj wa al-ginsiya al-mathaliya* [Die Verlegenheit einer muslimischen Frau hinsichtlich der Erbschaft, der Ehe und der Homosexualität], Tunis.

Zakariya, F., 2011, Die Prinzipien der Menschenrechte in der zeitgenössischen islamischen Welt. In: *Concordia. Internationale Zeitschrift für Philosophie* (Themenheft: Arabisch-islamische Philosophie der Gegenwart), Heft 59.

Fathi Triki

Muslim sein heute

Der Islam beruht als Religion, wie jede Religion, auf Geboten und Dogmen, auf einer Offenbarung und auf einem Text. Aber er beruht auch auf dem gelebten Leben der Völker und der Gesellschaften, die ihn geformt und angepasst und nach ihren Vorstellungen zu seiner Entwicklung oder zu Rückschritt beigetragen haben. Hier werde ich in aller Kürze versuchen, zugleich den Islam des Dogmas und den Islam des gelebten Lebens zu befragen, um – in der brisanten Aktualität unserer Probleme – über die Freiheit zu reflektieren, nicht über die als willkürlich freier Wille verstandene Freiheit, sondern über Freiheit als Existenzweise in der Gemeinschaft.

Unsere Freiheit ist bekanntlich durch unsere Zugehörigkeit zur Islamität gekennzeichnet, die einen übergreifenden, totalisierenden politischen Raum absteckt: *al-umma al islāmiya*, die islamische Gemeinschaft.

1. Freiheit

Ohne auf eine akademische Analyse der Freiheit abzuzielen, kann man daran erinnern, dass der Mensch ‚frei' genannt wird, wenn er fähig ist, aus eigener Kraft, und ohne von fremden Motiven und Beweggründen beeinflusst zu sein, den Gegenstand seiner Wahl zu bestimmen. Diese Freiheit der Indifferenz existiert allerdings nicht wirklich, denn es steht fest, dass jede Handlung situiert ist und Freiheit durch Ver-Nichtung ausgeübt wird, d.h. durch die für den Menschen charakteristische Fähigkeit, zu verwerfen, was er nicht wählt, und durch die Schaffung von Werten, d.h., um mit den Worten Jean-Paul Sartres zu sprechen, durch die Fähigkeit, dem Sein-an-sich eine Existenz-für-sich zu geben. Deshalb hat die moderne Philosophie das Problem der Freiheit keineswegs in der psychologischen Perspektive einer Willenseigenschaft, sondern der Eigenschaft des ganzen Menschen in seiner Individualität und seinen Beziehungen zu Anderen thematisiert.

Es soll hier nicht um die Theorie gehen, der zufolge die Freiheit Ausdruck allein organisierter Kollektivität ist. Für die hegeliano-marxistische Theorie[1] hat

[1] Der Zusammenbruch des europäischen Kommunismus ist ein Beweis dafür, dass die Sehnsucht nach individueller Freiheit eine nie zu vernachlässigende Realität ist. Diese Sehnsucht begründet den geeigneten Rahmen für das Verstehen der Perspektiven der Identität, d.h. ihrer Zukunftsfähigkeit. Die Moderne impliziert *ipso facto* eine An-

das Individuum nur Substanz und Freiheit als Mitglied des Staates. Freiheit ist für diese Theorie die kollektive Bewusstwerdung sozialer und ökonomischer Notwendigkeit, in der das Individuum durch die Unausweichlichkeit der Gesetze von Natur und Geschichte sowie – nach den Worten von F. Engels im *Anti-Dühring* – durch die Möglichkeit, die Gesetze hinsichtlich determinierter Ziele systematisch wirken zu lassen, begrenzt ist. Die Inkohärenz unseres üblichen Sprechens über Gleichheit und soziale Gerechtigkeit entstammt einer Krise der neuzeitlichen Philosophie, die es seit Hegel verlernt hat, angemessen über das Individuum als solches, außerhalb seiner geschichtlichen Zugehörigkeit, zu reflektieren.

Selbst die Doktrin der Menschenrechte bevorzugt vor allem die Universalisierung des Menschen als Gattung und vergisst oft die Besonderheiten der Individuen. Freiheit aber ist ein individueller Wert, auch wenn sie das grundlegende Moment ist, das das Menschliche vom Nichtmenschlichen unterscheidet und dem Menschen im Allgemeinen seine Würde verleiht. Jeder Versuch, die Individualisierung zugunsten der Totalität zu reduzieren, führt dazu, die erste und natürliche Freiheit des Menschen ortlos werden zu lassen. Deshalb ist der autonome Mensch, der durch Vernunft dazu befähigt ist, an der Schaffung der allgemeinen Gesetze der Gesellschaft teilzuhaben und sie ausnahmslos zu befolgen, vor allem dieses Individuum, das sich frei weiß und darauf stolz ist. Natürlich räumen wir der Entwicklung des privaten Individuums kein Privileg zu Lasten des *Citoyen* ein. Wir betonen lediglich, dass ohne diese individuelle Freiheit die Idee des Bürgers als *Citoyen* nicht einmal gedacht werden kann.

In der Perspektive der Totalität, mag sie sich Gesellschaft oder religiöse Gemeinschaft oder gar nationale Minderheit nennen, geht es aber im Kampf um

erkennung der Freiheit als des einzigen Mittels des Zusammenhalts und Zusammenlebens in den verschiedenen Gesellschaften. Ich würde nicht so weit gehen wie Francis Fukuyama mit seiner These, dass das Ende der Geschichte nichts anderes als die Vollendung der liberalen Demokratie in ihrer westlichen und amerikanischen Gestalt sei; aber ich denke, dass die Sehnsucht nach Freiheit ein Bauelement einer ins Gleichgewicht gebrachten Gesellschaft ist. Das marxistische Projekt, das eine Form des sozialen Egalitarismus zu Lasten der Freiheit zu befördern suchte, ist zum Teil gescheitert, weil es diese Sehnsucht nicht berücksichtigt hat. Die Diktatur des Proletariats ist der Versuch, eine Gleichheit jenseits der Unterschiede zu etablieren, die Kojève als ›notwendig und unwiderruflich‹ bezeichnet. Es ist offensichtlich, dass die Sehnsucht nach Freiheit nicht stärker ist als die nach Gleichheit. Aber es ist nach dem Zusammenbruch des europäischen kommunistischen Universums an der Zeit, über die Dialektik von Freiheit und Gleichheit nachzudenken. Kann man etwa dazu aufrufen, auf die liberalen Prinzipien zu verzichten, um gegen Ungleichheiten zu kämpfen? Ist man in unseren Gesellschaften berechtigt, den Egalitarismus auf Kosten der Freiheit zu privilegieren?

Rechte und öffentliche Freiheiten eher um die Verteidigung von Gleichheit und Gerechtigkeit. Doch wie es in der Realität keine absolute Einheitlichkeit der Gemeinschaft gibt, sondern nur eine Rivalität zwischen sozialen Klassen und Interessengruppen, die sie bestimmt, löst sich diese Gleichheit in einen Wust partikulärer Rechte und besonderer Interessen auf.

Das Konzept der Freiheit beinhaltet über die Rationalisierung des Lebens hinaus eine Individualisierung, die dem Menschen seine ursprüngliche Würde lässt. Die Individualisierung ist Ausdruck einer größeren Autonomie der Individuen und begründet den Selbstbestimmungswillen.

2. Gemeinschaft

Wie ist es nun, z.B. für Muslime, möglich, einen Ausgleich zwischen den beiden Aspekten zu schaffen, einerseits frei und verantwortlich sein und sich andererseits in die Organisation ihrer Gemeinschaft, ihrer *umma*, integrieren zu wollen?

Es ist im Rahmen dieser Studie nicht möglich, alle Aspekte des ideologisch aufgeladenen Begriffs *al-umma* zu analysieren. Ich bemühe mich lediglich um eine Definition und Analyse seiner Beziehungen zur religiösen Integration des Islam. Es ist hier wichtig, festzustellen, dass im politischen islamischen Denken Begriffe wie Sicherheit, Gerechtigkeit, Zusammenhalt, Brüderlichkeit und Solidarität häufiger sind als die des Rechts, der Freiheit und des Individuums. Ich würde allerdings nicht so weit gehen wie W. Montgomery Watt[2], der sich sicher ist, dass „das Konzept der Freiheit niemals auch nur den geringsten Raum im politischen islamischen Denken gehabt hat". Ich teile eher die Schlussfolgerung F. Rosenthals[3], der betont: „Auch wenn die Freiheit als Ideal nicht unbekannt war, mangelte es ihr als politischer Kraft an der Unterstützung, die ihr allein ein zentraler Platz in der politischen Organisation und im Denksystem hätte verschaffen können".

Es trifft zu, dass Grundbegriffe von *al umma* wie Brüderlichkeit und Solidarität die politischen und sozialen Beziehungen humanisiert haben (Abwesenheit von Rassismus und Diskriminierung, konfliktfreie Beziehungen zwischen Reichen und Armen etc.). Und doch bleibt festzuhalten, dass ihre unmittelbare Auswirkung darin besteht, die Individuen als Für-Sich und als Freiheit unterbelichtet gelassen zu haben. Das Individuum muss sich den Erfordernissen der Gemeinschaft unterwerfen. Es muss in sich ein so starkes Solidaritätsgefühl haben, dass es sich veranlasst sieht, sich willentlich *al-ijmāʻ*, dem Konsens seiner Gemeinschaft, unterzuordnen. Dieses Wollen ist einer der Faktoren der Integration und Homogenität der Existenzweisen der Muslime in ihren Gesellschaften. Doch dies will keineswegs besagen, dass das Individuum als Subjekt nicht von seiner Ge-

2 *La pensée politique de l'islam*, Paris 1995, S. 113.
3 *The Muslim Concept of Freedom*, Leiden 1960, S. 122.

meinschaft unterschieden werden kann und das Subjektdenken der islamischen Kultur fremd wäre. Eine genaue Analyse des Status des Individuums im Denken des Islam kann seine Operationalität auf der theoretischen und metaphysischen und auch auf der praktischen und politischen Ebene zeigen. Ich habe diese These in einer anderen Studie verteidigt, in der ich nachgewiesen habe, dass man sowohl im metaphysischen als auch im ethisch-politischen Bereich ein Denken über das Individuum in der islamischen Zivilisation lokalisieren kann. Mehr noch – der Islam selbst kann als Religion der Individualität angesehen werden.

Jedem Gläubigen ist seine individuelle Verantwortung aufgegeben, und es kommt nicht in Frage, sich auf das Urteil Dritter zu verlassen, ohne seine eigenen Schritte unternommen zu haben. Es ist bekannt, dass es im Islam keine höchste Autorität gibt, keine geistliche Macht, die das Dogma definiert und dessen Interpretation ein für allemal festlegt. Deshalb koexistierten im Schoße des Islam unterschiedliche religiöse Gruppen *(firaq)*, die die Grenze zwischen Orthodoxie und Heterodoxie ziemlich flexibel sein ließen. Die direkte Verantwortung des Menschen gegenüber Gott gibt dem Muslim eine innere Freiheit im Verhältnis zu seiner Gesellschaft, die auf sich zu nehmen er manchmal zögert.

Dies ist für uns interessant: Bringt man als Element des Denkens im Islam das Individuum in seiner Sozialität, Spiritualität und als politischen Menschen ins Spiel, dann kann dies die Bezugsgrundlage einer Untersuchung über die Freiheit und das Verhältnis des Menschen zur Gesellschaft darstellen. Diese Referenzbasis erlaubt es uns, bezüglich des Islam nicht in die in der Unterstellung einer kulturellen Besonderheit und eines bloßen Partikularismus bestehende Falle zu tappen.

Wie steht es also mit dem Begriff *al-umma* und was ist ganz allgemein seine Auswirkung auf die Probleme der Freiheit?

Halten wir zunächst fest, dass man sich, um die Bedeutung zu erfassen, die der Begriff ‚*umma*'[4] in den ersten arabisch-islamischen Jahrhunderten angenommen hat, auf das Feld seiner Entfaltung im Heiligen Text, im Koran, im Referenzcode der islamischen Gemeinschaft, zurückbeziehen muss. Man kann vier Bedeutungen des Wortes *umma* im Koran lokalisieren. 1) Die Bedeutung von *Waqt* und von *hīn, von* Dauer und Zeitraum: „Sure XI, Vers 8: Wenn Wir aber ihre Bestrafung bis zu einer berechneten Zeit *(umma)* aufschöben …?“; 2) Die Bedeutung des richtigen Weges, des Beispiels: „Abraham war ein Vorbild *(umma)*, Gott demütig ergeben“ (XVI, 120); 3) Die Bedeutung der Menschengruppe: „Als er zum Wasser von Midian kam, fand er dort eine Schar von Leuten *(umma)*, die (ihr Vieh) tränkten“ (XXVIII, 23); 4) Die Bedeutung einer Gruppe gleicher Religion: „Und hätte Allah gewollt, Er hätte euch alle zu einer einzigen Gemeinde gemacht“ (V, 48). Trotz der Verschiedenartigkeit der Verwendung dieses Begriffs im Koran hat eine Bedeutung dominiert und die Arbeiten der musli-

4 Louis Massignon, *L'umma et ses synonymes*, Beirut 1963, T. I, S. 97-103.

mischen Gelehrten orientiert: die einer Gruppe von Männern und Frauen, die sich in der Wahl einer einzigen Religion verbinden und in ihr übereinstimmen (die religiöse Gemeinschaft, *mīlla*). Die Gemeinschaft *al umma* ist also im Koran und bei den Gelehrten des Islam durch die Religion definiert. In diesem Sinne hat der Islam, historisch gesehen, die Rolle übernommen, die der *Logos* in der Befriedung der Gesellschaft spielt. In der koranischen Konzeption der *umma* ist die Einheit eine Einheit des Glaubens, die sich durch die sozio-politische Einheit der Muslime in die Welt der Tatsachen übersetzt.

Es ist diese religiöse Konzeption, der man oft in elaborierter Form in wissenschaftlichen, literarischen und religiösen Texten aus der arabischen und islamischen Zivilisation begegnet. Sie hat es ermöglicht, die Erinnerung daran lebendig zu halten, wie dieses spirituelle Band zwischen den Muslimen mit der Zeit geknüpft wurde, um das weltliche Reich zu begründen und sich die Welt anzueignen.

Aber die Wandlungen und die Evolution der islamischen Gemeinschaft haben zu einer Entwicklung des Begriffs der *umma* geführt, der nun jede organisierte soziale Gruppierung bezeichnet und nicht notwendigerweise durch die Religion definiert ist. Das Wort *qawm* ist nicht mehr geeignet, diese Gruppierung zu benennen. Diese Entwicklung hat das für die islamische Gemeinschaft wesentliche Merkmal nicht verändert, sich der *Shari'a* unterzuordnen, deren – daran muss erinnert werden – wichtigstes Charakteristikum darin besteht, ein Gesetz göttlichen Ursprungs zu sein. Auf intellektueller Ebene hat sie die Formierung eines ‚rationalen' politischen Denkens zur Folge, das nicht nur den religiösen Faktor in Rechnung stellt.

Der Philosoph Fārābī z.B. hat dem Begriff *umma* eine profane Dimension gegeben; seitdem bezeichnet er eine Menschengruppe in einem bestimmten Territorium. Er schreibt:

> Diese (Gesellschaften) sind vollkommen oder unvollkommen. Erstere gibt es in drei Arten: groß, mittel und klein. Die große (Gesellschaft) umfasst die Gesamtheit der Menschen der bewohnbaren Erde; die mittlere die auf einem Teil dieser Erde errichtete Nation (*umma*); und die kleine die Bewohner einer Stadt auf dem Territorium einer Nation. Die unvollkommenen (Gesellschaften) sind (in dieser Reihenfolge): die Bewohner eines Dorfes, eines Quartiers, einer Straße und eines Hauses; letztere ist die kleinste.[5]

[5] Al Fārābī, *Idées des habitants de la cité vertueuse*, aus d. Arabischen übers v. Youssef Karam, T. Chlala und A. Yassen, Beirut/Kairo 1980, S. 85 [dt. *Die Prinzipien der Ansichten der Bewohner der vortrefflichen Stadt*, Reclam, Ditzingen 2003].

Hervorzuheben ist, dass es bei Fārābī eine Form der Säkularisierung[6] des Begriffs *al umma* gibt, die die politisch-soziale Analyse vom religiösen Einfluss und der Dimension des Sakralen trennt. Wenn die Religion (die Islamität) für Fārābī nicht mehr der Maßstab der Vereinigung der Gemeinschaft und der Nation ist, was kann dann der Sinn der Bindung zwischen den Menschen in einer Gesellschaft sein? Fārābī unterscheidet Kriterien[7] der Konstituierung der Gesellschaften und Nationen, indem er sie als gemeinschaftliches Interesse, Furcht, Nähe, Vertrag, Hausgemeinschaft, und als Ähnlichkeit der natürlichen Qualitäten, der Charaktere und der Sprachgemeinschaft spezifiziert. Es sieht aber so aus, dass der Philosoph tatsächlich für das letzte Kriterium optiert. In der Tat gibt es für ihn das Verbindende in der Assoziation der Menschen[8] auf zwei verschiedenen Ebenen: Es ist bei den Menschen insofern *natürlich*, als es in den natürlichen Charakteren und Qualitäten[9] verankert ist; es ist insofern *konventionell*, als es sich aus der Ordnung der Sprache ergibt.[10] Dies bewahrheitet sich für alle Nationen. Ihre Mitglieder müssen ihre Übereinstimmung mittels der Sprache finden.

3. Jihad und Ijtihad

Die Entwicklung des Begriffs *al umma* in Richtung Rationalisierung und Säkularisierung erlaubt es dem Individuum weitgehend, eine nicht zu unterschätzende Form der Freiheit zu erringen. Gewiss bleibt das Individuum der Göttlichkeit der Gesetze der *Shari'a* unterworfen, aber *ijtihad*, das Verfahren zur Rechtsfindung durch eine unabhängige Interpretation der beiden Rechtsquellen Koran und Sunna, und die verschiedenen Formen der Interpretation können diese Gesetze an die Erfordernisse der Moderne anpassen. Darüber hinaus findet sich der Mensch an-

[6] Vgl. Abdelmajid Charfi, La sécularisation dans les societés arabo-musulmanes. In: *Islamo-christiana VIII*, 1982.

[7] Es ist bezeichnend, dass Fārābī diese Kriterien der Assoziationen der Menschen im Kap. XXXIV analysiert, das den ›Ideen der Bewohner der nichtwissenden und in Verwirrung befindlichen Städte‹ gewidmet ist. Vgl. *Idées des habitants de la cité vertueuse*, a.a.O., S. 114-115; vgl. auch Nassif Nasser, a.a.O., S. 42.

[8] „Andere denken, diese Verbindung rühre von einem Schwur her, von einer Allianz und einem wechselseitigen Pakt, welche den persönlichen Beitrag jeden Mitglieds bestimmen". (a.a.O., S. 115).

[9] Es gibt kein Rassenvorurteil in dieser Theorie natürlicher Qualitäten. Man muss vielleicht diese beiden Kriterien in einem kosmologischen und geografischen Sinne interpretieren, denn Farābī zufolge sind diese Charaktere und Qualitäten durch materielle Faktoren wie geografische, klimatische etc. Besonderheiten verursacht. Vgl. *Kitāb al Sïyāsa al madanya*, a.a.O., S. 71.

[10] Tatsächlich anerkennt Fārābī den natürlichen Aspekt der Sprache, verortet ihn aber auf positiver und konventioneller Ebene. Vgl. *Kitāb al hurūf*, hg. v. Muhsen Mahdī, Beirut 1970, S. 136f.

gesichts der Subtilität des Verhältnisses des Islam zur Prophezeiung in der Welt losgelassen, ohne sich auf eine göttliche Autorität berufen zu können. Als der Prophet Mohamed das Ende der Prophezeiungen ankündigte, wollte er dem Menschen hinsichtlich der Notwendigkeit, Wissen zu erwerben, und des Erfordernisses, seine weltlichen Angelegenheiten selbst zu regeln, seine Verantwortung zurückgeben. Das Ende der Prophezeiung kann die Befreiung des Menschen bedeuten, der von nun an seinen Geschäften nachgehen, selbst nachdenken und urteilen sowie seiner Neugierde freien Lauf lassen, kurz: seine Welt humanisieren kann. Dieses Losgelassensein ist eine Chance für den Muslim, seine Freiheit zu erringen und seine Verantwortung zu übernehmen. Die Säkularisierung des Begriffs *al umma* entspricht dem Wunsch im Islam, der Prophezeiung und der direkten Intervention Gottes in die Angelegenheiten der Menschen ein Ende zu bereiten.

Wird das Individuum zum Motto im Verhältnis zur Gemeinschaft, dann bedeutet dies *ipso facto* eine neue Art und Weise, die Religion als Angelegenheit des Glaubens und individueller Frömmigkeit zu verstehen. Findet sich die Religion an die Politik gebunden, so immer als die Massen zu einem bestimmten Zweck mobilisierende Ideologie. Religiosität ist wesentlich ein inneres Verhältnis zwischen dem Individuum und Gott. Alles, was die Beziehungen zwischen den Menschen betrifft, ist eine Angelegenheit von Politik und Ideologie. Für das moderne Individuum ergibt sich aus seiner Existenz als Für-sich-sein die Bejahung dieser Unterscheidung. Das Individuum ist eine Schöpfung der Moderne.

Freiheit und Verantwortung verlangen nach dem Bemühen, das vom Wort *ijtihād* (das dieselbe Wurzel hat wie das Wort *jihād*) bezeichnet wird: Es handelt sich um einen Schritt, das Gesetz in Kenntnis der Menschheit mit neuen Situationen in Einklang zu bringen, ohne dass es etwas von dem verliert, was für es wesentlich ist. Das *ijtihād* hat seine Quelle im Beispiel des Propheten, insbesondere, als er Mu'ādh Ibn Jabal entsandte, den Yemen zu regieren. Er fragte ihn, wie er in diesem oder jenem Fall urteilen werde, wenn er weder auf den Koran noch auf das Beispiel des Propheten Bezug nehmen könne; Mu'ādh antwortete, dann werde er sich auf seine persönliche Meinung stützen. Der Prophet beglückwünschte ihn zu dieser Haltung.

Der aus diesem Anlass immer zitierte Vers des Koran lautet: „Es soll kein Zwang sein im Glauben“ (2: 256). Es lohnt sich, an den Kontext zu erinnern, in dem dieser Vers geoffenbart wurde. Vor dem Islam waren hatten Einwohner von Medina die Angewohnheit, die Erziehung ihrer Kinder Juden aus der Region anzuvertrauen; die Folge war, dass diese Kinder die jüdische Religion annahmen. Zur Geburtsstunde des Islam, als der Prophet Medina zu seinem Sitz erkor, wollten einige Eltern ihre Kinder in den Schoß des Islam zurückführen. Der Prophet widersetzte sich dem, und der Vers wurde geoffenbart: „Es soll kein Zwang sein im Glauben. […] Wahrheit ist nunmehr deutlich unterscheidbar von Irrtum“. Der Koran unterstreicht, dass der Prophet selbst niemanden zwingen konnte, den neuen Glauben anzunehmen: „Ermahne drum; denn du bist nur ein Ermahner; Du bist nicht Wächter über sie." (88: 21-22). „Kehren sie sich jedoch ab, so haben Wir dich nicht als Wächter über sie entsandt. Deine Pflicht ist nur die Verkündigung." (42: 48). Selbst diejenigen, die er liebte, wie seinen Onkel und Beschützer Abū Tālib, konnte Mohamed in ihrem Glauben nicht beeinflussen. „Du kannst nicht dem den Weg weisen, den du liebst; Allah aber weist den Weg, wem Er will" (28: 56).

Auch nach Ansicht von Orientalisten hat der Gebrauch der Wurzel JHD im Koran nur selten eine kriegerische Bedeutung, und man findet bezüglich der Art des Kampfes und der Identität des Gegners nirgends eine präzise Anweisung. Der Koran bejubelt nie die Tugenden des Krieges oder die von den Arabern in der vorislamischen Zeit so geschätzte militärische Heldentat, sondern ermutigt zur Standhaftigkeit der Seele, zum Vertrauen auf Gott und zu einer aktiven Unterwerfung unter Ihn. Der Kriegszustand ist also nur ein Aspekt dieses ‚Bemühens'; er ist nur dessen Epiphänomen. Er gehört zur menschlichen Natur und wurde, nicht anders als in anderen Religionen, in der allgemeinen Ökonomie der Offenbarung in Rechnung gestellt.

Fragt man nach dem ‚großen *djihad*', so lautet die Antwort: „Es ist der des Herzens!" Oder in einer Variante: „Der Kampf des Menschen gegen seine Leidenschaften." Andere *hadīths* weisen in diese Richtung: „Der Kämpfer auf dem Wege Gottes ist derjenige, der gegen sein Ego ankämpft." „Die beste Weise, den *djihad* zu praktizieren, besteht darin, sein Ego und seine Leidenschaften zu bekämpfen." Oder auch: „Das Mönchstum meiner Gemeinschaft besteht in der Ausübung des *djihad*." Der *djihad* hatte so für den Propheten heiligen Charakter, und manche Gelehrte haben ihn zum ‚sechsten Pfeiler' des Islam erklärt, weil die anderen fünf auf ihm aufruhen. Seinen Glauben bezeugen, fünf Mal täglich beten, fasten, einen Teil seines Geldes den Armen geben – alles dies bedarf eines Bemühens, einer Anspannung zu Gott. Das Wort *djihād* müsste dementsprechend mit ‚heiligendes Bemühen' und nicht mit ‚heiliger Krieg' übersetzt werden. Der Ausdruck ‚heiliger Krieg' macht tatsächlich insofern nur auf spiritueller Ebene Sinn, als er zur Heiligkeit führt, und der unterste Grad der Heiligkeit sind Weisheit und Achtung der Geschöpfe.

Leider gibt man vor, die ‚Pforten des *ijtihād*' seien um das 10. Jahrhundert geschlossen worden, weil bereits alles von den ‚frommen Vorläufern' gesagt gewesen sei. Doch der Verweis auf diese ‚Schließung' hat weder in der Doktrin noch historisch eine Grundlage. Im Übrigen haben die späteren großen Gelehrten diese Behauptung bestritten und nicht aufgehört, *ijtihād* zu praktizieren. Verweisen wir unter ihnen auf Ibn 'Arabī, Suyūtī, Shawkānī, die Reformer des 19. und 20. Jahrhunderts und selbst auf Ibn Taymiyya, der zu seiner Zeit kritisiert wurde, weil seine Lehre nicht unbedingt aus der Auffassung der früheren Doktoren hervorging.

Wie dem auch sei – die allgemeine Einstellung, die sich vor allem seit dem 12. Jahrhundert durchsetze, war die des Nachahmens und des Nach- und Befolgens: Jegliche Initiative, das das islamische Denken aus seiner Stagnation zu befreien, wurde nun als *bid'a* (als schlechte Neuerung) verworfen. Die Unvermeidlichkeit der Erneuerung diese Denkens ist jedoch im folgenden *hadīth* ausgedrückt: „Gott sendet dieser Gemeinschaft [der des Islam] zu jeder Jahrhundertwende einen Menschen mit dem Auftrag, die Religion zu erneuern.“ Dies bedeutet, dass der Islam aus seinen eigenen Grundlagen heraus die Notwendigkeit bestätigt, seine religiöse Praxis periodisch zu überprüfen.

4. Recht und Menschenrechte

Es ist nicht meine Absicht, die Elemente auf den Prüfstand zu stellen, die in den unterschiedlichen Menschenrechtserklärungen Probleme aufwerfen; ich will mich auch nicht mit einem Vergleich des Rechts als Mittel der Lösung von Konflikten zwischen Gesetzen befassen, der eine Untersuchung der Regulierungskompetenzen des Rechts ermöglichen und die allgemeinen, den verschiedenen Erklärungen gemeinsamen Prinzipien freilegen könnte. Es geht mir nur darum, die philosophischen Grundlagen jeglicher Menschenrechtserklärung zu erörtern. Als Beispiel nehme ich die am 5. August 1990 in Kairo von den Außenministern der Organisation der Islamischen Konferenz verabschiedete ‚Erklärung der Menschenrechte im Islam'.

Ich unterstreiche zunächst die große Bedeutung dieser Initiative, die auf eine Sensibilisierung aller Muslime für die verschiedenen juridischen Instrumente abzielt, die dem Schutz der Menschen dienen. Sie will auch die Begriffe der Würde und Achtung jedes Menschen weiterentwickeln, die ungeachtet seiner Herkunft, Rasse, Hautfarbe und Religion gelten. Die pädagogische und politische Tragweite dieser Erklärung soll hier deshalb nicht in Frage gestellt, sondern ganz im Gegenteil unterstrichen und verteidigt werden.

Doch die Lektüre der Präambel und verschiedener Artikel dieser Erklärung zeigt, dass sie in einer Form von Wertrelativismus gründet, denn es wird oft behauptet, dass alle Werte – wie die individuelle Freiheit, das Recht auf Eigentum, das Recht auf Bewegungsfreiheit, die Freiheit des Kultus, die Freiheit des Ausdrucks, der Status der Famile und andere mehr – mit dem islamischen Gesetz, der *Shari'a* konform sein müssen. Die Erklärung enthält zwei Artikel folgenden Wortlauts:

> *Art. 24*
> Alle Rechte und Freiheiten, die in dieser Erklärung genannt werden, unterstehen der islamischen *Shari'a*.

hat; dies könnte man als die in striktem Sinne religiöse Definition der muslimischen Identität bezeichnen. Eine Person kann aber auch Muslim sein, weil ihr diese Identität von Außen aus dem einfachen Grund zugeschrieben wird, dass sie einem Milieu oder einem Land mit muslimischer Mehrheit entstammt; dies ist die weite, in einer ethnischen oder kulturellen Konzeption gründende Definition. Diese wichtige Unterscheidung gehört zum Kern der Reflexion über das Prinzip der Freiheit: Sie trennt das, was es an Unsichtbarem im Islam gibt, den Glauben, von dem, was nur äußerliche Erscheinungsformen sind. Sie nicht in Erinnerung zu haben, würde bedeuten, sich mit einer zu mechanischen Vorstellung zufrieden zu geben, sich darauf zu beschränken, recht illusorische ‚Unterschiede' zu betonen und auf das von westlichen Medien propagierte Gemisch falscher Vorstellungen hereinzufallen; so würde man nur die Islamophobie verstärken.

In Wirklichkeit gibt es im Islam vielfältige Interpretations- und Lebensweisen. Muslim sein kann deshalb nichts anderes besagen, als die enge, bewusste und reflektierte Zugehörigkeit zum islamischen Glauben. Jenseits dieser Wahl ist man ganz einfach Bürger eines Landes in einer Gesellschaft, in der verschiedene Existenzweisen koexistieren. Ich spreche vom Bürger/*Citoyen* in seinem Verhältnis zu seiner Gemeinschaft, in der er nicht verpflichtet ist, über seinen Glauben und seine religiösen Überzeugungen Auskunft zu geben. Was auch immer unsere Überzeugungen sein mögen, ob wir Laizisten, Atheisten oder Konfessionslose sind – wir werden immer als Muslime identifiziert. Der erste Akt der religiösen Freiheit besteht darin, diese Identifizierung zu dekonstruieren, die Notwendigkeit, dass das Individuum zum Vorschein kommt, die Notwendigkeit, das Leben vernünftiger zu gestalten und die Gesellschaft zu säkularisieren und schließlich das Erfordernis eines schöpferischen Denkens zu bekräftigen, das die Klischees, das Gemisch falscher Vorstellungen und die zufälligen und irreführenden Interpretationen des Islam überwindet.

Aus dem Französischen übersetzt von Hans Jörg Sandkühler

Gregor Paul

Menschenrechte in China: aus „westlicher“, „chinesischer“, globaler und systematischer Sicht

1. Perspektiven der Darstellung und Diskussion

Die Menschenrechtsfrage ist komplex und wird deshalb, sachgerecht, aus unterschiedlichen Perspektiven erörtert. So sind politische, juristische und philosophische Auseinandersetzungen üblich. Dabei lassen sich dann weitere, spezifischere Ansätze und Orientierungen ausmachen. So ist etwa zwischen innen- und außenpolitischen Diskussionen oder nationalem und internationalem Recht zu differenzieren. Besonders wichtig aber ist eine Unterscheidung zwischen positivem Recht einerseits und Moral, Ethik und Rechtsphilosophie andererseits, wissen wir doch alle, dass positives Recht sogar verbrecherisch sein kann und dann des ethischen Korrektivs bedarf bzw. ethischen Gesichtspunkten unterzuordnen ist und womöglich gar missachtet werden sollte. Das – wie ich zu zeigen suche, freilich problematische – Prinzip der so genannten humanitären Intervention wird so gerechtfertigt. Entsprechend ihren jeweiligen Interessen nehmen Menschen und Institutionen unterschiedliche Perspektiven ein. So sind regierungsamtliche oder staatliche Positionen im Allgemeinen erkennbar weniger ‚menschenrechtsfreundlich‘ als die von Nicht-Regierungs- (NGOs) bzw. Menschenrechtsorganisationen. Gerichtsentscheide halten sich prinzipiell an positives Recht. Philosophie und Ethik erlauben sogar Kritik an internationalem positivem Recht, ja fordern in gewisser Weise eine kritische Reflexion selbst der *Allgemeinen Erklärung der Menschenrechte* und setzen sich immer wieder mit Fragen wie dem Problem intersubjektiver (argumentativer) Begründbarkeit auseinander. Im Folgenden sollen in exemplarischer Form die unterschiedlichen Gesichtspunkte, Positionen und entsprechenden Ursachen, Gründe, Motive und Absichten thematisch sein.

Wenn freilich von ‚China’ die Rede ist, so ist u.a. zwischen den Verhältnissen in der Volksrepublik (VR) China, Taiwan, Singapur und etwa Malaysia zu unterscheiden. Außerdem ist oft von ‚Greater China‘ die Rede. Dann sind selbst die ‚China towns’ – etwa in den USA – einbezogen. Und schließlich können sich Begriffe wie ‚China’ oder ‚chinesisch’ primär auf (traditionelle) chinesische Kultur beziehen. In meinen Überlegungen ist dies insofern der Fall, als ich mich auch der Frage widme, wieweit die in China entwickelte Philosophie und Ethik eine philosophische Begründung des Rechts auf Integrität der Menschenwürde erlauben bzw. mit der Rechtsnorm der Unantastbarkeit der Menschenwürde ver

Wort ‚westlich' bezeichnet vor allem eine Staatenwelt, die durch eine mehr oder weniger klar umrissene politisch-kulturelle Einheit bestimmt ist. Wichtigste Teile sind West- und Mitteleuropa, die angelsächsischen Staaten, Australien und Neuseeland. Das regierungsamtliche und massenmediale ‚Chinabild' dieser Welt ist negativ. Die Kritik an Menschenrechtsverletzungen in der VR China ist dabei besonders deutlich. Es sollten keine Missverständnisse aufkommen: Menschenrechtsverletzungen, insbesondere Folter, sind unentschuldbar und sollten nicht heruntergespielt oder beschönigt werden. Will man freilich in möglichst erfolgreicher Weise gegen sie angehen, so sind sie (wie jeder Mord in einem Gerichtsprozess) auch zu erklären, und Kritik ist in effizienter Form vorzubringen. Wie deutlich werden soll, muss sie u.a. sachgerecht, fair, aufrichtig und ohne doppelte Standards ins Spiel gebracht und geäußert werden. Kaum eines dieser Kriterien wird im Allgemeinen von der ‚westlichen' Kritik erfüllt. So lassen die in Politik und in Massenmedien präsentierten China-Bilder an zwei Scherzgedichte denken:

„In dem Lande der Chinesen
bin ich zwar nicht selbst gewesen,
aber meiner Mutter Bruder Sohn
hat in seiner Jugend schon
mal gelesen,
dass einer wär'
beinah
dort gewesen".

„Es gibt zwei Sorten Chinesen:
die guten und die beesen.
Die guten gehen niemals aus.
Die beesen bleiben nie zuhaus.
Das Fazit ist stets gleich gewesen:
Tut man von Chinesen lesen,
so gewöhnlich nur von beesen."

Und im *Spiegel* Nr. 16 vom 15. April 2002 war auf S. 188 zu lesen: „Konfuzius lehrte [...] seine Landsleute die Wonnen der Unterwerfung". Sofern überhaupt auszumachen, lehrte Konfuzius sie freilich eher Kritik und Widerstand. Jeder, der etwa die Reclam-Übersetzung der „Gespräche" des Konfuzius[1] liest, kann dies verifizieren. Menzius, ein glühender Verehrer des Konfuzius aus dem 4. und 3. Jh. v.u.Z., auf den ich unten ausführlicher zu sprechen komme, und andere Bewunderer des Konfuzius, lehrten sogar gewaltsamen Widerstand und, wie wir

1 Vgl. Moritz 1998.

sagen würden, Revolution, wenn denn kein anderes Mittel eine unmenschliche Herrschaft beenden könne.[2]

In der Sache selbst gilt die westliche Kritik vor allem den volksrepublikanischen Einschränkungen der Meinungsfreiheit, wie sie sich z.B. in der Inhaftierung von Partei- und Regierungskritikern und der Kontrolle des Internets äußert, Einschränkungen der Religionsfreiheit, Immobilien-Enteignungen und Zwangsumsiedlungen, mangelhafter Rechtsstaatlichkeit, wie sie in willkürlichen Verhaftungen und in Misshandlungen in Gefängnissen und Lagern zum Ausdruck kommt, der Todesstrafe und der so genannten Minderheiten- und da insbesondere der Tibet-Politik. Geäußert wird diese Kritik in unterschiedlichster Form: vor allem aber in massenmedialen Publikationen, Stellungnahmen von westlichen Regierungsmitgliedern, aber selbstverständlich auch seitens von NGOs wie Amnesty International. Die Frankfurter Buchmesse 2009, deren zentraler Gegenstand China war und bei der nicht alle von den deutschen Veranstaltern geladenen chinesische Gäste einreisen bzw. auftreten durften, und die Verleihung des Friedensnobelpreises an LIU Xiabo 2010 gaben Anlass zu besonders lauter Kritik. Wenn deutsche Politiker zu offiziellen Besuchen in die VR China reisen, dann fordern die deutschen Medien, dort auch die Menschenrechtsfrage aufzuwerfen. Die USA veröffentlichen zudem jedes Jahr anklagende Berichte über in der VR China

Die Kritik ist sachlich oft, aber nicht immer zutreffend. Häufig ist sie auch undifferenziert. Wie gesagt, sollte dies nicht missverstanden werden. Menschenrechtsverletzungen und solch schwere Menschenrechtsverletzungen wie die Folter sind, wo immer sie vorkommen, durch nichts zu entschuldigen. Geht es jedoch darum, sie zu mindern oder gar auszuräumen, so spielen Sachlichkeit und Form der Kritik entscheidende Rollen. Falsche Anschuldigungen, innenpolitische Instrumentalisierung (Menschenrechtspolitik als Mittel des Wählerfangs), Messen mit zweierlei Maß (Inkaufnahme eigener Menschenrechtsverletzungen wie z.B. in Afghanistan; Kritik an China, aber nicht an den USA oder Saudi-Arabien) und die damit unverkennbare Unaufrichtigkeit, ja Heuchelei verhindern geradezu sachgerechte Auseinandersetzungen. Man redet dann nur noch darüber, ob der Kritiker überhaupt (moralisch) legitimiert sei, Kritik zu üben, nicht aber darüber, ob die Kritik zutrifft, geschweige denn darüber, wie ihr gerecht zu werden sei. Wer etwa die chinesische Ein-Kind-Politik kritisiert, sollte berücksichtigen, dass Minderheiten von ihr generell ausgenommen sind und dass sie einen Beitrag zur Lösung des weltweiten Bevölkerungsproblems darstellt. Letzteres gilt um so mehr, wenn man selbst für eine restriktive Einwanderungspolitik eintritt. Wer menschenunwürdige Arbeitsbedingungen kritisiert, sollte bedenken, dass er gemeinhin möglichst billig einkaufen will und dass er damit – z.B. – auch die westlichen Firmen in China unterstützt, die möglichst wenig für ihre chinesi-

2 Vgl. zu all dem Paul 2010.

schen Mitarbeiter tun. Auch zur Kritik an der chinesischen Tibet-Politik ließe sich Manches sagen. Doch erforderte dies eine eigene Studie. Was aber die Folter betrifft, die, ich betone es erneut, m.E. durch nichts zu rechtfertigen ist, so ist sie in der VR China untersagt. Ihr Vorkommen wird auch von offizieller Seite beklagt, und juristische Fachzeitschriften enthalten Artikel, in denen es um eine erfolgreichere Durchsetzung des Folterverbotes geht[3]. Allerdings dürfte dabei vieles Lippenbekenntnis sein. So lange freilich der Westen selbst eine Art Reetablierung der Folter betreibt, muss hier jede Kritik an China scheitern.

Abgesehen von den Genoziden in Afrika ist es in der Tat ‚der Westen', der seit den 1990er Jahren die übelsten Menschenrechtsverletzungen zu verantworten hat. Mit dem Kosovo-Krieg wurde eine Remilitarisierung in Gang gesetzt, die über den Afghanistan-Krieg in den Irak-Krieg führte und Hunderttausende Unschuldiger des Leben kostete, die – *absehbar* – Folter und Vergewaltigung mit sich brachte, den Terrorismus nährte (und nährt) und das Nahostproblem verschärfte. Kurz gesagt: Ohne Kosovo-Krieg kein Afghanistan-Krieg und ohne Afghanistan-Krieg kein Irak-Krieg. Im Kosovo keinen Krieg zu führen, wäre gewiss auch ein Übel gewesen. Die Entscheidung für den Krieg war jedoch ein größeres Übel, und dies zumal, als die Folgen eben mehr oder weniger vorsehbar waren. Menschenrechtsverletzungen lassen sich nicht beseitigen, indem man noch schwerer wiegende Menschenrechtsverletzungen in Kauf nimmt oder gar (mit) herbeiführt.[4]

So berechtigt also westliche Kritik an den Menschenrechtsverletzungen in der VR China sein mag: sie ist in ihrer Unaufrichtigkeit, Heuchelei, der Instrumentalisierung im eigenen Interesse, der Verwendung doppelter Standards kaum geeignet, Verbesserungen zu bewirken. Zusammenfassend gesagt, fehlt es ihr so gut wie gänzlich an Glaubwürdigkeit. Ausgenommen sind allein Menschenrechtsorganisationen wie Amnesty International oder einzelne Gruppen und Personen, denen schlechthin keine eigennützigen Beweggründe unterstellt werden können.

[3] Sapio 207, 169.

[4] Vgl. meine Ausführungen unter http://www.paul.dcg.de/mrph/Afgh.htm und http://www.paul.dcg.de/mrph/TerrUr.htm. Nach Zugriff vom 21.02.2011.

3. *‚Chinesische' Einschätzungen*

In der VR China sind die offiziellen, regierungsamtlichen, staatlichen und die in öffentlichen Medien verbreiteten Stellungnahmen zu Fragen der Menschenrechte vor allem Reaktion auf ‚westliche' Kritik. Dass dabei nach Möglichkeit auf die Unglaubwürdigkeit der westlichen Menschenrechtspolitik und auf die – genannten – Komponenten dieser Unglaubwürdigkeit hingewiesen wird, um sachbezogene Auseinandersetzungen zu umgehen, liegt nahe. So werden die jährlichen amerikanischen Berichte regelmäßig mit Retourkutschen gekontert. Die englischsprachige *China Daily* veröffentlicht entsprechende Jahresberichte über Menschenrechtsverletzungen in den USA, deren Fazit auch in dem Schluss besteht, dass die USA den Balken vor den eigenen Augen nicht sähen, vor der eigenen Tür kehren sollten, mit zweierlei Maß mäßen und jedenfalls gänzlich unglaubwürdig seien.

Im Übrigen aber räumen chinesische Regierung und chinesische Politiker immer wieder offen ein, dass die Menschenrechtslage in China verbesserungswürdig sei, unterstreichen dabei jedoch ebenso regelmäßig, dass schon viel erreicht sei und sich die Situation kontinuierlich verbessert habe und weiter verbessere. Dabei beklagen sie, dass ‚der Westen' dies nicht (hinreichend) würdige. Was etwa Tibet angeht, so wird betont, dass es den Tibetern noch nie so gut gegangen sei wie im 21. Jahrhundert. Das gelte etwa für Bildung, Gesundheit und Lebensqualität, ja sogar für die Frage politischer Freiheit. Das traditionelle Tibet vor 1950 (oder gar 1959) wird dabei als ein repressives, ausbeuterisches Feudalsystem, wenn nicht gar als Sklavenhalter-Gesellschaft gezeichnet. Bei aller Vorsicht in der Beurteilung der soziopolitischen Geschichte Tibets bis 1950 ist daran vieles wahr[5]. Der Dalai Lama gilt als Separatist und Unruhestifter. Ersteres war er wohl auch in der ersten Zeit nach seiner Flucht 1959. Und er weiß natürlich, dass sein – angestrengtes – Bemühen, ‚westliche' Politiker zu treffen, stets zu medienwirksamen öffentlichen Protesten gegen China führt und auch gewalttätige Unruhen schürt.

Als besonders verbesserungswürdig gelten aus der Sicht der Staatsführung und der Partei die Lage der Landbevölkerung und der Wanderarbeiter, die Sozialgesetzgebung und die Rechtssicherheit. Auch (Lippen?-)Bekenntnisse zur Bekämpfung von Folter fehlen, wie gesagt, nicht. Auf schwere Korruption (die freilich nicht in jedem Fall mit Fragen der Menschenrechte verknüpft werden kann) steht die Todesstrafe.

Im Übrigen aber rechtfertigt oder erklärt die VR Sachverhalte und Ereignisse, die ihr der Westen als Menschenrechtsverletzungen vorwirft, vor allem durch Hinweise auf formaljuristische Gegebenheiten, und zwar durch Hinweise insbesondere auf

[5] Vgl. Kollmar-Paulenz 2006 und Dung-dkar blo-bzang ‚phrim-las 1991.

- die Anerkennung internationaler MRs-Konventionen,
- die Anerkennung bzw. Festschreibung der Menschenrechte in der eigenen Verfassung,
- und die *formal*juristische Korrektheit von Verhaftungen, Prozessen und Gerichtsurteilen etc.

Außerdem wird, in Orientierung an marxistisch-kommunistischen Theorien, erklärend auf ökonomische, soziologische und entwicklungspolitische Besonderheiten (grob gesagt, auf die gesellschaftlich-ökonomische Basis des ‚Überbaus' der Menschenrechte) verwiesen, die die Realisation insbesondere von Freiheitsrechten erschwerten oder nachrangig erscheinen ließen.

Erst seit den 1990er Jahren argumentiert die VR – wie vorher massiv Singapur und Malaysia – auch kulturalistisch. Danach sollen die Menschenrechte (auch) Funktion der Kultur(en) sein, in denen sie gelten (sollen). So unhaltbar diese Auffassung ist, so einflussreich ist sie. Die *Geltung oder Gültigkeit* einer Theorie ist ja unabhängig von deren Genesis, d.h. unabhängig von Zeit, Ort und Autorschaft ihres Entstehens, mag sie auch unter gewissen kulturellen Voraussetzungen kaum *Anerkennung oder Akzeptanz* finden. So sollten Menschenrechte denn auch nicht ‚durchgesetzt' werden, wenn damit Übel durch noch größere Übel ersetzt werden. Anders gesagt, gilt in der Frage der Verwirklichung das Prinzip des kleineren Übels (das, wie gesagt, eben etwa mit dem Kosovo-Krieg und den darauf folgenden Kriegen verletzt wurde).[6]

Auf sozusagen empirischer Ebene ist das kulturalistische Argument ebenfalls widerlegt. Taiwan und Japan – eine sinoasiatische Kultur – sind ‚westliche' Demokratien, die auf einer prinzipiell uneingeschränkten Anerkennung der *Allgemeinen Erklärung der Menschenrechte* beruhen, die ihrerseits – und dies anders, als vielfach kolportiert – auch ein Ergebnis ‚chinesischen' Engagements war.

3. Menschenrechte in China in globalem Kontext

In primär politischen Kontexten sind die Menschenrechte vor allem Gegenstand machtpolitischen Kalküls. Dies ist oben skizziert. Entsprechend erfolglos ist internationale – und, was innenpolitische Auseinandersetzungen angeht, oft auch nationale – Menschenrechtspolitik. Erfolgreich kann sie sein, wo ein mächtiger Staat einen weniger mächtigen Staat zu einer (stärker) menschenrechtsgemäßen Politik zwingen kann. Aber auch da, wo sich ein Staat bzw. dessen politische Führung aus wohlerwogenem eigenen Interesse wie etwa dem Wunsch nach internationalem Ansehen den Anschein menschenrechtsadäquater Politik geben möchte, mag Kritik erfolgreich sein. Und selbstverständlich *ist* Moral auch eine politische Macht.

[6] Vgl. zum letzten Abschnitt Paul 2008.

In primär juristischen und quasi-juristischen Kontexten spielen, um einfach einige Stichworte zu geben, die UNO, Genf und internationale Gerichtshöfe eine immer größere Rolle, doch ist die VR China in dieses, immer noch weithin im Entstehen begriffene, System nur partiell eingebunden. Dies gilt freilich u.a. auch für die USA, die die Institution des Internationalen Gerichtshofes nicht anerkennen.

In ökonomischen Kontexten gewinnt die Menschenrechtsfrage kontinuierlich immer größere Relevanz. Auch in diesem Zusammenhang dürfte es ausreichen, auf mehr oder weniger bekannte Faktoren hinzuweisen. Dazu gehören die Shareholder-value-Ideologie, westliche Firmenauslagerungen in Niedriglohn-Länder (mit problematischen Arbeitsbedingungen) wie eben die VR China, das Konsumverhalten im Westen sowie Devisen- und Wechselkurspolitik. Außerdem sind (auch und nicht zuletzt) westlicher Protektionismus, Finanzspekulation und die ‚Arbeit' der Hedgefonts zu nennen. In einer Ära digitaler Aktion und der „Jetztzeit"-Kommunikation (des ‚digitalen Kapitalismus' mit unmittelbarer und prinzipiell weltweiter Information und kurzen Reaktionszeiten) wirken sich solche Faktoren spürbar und immer stärker auf Menschenrechtslagen aus[7]. Wie angesprochen, sind insbesondere Firmenauslagerung in Niedriglohnländer und an Niedrigstpreisen orientiertes westliches Konsumverhalten der Förderung der Menschenrechte kaum zuträglich. Für Firmenauslagerungen mag dies nur kurz- oder mittelfristig gelten, doch rechtfertigt das die oft menschenverachtenden Arbeitsbedingungen nicht, die die westlichen Konzerne dabei schaffen oder gern in Kauf nehmen.

4. Menschenrechte in China aus systematischer Sicht

Exemplarische Auseinandersetzung mit der Frage nach der Allgemeingültigkeit der Norm unantastbarer Menschenwürde

Wenn ich von einer systematischen Sicht rede, so meine ich eine Perspektive, in der es um Fragen der Gültigkeit geht. Wie angesprochen, spielen dann, erstens, insbesondere Fragen der Genesis oder Entstehung eines Menschenrechtskonzepts – d.h. dessen Herkunftszeit, Herkunftsort und Autorschaft – keine Rolle. Verschärft ausgedrückt, impliziert dies auch, dass der Rechtfertigungskontext – der zur Rede steht – vom Entdeckungskontext unabhängig ist. Zweitens: Wie ebenfalls festgehalten, geht es dabei auch nicht darum, ob ein Konzept (faktische) Anerkennung oder Akzeptanz findet. Gültigkeit hängt eben auch nicht von Zustimmung ab. Drittens ist zwischen Sein und Sollen zu unterscheiden. Die Dinge

7 Wie die ‚arabische' Revolution Anfang des Jahres 2011 zeigt, können ‚world wide web' bzw. weltweite digitale Kommunikation auch zur Verbreitung und Stärkung von Menschenrechten beitragen.

mögen liegen, wie sie wollen, eine Tradition oder Kultur mag noch so altehrwürdig sein: daraus folgt nicht, dass sie zu erhalten wäre. Im Englischen heißt es: „You can‘t get an ought from an is“. Im deutschsprachigen philosophischen Jargon ist von der Vermeidung eines „naturalistischen Fehlschlusses“ die Rede. Die Gültigkeit einer Norm festzustellen, heißt freilich ganz und gar nicht, diese Norm auch um jeden Preis durchsetzen zu müssen. Es gilt, wie gesagt, das Prinzip des kleineren Übels. Anders formuliert: Zu betonen, dass – etwa – die Norm der Integrität der Menschenwürde allgemeingültig sei, *impliziert keine Forderung,* sie unter allen Umständen und zu jeder Zeit durchzusetzen, ist also *kein* Indiz etwa psychologischer oder politischer Blindheit, ja nicht einmal in Zeichen mangelnden Verständnisses für kulturelle Besonderheiten. Es handelt sich schlichtweg um unterschiedliche Fragen und Probleme.

Dem entspricht, dass es letztlich irrelevant ist, wie ein Menschenrecht begründet ist, wenn es anerkannt wird. Man mag Atheist, Kommunist oder Christ sein: respektiert man die Norm unantastbarer Menschenwürde, so ist es belanglos, wie man sie begründet. Nur dann, wenn die Gültigkeit eines Menschenrechtes umstritten ist, wird die Frage nach dessen Begründbarkeit relevant. Dabei ist dann freilich evident, dass eine religiöse, z.B. auf göttliche Offenbarung basierte, Rechtfertigung keine Aussicht auf allgemeine intersubjektive Zustimmung besitzt[8]. Dies hat überhaupt nur eine Logik und Empirie verpflichtete, prinzipiell für alle Menschen nachvollziehbare Argumentation. Im Folgenden versuche ich,

8 In diesem Zusammenhang mag eine Notiz zur Frage der Religionsfreiheit angebracht sein. Faktisch besteht eine solche Freiheit wohl in keinem Staat der Welt. Dabei geht es nicht darum, dass jede Freiheit, und also auch eine Religionsfreiheit, da ihre Grenzen findet, wo sie fundamentalere Rechte von Atheisten und Andersgläubigen einschränkt. In Staaten wie dem Iran oder Saudi Arabien werden z.B. Christen oder Bahais in ihrer Religionsfreiheit eingeschränkt. In Deutschland sind Kruzifix-Urteil und Kopftuchverbote Beispiele einer Diskriminierung von Nicht-Christen. Formaliter besteht die jeweils nachweisbare Einschränkung darin, dass jede Religionsausübung den jeweils geltenden Verfassungsregeln genügen müsse. In der Geschichte Sinoasiens ist diese Einschränkung durch zwei philosophische Überlegungen (mit) motiviert: (1) die epistemologische Skepsis, dass transzendente Entitäten (wie ein Gott) keiner intersubjektiven (objektiven) Erkenntnis zugänglich seien und (2) jede Berufung auf solche Entitäten (und/oder deren Gebote) deshalb faktisch willkürlich sei und damit diesseitsweltliche Herrschaft destabilisiere und zu Inhumanität führe. Bedenkt man, wie vor allem organisierte Religionsgemeinschaften (Kirchen) versuchen, positives Recht mitzugestalten – in Polen oder Deutschland etwa in der Frage der Schwangerschaftsunterbrechung – und macht sich bewusst, wie sie so gut wie stets agierten, wenn sie dominierende politische Macht besaßen, so verdient die Problematik der Religionsfreiheit vielleicht (erneut) eine grundsätzliche philosophische Auseinandersetzung. Darauf hinzuweisen, heißt ja nicht, dass nicht auch jeder Christ die Freiheit haben sollte, sich zur Frage der Schwangerschaftsunterbrechung zu äußern – aber eben als Bürger und *nicht als Christ oder Kirchenrepräsentant.*

eine solche Argumentation zu skizzieren. Indem ich dabei einschlägige Philosopheme der Ethik des Menzius rekonstruiere, versuche ich ineins zu zeigen, dass diese Ethik sogar als philosophische Grundlegung eines normativen Konzepts der Menschenwürde aufgefasst werden kann, und dies in angemessener Weise. Wenn der Menzianische Begriff auch *kein Rechts*begriff ist, so kann er doch als philosophische Fundierung eines solchen Begriffs genutzt werden.

Natürlich setzt jede adäquate Rekonstruktion eine angemessene Interpretation voraus. Sie wiederum erfordert ein treffendes Verständnis der historischen Kontexte. So spricht man vom Gebot der Kontextualisierung. Geht es um einen so alten und der eigenen Kultur so fernen Text wie das Buch *Menzius,* so ist man denn auch schnell mit dem Vorwurf des Eurozentrismus bei der Hand. So sei ein weiteres Mal betont, dass es um Geltung und nicht um Geschichte geht. Menzius war kein Menschenrechtler, und er formulierte keine Menschenrechte. Dennoch entwarf er einen Begriff, der jedenfalls nach gängigem ‚westlichen' Sprachgebrauch als Begriff unantastbarer Menschenwürde verstanden werden muss, wenn man denn diesen Begriff konsistent – als Konzept eines hohen Wertes, der jedem Menschen als Menschen eigne und der zu wahren und zu verteidigen sei – verwenden will. Eventuelle Eurozentrismus-Vorwürfe haben da im Übrigen auch eine komische Note: für wie (‚westlich') rational und „individualistisch" man meine Rekonstruktion auch halten mag – einflussreichste japanische Gelehrte haben Jahrhunderte lang die Menzianische Ethik als (zu) rational, „individualistisch", als „Egoismus" und als Aufruf zu Disharmonie und Revolution *verdammt,* und sie waren gewiss keine ‚Westler' und Eurozentriker.[9]

Die wichtigsten einschlägigen Passagen aus dem Buch *Menzius* lauten in einer deutschen, an Richard Wilhelms Übertragung orientierten Übersetzung:

(1) „Es gibt die Ränge/den Adel des Himmels (*tianjue* 天爵) und die Ränge/den Adel des Menschen (*renjue* 人爵) (有天爵者，有人爵者). Mitmenschlichkeit, Rechtschaffenheit, [kritische] Loyalität, Glaubwürdigkeit und unermüdliche Freude am Guten machen die Ränge/den Adel des Himmels aus. Fürst, Minister oder hoher Beamter sind Ränge/Adel des Menschen. Die Alten pflegten die Ränge/den Adel des Himmels, und die Ränge/der Adel des Menschen ergaben/ergab sich daraus von selbst."

(2) „Das Verlangen nach Exzellenz/Ehre/Achtung (*gui*) ist gemeinsamer Sinn *(xin)* der Menschen. Alle Menschen haben Ehre/etwas der Ehre Wertes/Achtenswertes/etwas Erhabenes in sich selbst. Sie denken nur nicht daran (欲貴者，人之同心也. 人人有貴于己者，弗思耳). Die Exzellenz/Ehre, die Menschen verleihen, ist nicht die gute Exzellenz/Ehre (*lianggui*) (人之所貴者，非良貴也) [...] Wem [der mächtige] Zhao Meng Ehre verleiht, den kann Zhao Meng auch erniedrigen."

9 Vgl. dazu Paul 2006.

(3) „[...] es gibt [für die Menschen] etwas, das sie mehr lieben als das Leben, und etwas, das sie mehr verabscheuen als den Tod. Nicht nur Weise haben diesen Sinn, alle Menschen haben ihn [...]"

(4) „Angenommen, es handelt sich um einen Korb Reis oder eine Schüssel Suppe. Leben oder Tod hängen davon ab, ob man sie erhält oder nicht erhält. Wenn sie unter Beschimpfungen angeboten werden, so wird selbst ein Landstreicher sie nicht annehmen; wenn sie mit einem Fußtritt hingeworfen werden, so wird selbst ein Bettler sich nicht herablassen, sie aufzunehmen."

(5) „Wo gibt es einen Edlen, der sich durch Kauf gewinnen lässt!" 焉有君子而可以貨取乎[10]

Die Interpretation dieser Stellen ist leicht. Zusammen genommen besagen sie, dass jedem Menschen als solchem ein hoher Wert eigne, den zu wahren und zu verteidigen wichtiger sei als bloßes Überleben. Anders als die Ränge des Menschen, die einem von Mächtigen verliehen *und wieder entzogen werden könnten,* könne einem dieser Wert, der Adels des Himmels von keinem anderen Menschen genommen werden. ‚Wörtlich' verstanden, besagt dies eben, dass er schlechthin unverlierbar sei. Dabei ist zu beachten, dass das *Menzius* den Adel des Himmels *im Potential, der Fähigkeit* zur Menschlichkeit sieht. Die fünfte Passage (5) bringt letztlich zum Ausdruck, dass die – gebotene – Selbstachtung, die als integrales Moment himmlischen Adels gesehen ist, auch jede Korrumpierbarkeit verbiete. Wer sich korrumpieren lasse, so der Gedanke, gebe seine moralische Selbstbestimmung und damit seine Selbstachtung auf. Auf sehr allgemeiner Ebene gleicht dies dem Kantischen Konzept der (moralischen) Autonomie als „Unterwerfung unter das [moralische] Gesetz", ohne dass damit im Geringsten insinuiert werden soll, dass Menzius eine Art Kantianer gewesen sei. Ihm war jeder Apriorismus fremd.[11] Vielmehr geht es darum, plausibel zu machen, dass das Menzianische Konzept des hohen Wertes, der jedem Menschen zukomme, jedenfalls *auch* ein Autonomie-Konzept ist.[12]

Was ist mit dieser *Menzius*-Interpretation gewonnen? Nun, sie belegt, dass ‚westliche' Normen einer unantastbaren Menschenwürde mit dem Menzianischen Konzept, dem zufolge (ebenfalls) jedem Menschen als solchem ein hoher unverlierbarer und zu achtender Wertes eignet, vereinbar sind – und ‚umgekehrt'. Die Interpretation liefert damit ein widerlegendes Beispiel zu einschlägigen kulturrelativistischen Hypothesen. Sie ist jedoch kein Gültigkeitsnachweis. Tatsächlich bietet das *Menzius* denn auch keine derartige Rechtfertigung. Es geht vielmehr von einer Art anthropologischer Verankerung des „himmlischen Adels"

[10] Vgl. Wilhelm, 6A16, 6A17, 6A10, 6A10 und 2B3.

[11] Ausführlichst und detailliert sind diese Überlegungen in Ommerborn/ Paul/ Roetz 2011 durchgeführt. Vgl. auch http://www.eko-haus.de/menzius/uebersicht.htm. Nach Zugriff vom 21.02.2011.

[12] Vgl. op. cit.

aus und tendiert zu einer Ontologisierung der Ethik, so dass die für es kennzeichnenden Begründungsversuche auf einen naturalistischen Fehlschluss hinauslaufen dürften – ein Manko, das meines Erachtens auch ‚westlichen' naturrechtlichen Konzepte der Menschenwürde anhaftet.[13]

Eine Begründung oder Rechtfertigung der Norm von der Unantastbarkeit der Menschenwürde ist jedoch gar nicht so schwierig. Dabei erweist sich der im Deutschen übliche Sprachgebrauch als hilfreich. Wenn man auch kaum unvermittelt anzugeben vermag, worin denn die Würde des Menschen bestehe oder wie der Begriff der Menschenwürde verwendet werden sollte, so ist uns doch klar, was Ausdrücke wie Entwürdigung und entwürdigen bedeuten. Sie bezeichnen jedenfalls Zwänge, die uns in einer für uns unzumutbaren Weise unserer (Fähigkeit der) Selbstbestimmung berauben. Erneut ist die Folter das eindringlichste Beispiel. Dass unter Würde dann (die Fähigkeit) zur Selbstbestimmung oder Autonomie zu verstehen ist, ergibt sich daraus (und bestätigt in einleuchtender Weise auch das in der *Menzius*-Interpretation Gesagte). Ebenso klar ist freilich, dass Selbstbestimmung weder beliebige Willkür noch beliebigen Egoismus einschließt. Dies folgt aus Prinzipien wie denen der Goldenen Regel und der Konsistenz, d.h. der Regel, dass aus denselben Prämissen dieselben Folgerungen gezogen werden sollten: Was unter Berücksichtigung einschlägiger relevanter Voraussetzungen für mich *als Mensch* gilt, gilt unter denselben Voraussetzungen auch für andere Menschen. Goldene Regel und Konsistenzprinzip sind dabei Normen, die, soweit wir wissen, auch von Konfuzius und Menzius anerkannt wurden.

Erfahrung – Kriege, Folter, Vergewaltigung zu allen Zeiten und in allen Kulturen, die große Zahl bereitwilliger Folterknechte, die sich so gut wie stets finden lassen[14], unsere Anfälligkeit für die Versuchung der Macht usf. – lehrt nun zur Genüge, dass alles, aber auch alles getan werden sollte, um Entwürdigung(en) (schließlich) unmöglich zu machen. Dies aber ist wohl nur über die Etablierung der Norm unantastbarer Menschenwürde und eine Anerkennung der universalen Gültigkeit dieser Norm möglich. Man sollte nicht meinen, das sei lediglich hehre Theorie. Selbst auf allgemeingültige internationale Flugregeln hat man sich ja verständigen können. Dass die Norm auch nach einem derartigen Verfahren wieder verletzt werden dürfte, änderte so wenig an ihrer Gültigkeit wie unsere Verletzung der Verkehrsregeln. Sie besitzt bzw. besäße ja normative und nicht etwa naturgesetzliche Gültigkeit. Und auch solch schwierige Fragen wie die nach

[13] Vgl. erneut op. cit.

[14] Ein so zynischer wie eindringlicher Beleg für die Tatsache, dass alle Menschen in den zur Rede stehenden relevanten Hinsichten mehr oder weniger gleich und gleichermaßen ‚übel' sind, besteht darin, dass man jederzeit wusste, wie man andere zu foltern hatte, kamen sie auch aus Kulturen, von deren Existenz man vorher nichts gehört hatte und sprachen sie auch Sprachen, von denen man kein Wort verstand.

einem menschenwürdigen Strafrecht oder einem menschenwürdigen (selbstbestimmten) Tod ändern nichts daran.[15]

5. Theorie und Wirklichkeit der Menschenrechte

Nichtsdestoweniger ist zwischen der normativen Allgemeingültigkeit eines Prinzips auf der einen und dessen Anerkennung, Akzeptanz, Respektierung und Durchsetzung auf der anderen Seite zu unterscheiden. Das ist mehrfach betont. Bekannt ist die notorische Ohnmacht des Arguments. Immer wieder kommt es vor, dass wir die Gültigkeit einer Verhaltensregel einsehen, ohne ihr zu folgen oder auch nur folgen zu wollen. So ist es als großer historischer Fortschritt und als Förderung gebotener Humanität einzustufen, wenn Normen wie die der Integrität der Menschenwürde auch als positives und gar einklagbares Recht gefasst werden. Dies ist freilich eine neuere, auf das 20. Jahrhundert zurückgehende Entwicklung, und sie ist längst nicht so weit fortgeschritten, wie es wünschenswert wäre. Das gilt gerade auch für die VR China, in der, wie angesprochen, gerade in Menschenrechtsfragen faktisch noch vielfach Rechtsunsicherheit herrscht. Bei jedem Versuch, Menschenrechte (gewaltsam) durchzusetzen, sollte jedoch, wie ebenfalls unterstrichen, das Prinzip des kleineren Übels beachtet werden. Im Übrigen bedarf es kaum der Erwähnung, dass auch Anreize zu schaffen sind, welche die Respektierung von Menschenrechten erleichtern.

6. Das Elend von Kulturalismus und Kulturrelativismus

Geht es um die Frage der Verträglichkeit von Menschenrechten und kulturellen Kontexten, so kenne ich kein ‚statement', das die Übel des Kulturalismus brillanter formulierte als Heines Gedicht *Die Wahlesel,* das ich denn auch immer wieder gern zitiere:

> „[...] Du bist ein Verräter, es fließt in dir
> Kein Tropfen vom Eselsblute;
> Du bist kein Esel, ich glaube schier,
> Dich warf eine welsche Stute.
>
> Du stammst vom Zebra vielleicht, die Haut,
> Sie ist gestreift zebräisch;
> Auch deiner Stimme näselnder Laut
> Klingt ziemlich ägyptisch-hebräisch.

[15] Ich habe mich andernorts ausführlich mit der Begründungsfrage befasst und will das dort Ausgeführte nicht noch einmal wiederholen. Vgl. etwa Paul 2008, 102ff.

Und wärst du kein Fremdling, so bist du doch nur
Verstandesesel, ein kalter;
Du kennst nicht die Tiefen der Eselsnatur,
Dir klingt nicht ihr mystischer Psalter.

Ich aber versenkte die Seele ganz
In jenes süße Gedösel;
Ich bin ein Esel, in meinem Schwanz
Ist jedes Haar ein Esel. [...]

O Welche Wonne, ein Esel zu sein!
Ein Enkel von solchen Langohren!
Ich möcht es von allen Dächern schrein:
Ich bin als ein Esel geboren.

Der große Esel, der mich erzeugt,
Er war von deutschem Stamme;
Mit deutscher Eselsmilch gesäugt
Hat mich die Mutter, die Mamme.

Ich bin ein Esel, und will getreu,
Wie meine Väter, die Alten,
An der alten, lieben Eselei,
Am Eseltume halten."

Literatur

Dung-dkar blo-bzang 'phrim-las, 1991, *The Merging of Religious and Secular Rule in Tibet.* Beijing.

Kollmar-Paulenz, K., 2006, *Kleine Geschichte Tibets.* München.

Moritz, R. (Hg. und Übers.), 1998, *Konfuzius: Gespräche.* Stuttgart.

Ommerborn, W., Paul, G., Roetz, H., 2011, *Das Buch Menzius im Kontext der Menschenrechtsdebatte.* Berlin/ Münster/ Hamburg.

Paul, G., 2006, Motoori Norinagas (1730-1801) Selbstporträts und die Menzius-Skulptur der Ritsumeikan-Universität: Japanische Menzius-Kritik und Menzius-Verehrung im Spiegel Bildender Kunst. In: *Mitteilungsblatt [der Deutschen China-Gesellschaft],* 2006, 1.

Paul, G., 2008, *Einführung in die Interkulturelle Philosophie.* Darmstadt.

Paul, G., 2010, *Konfuzius und Konfuzianismus.* Darmstadt.

Sapio, F., 2007, *Shuanggui:* Extra-legal detention by Commissions for Discipline Inspection. In: M. Woesler (Hg.), *Recht und Gerechtigkeit in China,* München.

Wilhelm, R. (Hg. und Übers.), 1982, *Mong Dsi [Menzius]: Die Lehrgespräche des Meisters Meng K'o.* Köln.

Philippe Brunozzi

Menschenrechte und Pluralismus. Zur Begründung der Menschenrechte bei Li Buyun, Xia Yong und Xu Xianming

1. Die Bedeutung chinesischer Begründungsmodelle

Die Menschenrechte, so Charles Beitz, sind Teil einer entstehenden und als solche sich ständig weiterentwickelnden internationalen Praxis.[1] Als öffentliches politisches Projekt wurde die Herausbildung dieser internationalen Menschenrechtspraxis seit dem Ende des Zweiten Weltkrieges vor allem von einer kontinuierlichen vertraglichen Ausgestaltung der Menschenrechte einerseits sowie von der Etablierung neuer Implementierungsmechanismen andererseits getragen. So hat, was die vertragliche Dimension der Menschenrechte anbelangt, die Menschenrechtserklärung von 1948 weitere menschenrechtsrelevante Kerndokumente hervorgerufen, welche die vertragliche Einrahmung der Menschenrechte schrittweise verdichtet haben.[2] Gleichzeitig haben sich aber auch die Wege der Menschenrechtsimplementierung vervielfältigt. Neben den in den zentralen Verträgen vorgesehenen Berichterstattungspflichten, Beschwerdemöglichkeiten und Hilfeleistungen bei der Umsetzung der Menschenrechte haben sich mit unterschiedlichen Anreizen und Sanktionsmöglichkeiten sowie der Entstehung neuer Menschenrechtsakteure, wie etwa den nationalen und internationalen NGOs, neue Formen der Menschenrechtssicherung herausgebildet.[3] Ungeachtet dieser Entwicklungen ist ein globaler Menschenrechtsschutz jedoch institutionell nicht garantiert. Weiterhin fehlt ein weltumspannendes, effektives legales Menschenrechtssystem, das für die Durchsetzung von Sanktionen oder für die Anwendung der Normen auf konkrete Fälle unentbehrlich ist. Gleichwohl bilden die Menschenrechte in der Zwischenzeit einen unentfernbaren Bestandteil des internationalen politischen Geschehens.[4]

Die Herausbildung einer solchen internationalen Menschenrechtspraxis befreit die internationale Gemeinschaft allerdings nicht schon von der Rechtfertigungsaufgabe. Sollen die Menschenrechte nicht allein aus der faktischen Entstehung

1 Vgl. Beitz 2009, 13-44.
2 Vgl. ebd., 24ff.
3 Vgl. ebd., 31-40.
4 Vgl. ebd., 43f.

einer globalen Menschenrechtskultur ihre normative Autorität beziehen, so müssen die Vertreter der Menschenrechtsnormen in der Lage sein, gegenüber den Normadressaten Gründe für ihre Ansprüche anzuführen. Kann der Geltungsanspruch der Menschenrechte nicht durch das Beibringen von Gründen gestützt werden, d.h. können die Menschenrechtsbefürworter nicht die begründete Zustimmung aller erwarten, so werden ihre Ansprüche von den Adressaten lediglich als Beeinflussungs- und Einschüchterungsversuche wahrgenommen. Aber selbst wenn ein Menschenrechtsvertreter gute Gründe für die Geltung der Menschenrechte anführen kann, so impliziert dies noch nicht, dass die Menschenrechte damit auch schon (welt)öffentlich vor allen Adressaten gerechtfertigt sind. Überzeugungen können gerechtfertigt sein, ohne dass sie dadurch gleich eine öffentliche Rechtfertigung erhalten haben. Öffentlich gerechtfertigte Normen müssen von allen freiwillig übernommen werden können und somit die Zustimmung aller erhalten. Die Gründe für Menschenrechtsansprüche, die man vom eigenen Standpunkt aus vorträgt, reichen somit nicht schon für eine öffentliche Rechtfertigung derselben Ansprüche aus. Ob man gerechtfertigt ist, mit Berufung auf die Menschenrechte bestimmte Verhaltensaufforderungen an andere zu richten, ist nicht allein davon abhängig, dass man selbst einen guten Grund für die Aufforderung hat, ohne die Perspektive des Adressaten zu berücksichtigen. Der eigene Anspruch muss, damit er Gültigkeit für den anderen haben kann, genauso in dessen System von Gründen und Überzeugungen integrierbar sein. Auch der Adressat muss Gründe ins Feld führen können, die den Anspruch zu tragen vermögen. In diesem Sinne ist von unseren eigenen Menschenrechtsansprüchen, sofern wir sie nicht schon im Voraus als ein bloßes politisches Manipulationsinstrument betrachten wollen, zu erwarten, dass sie in anderen Systemen von Gründen und Überzeugungen eine tragende Grundlage finden.

Vor diesem Hintergrund sei im Folgenden versucht, ein solches anderes System von Gründen und Überzeugungen in den Blick zu nehmen. Es soll genauer nachgefragt werden, welche Gründe im zeitgenössischen Menschenrechtsdiskurs der Volksrepublik China für Menschenrechtsansprüche vorgebracht werden. Die Bedeutung dieser Anfrage an chinesische Theoretiker beschränkt sich jedoch nicht nur darauf, ob die Menschenrechte von ihnen tatsächlich begründet werden. Welche Gründe genau als rechtfertigende Grundlage angeführt werden, ist nicht weniger entscheidend. Von den gelieferten Gründen hängt nicht nur ab, ob die Menschenrechte vor skeptischen Nachfragen aus den eigenen Reihen überhaupt bestehen können. Die Art der Gründe kann zudem mehr oder weniger stark revisionäre Interpretationen der Menschenrechte ermutigen, d.h. zu sehr unterschiedlichen Menschenrechtskatalogen führen.[5] Die folgenden Ausführungen können die damit angedeutete Tragweite der im chinesischen Kontext gelieferten Gründe nicht vollständig ausloten. Es soll lediglich versucht werden, bei drei maßgeblichen Menschenrechtstheoretikern die Begründungsstrategie zu identifizieren. Dies allein ist aufgrund der oft minimalistischen, die Zusammenhänge nur andeutenden Darstellungsweise schon nicht leicht zu bewerkstelligen. Bei diesen drei zeitgenössischen Theoretikern handelt es sich um Li Buyun, Xia Yong und Xu Xianming. Mit der Wahl dieser drei Vertreter des modernen chinesischen Menschenrechtsdiskurses kann der Ausdifferenziertheit dieses Diskurses sicherlich nicht hinreichend Rechnung getragen werden.[6] Aufgrund ihrer Außenwirkung kommt ihnen gleichwohl ein gewisser repräsentativer Wert zu.

Lassen sich diese drei Begründungsmodelle in einer ersten Annäherung einem bestimmten Theorientypus zuordnen (2), so erweist sich diese erste Kategorisierung bei näherem Hinsehen als irreführend (3). Neben dieser ersten Einordnung lässt sich allerdings eine weitere, etwas andere Begründungsstrategie bei den drei Autoren ausmachen (4-6).

2. Eine erste Einordnung

Chinesische Rechts- und Menschenrechtstheorien, so wird immer wieder hervorgehoben, entwickeln vor allem interessenzentrierte Begründungsmodelle; zumindest werden Rechte und Menschenrechte sehr eng mit menschlichen Grundinteressen in Verbindung gebracht.[7] Dies gilt auch für die drei hier berücksichtigten Autoren, in deren Begründungsversuchen „Interessen" (*liyi* 利益) auf den ersten Blick von entscheidender Bedeutung zu sein scheinen. Damit lassen sich auf Anhieb Gemeinsamkeiten mit Theorien wie der von Alan Gewirth oder der von Otfried Höffe vermuten.

Alan Gewirth etwa beabsichtigt, die Menschenrechte aus der „Struktur der Handlung" (structure of action)[8] abzuleiten. Dazu identifiziert er in einem ersten Schritt „Freiheit" (freedom) und „Wohlergehen" (well-being) als die beiden zentralen Grundvoraussetzungen menschlichen Handelns, „where freedom consists in controlling one's behaviour by one's unforced choice while having knowledge

5 So etwa führt Zhao Tingyangs Konzeption der Menschenrechte als jedem von der Menschheit erteilte ‚Kredite', die durch entsprechende Pflichten zurückgezahlt werden müssen, insofern zu einer veränderten Menschenrechtsliste, als bei Nichterfüllung der Pflichten, das Recht auf Leben verwirkt, man mithin zum Tode verurteilt werden kann. Vgl. Zhao 1996.

6 Vgl. hierzu die Überblicksdarstellungen des modernen chinesischen Menschenrechtsdiskurses nach 1989 von Angle 2002, Müller 1997 sowie Zheng 2009.

7 Siehe etwa Angle 2002, 214; Müller 1997, 272f.

8 Gewirth 1979, 1149.

of relevant circumstances, and well-being consists in having the other substantive general abilities and conditions required for agency“.[9] Ohne diese beiden Voraussetzungen wäre menschliches Handeln als freiwilliges und zielgerichtetes Tun und Unterlassen nicht denkbar. Als derartige Grundvoraussetzungen gewinnen diese beiden Güter bei Gewirth gleichzeitig den Status transzendentaler Interessen: Jeder freiwillig und zielgerichtet Handelnde *muss* sie *wollen*, will er sich denn als ein ebensolcher Handelnder verstehen. Will er diese Güter hingegen nicht für sich, so erliegt er in seinem Selbstverständnis als freiwillig und zielgerichtet Handelnder einem Selbstwiderspruch.[10]

Vor diesem Hintergrund versucht Gewirth in einem zweiten Schritt zu zeigen, dass sich die transzendental-logische Notwendigkeit der beiden Güter der Freiheit und des Wohlergehens auch auf den Anspruch überträgt, fundamentale Rechte auf diese Güter zu haben. Verkürzt gesagt, folgt so aus der Aussage „Jeder muss als rational Handelnder Freiheit und Wohlergehen wollen“ die weitere Aussage „Jeder hat ein Recht auf Freiheit und Wohlergehen“.[11] Die Menschenrechte gründet Gewirth damit in transzendentalen Interessen: Muss jeder freiwillig und zielgerichtet Handelnde Freiheit und Wohlergehen wollen, so wird jeder rational Handelnde mit logischer Notwendigkeit gleichzeitig fordern müssen, dass alle Menschen Menschenrechte haben.

Otfried Höffe folgt demgegenüber dem kontraktualistischen Modell, das die Normativität der Menschenrechte aus einer Übereinkunft folgen lässt. Höffe geht dabei von einer nicht normativen Partialanthropologie aus, d.h. einer Anthropologie, die kein Gesamtbild des Menschen entwirft, sondern lediglich die Aspekte der *conditio humana* hervorkehrt, die den „Menschen als Menschen möglich machen.“[12] Höffe spricht damit jene Interessen an, welche zusammengenommen die Bedingung der Möglichkeit von Handlungsfähigkeit und somit der Verfolgung von Zielen überhaupt darstellen.[13] Von besonderer Bedeutung ist in diesem Zusammenhang, dass diese Interessen, die er auch als transzendentale Interessen bezeichnet, ihrer Erfüllung nach von dem Verhalten der Mitmenschen abhängig sind. Insofern sie nämlich den Eingriffen anderer – wobei jeder sowohl Opfer wie Täter sein kann – ausgesetzt sind, können sie nur unter bestimmten Kooperationsbedingungen gewahrt bleiben.[14] Da das Interesse des Einzelnen an der Erhaltung seiner Handlungsfähigkeit somit einerseits unaufgebbar ist, dieses Interesse andererseits aber nur kooperativ, „in und durch Wechselseitigkeit“,[15] reali-

9 Ebd., 1149.
10 Ebd.
11 Ebd., 1150-1157.
12 Höffe 1998, 34.
13 Ebd., 38.
14 Ebd., 36.
15 Ebd., 37.

siert werden kann, ist jeder bereit, seine unsichere natürliche Freiheit von Menschenrechten einschränken zu lassen. Jeder tauscht mithin die eigene Fähigkeit, Gewalt auszuüben, gegen die Gewähr, fremder Gewalt nicht mehr zum Opfer zu fallen. Diesen Tausch nennt Höffe einen transzendentalen Tausch, da er die Bedingungen von Handlungsfähigkeit überhaupt zum Gegenstand hat. Auf diesem Tausch basieren die Menschenrechte.

Keiner dieser Theorieansätze lässt sich allerdings bei den hier berücksichtigten chinesischen Theoretikern wiederfinden. Gründen sie die Menschenrechte auf Interessen, so ergeben sich Menschenrechte weder mit logischer Notwendigkeit aus der Struktur menschlichen Handelns, noch sind sie Gegenstand eines am eigenen Vorteil orientierten transzendentalen Tauschs.[16] Von daher könnte sich James Griffins Ansatz als heuristische Hintergrundfolie für die Aufarbeitung chinesischer Menschenrechtstheorien anbieten. Griffin liefert nämlich einen interessenfundierten Ansatz, der Gewirths Letztbegründungsanspruch ablehnt, die Normativität der Menschenrechte gleichwohl nicht kontraktualistisch zu begründen beabsichtigt.[17] Er verfolgt einen bescheideneren Fundierungsanspruch, der die Menschenrechte nicht aus nicht-evaluativen Tatsachenaussagen über die Struktur menschlichen Handelns mit logischer Notwendigkeit zu gewinnen versucht, sondern von bereits evaluativen Stellungnahmen zu spezifischen menschlichen Fähigkeiten ausgeht.[18] Diese evaluativen Stellungnahmen, welche die Menschenrechte nach Griffin „generieren" (generate), fasst er unter dem Titel der „personhood", des Personseins, zusammen.[19] Eine Person zu sein, bedeutet dabei, normative Handlungsfähigkeit zu besitzen, d.h. die Fähigkeit „to choose and to pursue our conception of a worthwhile life."[20] Mit diesem Verständnis von Personsein sieht Griffin „especially important human interests"[21] verbunden, welche letztlich die Fundierung der Menschenrechte leisten. Es handelt sich dabei um drei fundamentale Interessen, welche jeder als Person hat. Es sind dies: erstens, ein Interesse an hinreichender Autonomie bezüglich der Wahl des eigenen Lebensweges, zweitens, ein Interesse an minimaler Versorgung mit Ressourcen, um diese Wahl auch realisieren zu können, sowie, drittens, ein Interesse an Freiheit, d.h. an Schutz vor Eingriffen anderer.[22] Die Menschenrechte gründen

16 Vgl. hierzu die Hinweise von Angle 2002, 217; Müller 1997, 217f. Siehe allgemeiner auch Peerenboom 1993, 53.

17 Griffin 2008, 4.

18 Ebd., 35.

19 Ebd., 33.

20 Ebd., 45.

21 Ebd., 35.

22 Ebd., 33

nun insofern auf der evaluativen Grundlage des Personseins, als sie die damit einhergehenden Interessen schützen.[23]

Das Personsein reicht allerdings als alleiniger Grund der Menschenrechte nicht aus. Damit sich die Menschenrechte als ein „effective, socially manageable claim on others“[24] wirksam einsetzen lassen, muss zuerst ihr Inhalt hinreichend spezifiziert werden. Aus dem bloßen Konzept des Personseins lassen sich nicht ausreichend bestimmte Menschenrechtsnormen gewinnen. Zur inhaltlichen Ausbuchstabierung der Menschenrechte müssen zusätzliche Gesichtspunkte berücksichtigt werden, zu denen Griffin allgemeine Tatsachen bezüglich der Natur des Menschen sowie der Beschaffenheit menschlicher Gesellschaften zählt. Erst diese praktischen Gesichtspunkte, die Griffin als „practicalities“[25] bezeichnet, ermöglichen, die Menschenrechtsnormen so zu bestimmen, dass sie die mit dem Personsein verbundenen fundamentalen menschlichen Interessen angemessen zu schützen vermögen. Sie bilden von daher neben dem Personsein die zweite Grundlage der Menschenrechte.

Kann dieser von Griffin vorgebrachte interessenfundierte Ansatz als heuristische Brücke zur Aufarbeitung und Bewertung chinesischer Menschenrechtsbegründungen herangezogen werden? Im Folgenden seien dazu die hier ausgewählten drei zeitgenössischen chinesischen Menschenrechtstheoretiker näher in den Blick genommen.

3. Die Ansätze von Li Buyun, Xia Yong und Xu Xianming

Li Buyun, der den modernen chinesischen Menschenrechtsdiskurs mit seinem 1991 erschienenen Artikel „Über die drei Existenzformen der Menschenrechte“ (*Lun renquan de san zhong cunzai xingtai* 论人权的三种存在形态)[26] nachhaltig geprägt hat, stellt die Menschenrechte in ihrem universellen Geltungsanspruch in einen unmittelbaren Bezug zu grundlegenden menschlichen Interessen.[27] Die menschenrechtsrelevanten Interessen identifiziert Li dabei in einer Kartografierung der Grundstruktur der „menschlichen Natur“ (*xing* 性), die er in „natürliche Anlagen“ (*tianxing* 天性), „moralische Anlagen“ (*dexing* 德行) sowie in „vernünftige Anlagen“ (*lixing* 理性) unterteilt.[28] Mit den „natürlichen Anlagen“ sind Interessen verbunden, die jeder Mensch geradezu instinktiv von Geburt an verfolgt. Hierzu zählt Li ein ursprüngliches Interesse an der Integrität von Leib und Leben, ein Interesse an einer minimalen Grundversorgung mit Ressourcen sowie

23 Ebd.
24 Ebd., 38.
25 Ebd.
26 Li 2010b.
27 Ebd., 60.
28 Li 2010c, 87.

ein Interesse an negativer Handlungsfreiheit und Autonomie in der Festlegung der eigenen Lebensziele.[29] Die „moralischen Anlagen" beziehen sich ihrerseits auf ‚moralische Vorprägungen', die dem Menschen von Natur aus eignen, sich aber erst im konkreten zwischenmenschlichen Zusammenleben ausformen. Diese moralischen Anlagen kleidet Li in die auf Mengzi (371-289 v. Chr.) zurückgehende klassische Begrifflichkeit des „Herz-Geistes" (*xin* 心), in dessen spontanen Reaktionen auf bestimmte Vorkommnisse in der Welt die Menschen den Werten der Gleichheit, der Menschenliebe und der Gerechtigkeit allererst gewahr werden.[30] Li verortet also in den „natürlichen Anlagen" das Interesse an personaler Freiheit, d.h. an der Fähigkeit sein Leben an der eigenen Vorstellung des Guten zu orientieren, sowie das Interesse an der Sicherung der Grundvoraussetzungen für eine angemessene Ausübung dieser Fähigkeit. Im moralischen Teil der menschlichen Natur verortet er dagegen den Sitz der moralischen Autonomie. Diese bezieht sich auf die Fähigkeit, den eigenen Vorstellungen eines guten Lebens Schranken zu setzen und damit seine persönlichen Standards allgemeinen, bei Li Buyun präreflexiv angeborenen Maßstäben unterzuordnen, an deren Realisierung ebenfalls jeder ein urwüchsiges Interesse nimmt.[31] Als dritter Bestandteil bestimmt Li die „vernünftigen Anlagen" als Fähigkeit der Erkenntnis sowie der „Verbesserung der Welt" (*gaizao shijie* 改造世界).[32] Wie immer auch diese Fähigkeiten genau zu verstehen sind, so machen die „vernünftigen Anlagen" jedenfalls die epistemologisch-instrumentelle Dimension unseres Weltverhältnisses aus. Auch sie gehören zu den Grundinteressen eines jeden Menschen.

Kehrt Li Buyun demnach in einer Analyse der menschlichen Natur fundamentale Interessen des Menschen hervor, so stellt sich die Frage, wie er von dieser Grundlage aus zu Menschenrechtsansprüchen gelangen kann, die alle Menschen gleichermaßen adressieren. Die menschenrechtsrelevanten Interessen bilden, anders als noch bei Griffin, keine bereits evaluativ aufgeladene Grundlage. Sie gehen als bloße Bestandteile der menschlichen Natur vielmehr in ihrer naturalen Faktizität auf. Aus der bloßen Tatsache dieser Strukturmerkmale und der entsprechenden Interessen erwachsen aber noch keine normativen Ansprüche, die gleichermaßen an alle Menschen gerichtet werden können. Dazu müsste Li Buyun entweder, wie Gewirth, eine notwendige Beziehung zwischen den Interessen und den entsprechenden Rechten aufzeigen, oder aber die Interessen mit dem kontraktualistischen Kriterium des intersubjektiven Einverständnisses konfrontieren, bzw. sie einer Prozedur unterziehen, welche sie als intersubjektiv gültige Ansprüche ausweist. Keinen dieser beiden Wege schlägt Li Buyun allerdings ein. Hinzu kommt, dass die fundamentalen Interessen des Menschen bei Li keine

29 Ebd., 87f.
30 Ebd., 89ff.
31 Ebd., 89.
32 Ebd., 91.

zeitlose Gestalt haben. Li weist ausdrücklich darauf hin, dass die Grundinteressen in ihrem Ausdruck unhintergehbar durch den jeweiligen sozio-kulturellen Kontext vermittelt und somit durch ihn geprägt sind. Sie „werden unumgänglich von der Qualität und den Besonderheiten der gesellschaftlichen Beziehungen beeinflusst und beschränkt.“[33] Die Grundinteressen bilden mithin keinen unmittelbaren Ausfluss unserer natürlichen Anlagen, sondern tragen immer auch die prägende Spur der jeweiligen sozialen Verhältnisse in sich. Wie viel Raum z. B. der personalen Freiheit zu gewähren ist, oder wie die moralischen Werte der Gleichheit, Gerechtigkeit und Toleranz genau zu bestimmen sind, bleibt stets von kontingenten Faktoren abhängig, die sich je nach Epoche oder Kulturraum unterschiedlich darstellen. Dem entspricht, dass Li zu keinem Zeitpunkt zu einer allgemeingültigen Bestimmung der Interessen ausholt und somit nicht weiter ausführt, welche Menschenrechte aus den Interessen abgeleitet werden können. Angesichts der Abhängigkeit der Interessen von kontingenten externen Faktoren klafft in Lis Ausführungen vielmehr eine Lücke zwischen den menschenrechtsrelevanten Interessen und den Menschenrechten. Geraten die Interessen nämlich in den Sog der Kontingenz, so lassen sich nur schwer Ansprüche gewinnen, die gleichermaßen an alle zu richten sind. Können die Interessen bei Li demnach keine eindeutige, stabile Grundlage für eine verbindliche Menschenrechtsliste abgeben, so fragt sich, woraus Li die Normativität der Menschenrechte ableitet. Auf welcher Grundlage sollen die Interessen in intersubjektiv gültige, die Zustimmung aller erhaltende Ansprüche überführt werden?

Entscheidend ist in diesem Zusammenhang, dass Li, wenn er von „Grundlagen“ (*jichu* 基础) spricht, damit letztlich etwas anders meint. Mit dem Begriff der „Grundlage“ verweist Li nicht auf das Projekt einer Suche nach tragenden, allgemein geteilten Gründen für den besonderen Geltungsanspruch der Menschenrechte. Vielmehr sind damit die „Ursachen“ (*yin* 因), die Entstehungsfaktoren angesprochen, welche die faktische Herausbildung der Menschenrechte bedingt haben.[34] In diesem Sinne betrachtet Li die Beziehung zwischen der „Grundlage“ und den Menschenrechten auch vorwiegend aus dem Blickwinkel der „Entstehung/Herausbildung“ (*chansheng* 产生)[35] der Menschenrechte. Die menschliche Natur und die mit ihr verbundenen Interessen sowie die sie prägenden gesellschaftlichen Faktoren sind mithin als „innere“ (*nei yin* 内因) und „äußere Ursachen“ (*wai yin* 外因) der Menschenrechte zu betrachten.[36] Hebt Li so hervor, dass die Menschenrechte auf einer „wissenschaftlichen Grundlage“ (*kexue de jichu*

33 Ebd., 86.
34 Li 2010a, 5.
35 Ebd.; Li 2010b, 60.
36 Li 2010a, 5.

科学的基础)[37] stehen, meint er damit letzten Endes, dass das historische Phänomen der Menschenrechte einer durchgängigen kausalen Erklärung zugänglich ist. Dem widerspricht auch nicht, dass nach Li die Menschenrechte ebenso die Gestalt vorpositiver „geschuldeter Rechte" (*yingyou quanli* 应有权利)[38] annehmen können, die noch auf ihre rechtliche Normierung warten. Auch als moralische Rechte betrachtet Li die Menschenrechte als ein empirisches soziales Phänomen. Sie bilden dann faktisch in sozialen Institutionen und Praktiken erhobene, als verpflichtend akzeptierte Ansprüche, die als „tatsächliche gesellschaftliche Beziehungen"[39] nicht durch bloßes ‚moralisches Denken' verändert werden können.[40]

Die Menschenrechte und ihre Normativität versucht Li Buyun, anders als Griffin, nicht aus fundamentalen Interessen abzuleiten. Die Interessen bilden lediglich die Entstehungsbedingungen der Menschenrechte, nicht aber deren rechtfertigende Grundlage. Ähnlich wird auch bei Xia Yong, dem zweiten hier berücksichtigten Menschenrechtstheoretiker, die Ausschau nach einem interessenbasierten Begründungsansatz ins Leere laufen.

Xia Yong zufolge bilden die Menschenrechte universell geltende moralische Rechte, die im politischen Kampf gegen unterschiedliche Formen der Unterdrückung in Anspruch genommen werden.[41] Den eigentümlichen „Geist" (*jingshen* 精神) der Menschenrechte machen dabei drei sie konstituierende Dimensionen aus.[42] Im Zentrum der Menschenrechte sieht Xia ihre „humanistische" (*rendao* 人道) Dimension stehen. Die Menschheitsgeschichte ist nach Xia eine Abfolge unterschiedlicher Formen der Entwürdigung des Individuums, durch die der Einzelne immer wieder zum bloßen Mittel für Zwecke anderer herabgestuft und, seines Status als Zweck an sich beraubt, als bloßes Objekt unter anderen behandelt wurde. Angesichts dieser ständig lauernden Gefahr der Vergegenständlichung der Person bilden die Menschenrechte ein „Prinzip sozialer Ordnung" (*shehui zhidu yuanze* 社会制度原则)[43], das garantieren soll, dass die Menschen in der Grundstruktur einer Gesellschaft als gleiche und freie wahrgenommen werden.

Wenn Xia vom Menschen als selbstständigem Zweck spricht, so verbindet er damit vor allem personale Autonomie, d.h. die Fähigkeit des Einzelnen sein Leben nach eigenen evaluativen Standards zu gestalten und somit federführend

[37] Li 2010b, 61.
[38] Ebd., 58.
[39] Li 2010a, 6.
[40] Ebd.
[41] Xia 2007, 145f.
[42] Ebd., 146-149.
[43] Ebd., 146.

Autor seines Lebens zu werden.[44] Entsprechend stellen die Menschenrechte Grundsätze einer gesellschaftlichen Ordnung dar, in der jeder diese Fähigkeit, die Xia auch als „moralische/normative Fähigkeit" (*daode nengli* 道德能力)[45] bezeichnet, realisieren kann. Von daher verkörpern die Menschenrechte eine Minimalmoral, die ein menschenwürdiges Zusammenleben in einer staatlich organisierten Gesellschaft überhaupt erst möglich macht. Als eine solche Minimalmoral sind die Menschenrechte um die Prinzipien der „Wohltat, des Respekts vor dem Leben, der Gleichbehandlung, der gegenseitigen Hilfestellung, der sozialen Verantwortung, der nicht-willkürlichen Einmischung in die Angelegenheiten anderer, der Aufrichtigkeit, der Höflichkeit sowie der Fürsorge für Kinder"[46] zentriert. Die Menschenrechte gießen diese für die Realisierung des Grundinteresses an einem selbstbestimmten Leben unabdingbaren Prinzipien lediglich in die Form universeller, unveräußerlicher Rechte.

Damit ist auch schon die zweite Dimension, die Rechtsform der Menschenrechte, angesprochen. Mit den Menschenrechten ist nämlich die Vorstellung einer rechtsförmigen normativen Ordnung verbunden, und erst als ein solches Normensystem geben sie eine „ziemlich gute Methode"[47] ab, die personale Autonomie vor Übergriffen zu sichern. Nur als Rechte sind sie in der Lage, die gesellschaftliche Ordnung derart „zu harmonisieren und zu stabilisieren", dass die „Beziehungen zwischen den Individuen sowie zwischen dem Individuum und der Gesellschaft"[48] die für den Schutz der Autonomie nötige Stabilität erreichen. Rechte, so Xia, verleihen dem Einzelnen eine besondere Autorität. Sie statten ihn mit einer Gestaltungsmacht über die Beziehungen zu seinen Mitmenschen aus. Als Rechtsträger kann er nämlich vom Adressaten ein bestimmtes Verhalten einfordern und somit seine sozialen Beziehungen zu einem gewissen Grad kontrollieren.[49]

Die dritte Dimension der Menschenrechte, auf die hier nicht näher eingegangen zu werden braucht, bezieht sich auf ihren utopischen Charakter, d.h. die ihnen eingeschriebene Tendenz, ein globaler Standard legitimer politischer Ordnungen zu werden. Damit will Xia Yong hervorheben, dass die Menschenrechte auf das Ideal einer „großen Einheit" (*datong* 大同)[50] der Menschen hin angelegt sind.

Anders als noch Li Buyun geht Xia, wie Griffin, von einem evaluativen Urteil aus. Die personale Autonomie wird nicht als notwendige Bedingung menschli-

44 Xia 2005, 350.
45 Ebd., 351.
46 Xia 2007, 200.
47 Ebd., 148.
48 Ebd.
49 Ebd., 38-40, 146.
50 Ebd., 149.

chen Handelns und somit nicht als zentraler Bestandteil der Struktur menschlichen Handelns eingeführt. Personale Autonomie gehört vielmehr zum Grundstock menschlicher Werte und bildet als solche ein Grundinteresse des Menschen.[51] In diesem Sinne vermeidet Xia zwar die Ableitung von normativen Aussagen aus bloßen Tatsachen. Als Grundlage der Menschenrechte kann der Begriff der Autonomie, so wie er von Xia Yong eingeführt wird, allerdings nicht fungieren. Mehrere Probleme belasten die Beziehung zwischen personaler Autonomie und Menschenrechten.

Bildet personale Autonomie bei Xia einen *akteurrelativen* Wert, so können aus ihr nicht ohne weiteres Rechte generiert werden, die auch den Mitmenschen verpflichten. Dass X den Wert W geschützt haben will, impliziert nicht schon, dass auch alle anderen einen Grund haben, denselben Wert W zu schützen, geschweige denn in der Pflicht stehen, dessen Realisierung zu unterstützen. Während Werte und Interessen auf der Ebene des Wollens anzusiedeln sind, implizieren Rechte ein Sollen. Welche interne Beziehung aber zwischen dem normativen Konzept des Rechts und dem evaluativen Konzept des Wertes und des Interesses besteht, ist nicht einsichtig. Das bloße Vorhandensein eines subjektiven Interesses an Autonomie reicht nicht aus, entsprechende Rechte zu beanspruchen. Habe ich ein Interesse an X, so ergibt sich daraus kein Recht auf X, bzw. kein Anspruch auf bestimmte Verhaltens- und Behandlungsweisen seitens des Mitmenschen. Der Übergang von der subjektiven auf die intersubjektive Ebene kann mithin nicht von dem bloß subjektiven Interesse an personaler Autonomie aus erfolgen. Aber auch wenn man den Wert der personalen Autonomie als *akteurneutralen* Wert versteht, so taucht das Problem auf, dass eine der Grundideen der Menschenrechte, nämlich dass sie subjektive Rechte bilden – und das sind sie auch für Xia Yong –[52], nicht einleuchtend gemacht werden kann. Menschenrechtspflichten wären dann nicht der einzelnen Person geschuldet, sondern dem akteurneutralen Wert der personalen Autonomie. Das Besondere an subjektiven Rechten ist allerdings, dass wir sie einem Träger zuschreiben, dem wir ein bestimmtes Verhalten schulden.[53] Gerät der individuell Berechtigte durch die Rückbindung von Rechten an akteurneutrale Werte in den Hintergrund, so droht zudem unser Verständnis von Menschenrechtsverletzungen aufgeweicht zu werden. Menschenrechtsverletzungen werden nunmehr zu Verletzungen einer objektiven Werteordnung, die keine Menschen*rechts*verletzungen im emphatischen Sinne mehr darstellen. Der individuelle Träger dieser Rechte, der in *seinen* Rechten und Interessen verletzt werden kann, gerät so aus dem Blick.

Falls Xia Yong eine Begründung der Menschenrechte aus der personalen Autonomie intendiert haben sollte, so ist diese mit zahlreichen Problemen konfron-

51 Ebd., 146.
52 Ebd., 180.
53 Mack 2000, 82, Fn. 23.

tiert, gegen die der Autor keine Vorkehrungen getroffen zu haben scheint. Es stellt sich von daher die Frage, ob er überhaupt eine interessenzentrierte Ableitung der Menschenrechte beabsichtigt hat. Ähnlich wie bei Li Buyun regt sich auch bei Xia Yong der Verdacht, dass er die Menschenrechte nicht aus einem Fundamentalinteresse an personaler Autonomie zu gewinnen versuchte. Vielmehr scheint er sich darauf beschränkt zu haben, mit dem Konzept der personalen Autonomie den „Geist" der Menschenrechte zu fassen. Personale Autonomie fungiert somit vielmehr als ideelle Kraft hinter der Menschenrechtsbewegung, als dass sie eine Schlüsselrolle in der Begründung der Menschenrechte innehätte.[54]

Auch bei Xu Xianming, dem letzten hier betrachteten chinesischen Theoretiker, stehen menschliche Interessen im Zentrum der Menschenrechte, dergestalt dass die Menschenrechte zu „entfremdeten Gegenständen" (*yihuale de dongxi* 异化了的东西)[55] werden, falls sie diese Interessen nicht mehr gewährleisten können, bzw. ihnen widerstreiten. Die den Menschenrechten zugrunde liegenden Interessen identifiziert Xu in dem Zusammenhang als die individuellen „privaten Interessen" (*siren liyi* 私人利益).[56] Gemeint sind jene Interessen, die durch den „privaten Eigensinn" (*siren renxing* 私人任性)[57] generiert werden und allein auf den Eigennutz ausgerichtet sind. Die Menschenrechte haben dabei zu verhindern, dass die Organisation der Gesellschaft die Ausübung des „privaten Eigensinns" durch zu starke Beanspruchung und Einspannung der Kräfte des Individuums erstickt. Aus dieser Ausrichtung auf das Telos der „Eigennützlichkeit" (*lijixing* 利己性) schöpfen die Menschenrechte ihren „höchsten Wert" (*zhongji jiazhi* 终极价值).[58]

Kann es das Interesse am eigenen Vorteil nicht unabhängig von der Einstellung des Individuums geben – weshalb der „private Eigensinn" bei Xu auch als Zeichen für die Willensstärke des Einzelnen fungiert –[59], so bildet der „private Eigensinn" bei Xu ein rein akteurrelatives, subjektives Interesse. Damit entsteht allerdings das bei Xia Yong bereits aufgetretene Problem, dass sich aus subjektiven Interessen keine Menschenrechte mit universellem Geltungsanspruch gewinnen lassen. Das scheint Xu aber letztlich auch nicht zu intendieren. Die „privaten Interessen" bilden zwar den Hauptbezugspunkt der Menschenrechte, von einer Ableitung der Menschenrechte aus diesen Interessen kann jedoch auch bei Xu nicht die Rede sein. Indem er sich gegen ein naturrechtliches Verständnis der Menschenrechte wendet, nach dem diese fundamentalen Rechte bloß „aufgefun-

54 Ebd., 146.
55 Xu 2008, 74.
56 Ebd., 75.
57 Ebd.
58 Ebd.
59 Ebd.

den" (*faxian* 发现)[60] werden, weist er darauf hin, dass die Menschenrechte vielmehr in einem historischen Prozess als angemessene Mittel zum Schutz des „privaten Eigensinns" „geschaffen" (*chuangzao* 创造)[61] wurden. Damit arbeitet Xu ähnlich wie Li Buyun an einer soziologisch-historischen Herleitung der Menschenrechte, in der die Interessen keine begründende, sondern lediglich eine erklärende Funktion übernehmen.

Der interessenbasierte Begründungsansatz der Menschenrechte, wie ihn James Griffin entwickelt hat, lässt sich rückblickend nicht in den eben skizzierten chinesischen Theorien ausmachen. Um eine Ableitung der Menschenrechte aus fundamentalen Interessen war es den drei Theoretikern offensichtlich nicht zu tun. Rollt man deren Theorien aus dem Blickwinkel fundamentaler menschlicher Interessen auf, so lässt sich höchstens eine funktionale Begründung der Menschenrechte ausmachen. Menschenrechte bilden dann lediglich eine historisch gewachsene normative Ordnung, die sich als besonders geeignet erwiesen hat, jene Fundamentalinteressen zu schützen. Die Normativität der Menschenrechte ergibt sich damit allein aus ihrer sozialen Funktionalität. Vielleicht aber verfolgen diese Theoretiker eine andere Begründungsstrategie. Im Folgenden soll nach einer solchen alternativen Begründungsstrategie Ausschau gehalten werden.

4. Die Menschenrechte und das Problem des Pluralismus

Werden die Menschenrechte bei Li, Xia und Xu als rechtsförmiges Normensystem auf die Sicherung elementarer Interessen des Menschen hin betrachtet, so ist gleichzeitig hervorzuheben, dass sich die Funktion der Menschenrechte nicht auf den Schutz dieser Grundinteressen reduzieren lässt. Die oben betrachteten Menschenrechtstheorien schreiben den Menschenrechten darüber hinaus eine ordnende Funktion zu. Was aber ist unter Ordnung zu verstehen?

Xia Yong widmet sich dieser Frage recht ausführlich. Eine Ordnung liegt Xia zufolge z. B. nicht schon vor, wenn die Grundstruktur einer Gesellschaft auf ein und dieselbe Vorstellung des Guten hin angelegt ist und die Mitglieder ihr Leben auf diese hin zu entwerfen haben.[62] Es kann aber auch dann nicht von einer Ordnung die Rede sein, wenn die gesellschaftlichen Akteure allein durch Zwang und Sanktionsandrohungen im Zaum gehalten werden.[63] Soziale Ordnung liegt nach Xia erst vor, wenn jeder nach seiner Vorstellung eines guten Lebens leben, mithin seinen Lebensplan den eigenen evaluativen Standards gemäß gestalten kann.

[60] Ebd., 85.
[61] Ebd. Siehe auch ebd., 89.
[62] Xia 2007, 148.
[63] Ebd., 148.

> Jeder Mensch hat die Fähigkeit, eine Entscheidung hinsichtlich dessen, was in seinem Leben das Gute ist, selbst zu treffen. Jeder sollte die Erlaubnis haben, sich seine eigene Vorstellung vom Guten zu bilden. [...] Die Gesellschaft muss die Entscheidungsfähigkeit eines jeden sowie die sich daraus für ihn ergebenden Pflichten respektieren. Die Gesellschaft sollte den Einzelnen nicht als Mittel zu einem ihm fremden Zweck betrachten.[64]

Eine solche Ordnung, welche die personale Freiheit der Mitglieder zu respektieren vermag, sie also nicht in eine die „Individualität tilgende" (*minmie gexing* 泯灭个性) Einheit aufzulösen versucht, ist nach Xia allerdings nur schwer aufrecht zu erhalten. In Gesellschaften, die hinreichend Raum für Meinungspluralismus gewähren, kommt es unweigerlich zu Konflikten. Wenn sich evaluative Standards und die damit einhergehenden Ansprüche widersprechen, sind die Menschen versucht, den anderen ihre eigenen Standards aufzudrängen, um den Konflikt durch gewaltsame Herbeiführung von evaluativer Einheit zu lösen.[65] Zwar liegen nach Xia jeder funktionierenden Gesellschaft geteilte Werte und Grundprinzipien zu Grunde. Seine oben kurz angerissene Konzeption einer Minimalmoral bildet einen solchen gemeinsamen Nenner, der in einer Gesellschaft vorliegen muss, damit Zusammenleben überhaupt möglich wird.[66] Diese Minimalmoral bleibt allerdings aufgrund ihrer abstrakten Prinzipien außerstande, alle Konflikte beizulegen. Sie gibt lediglich einen Rahmen allgemeiner Maßstäbe vor, die aufgrund ihrer Allgemeinheit sowie ihrer damit einhergehenden, ebenso konfliktträchtigen Interpretationsbedürftigkeit das Aufkommen spezifischer Interessenkonflikte nicht einzudämmen vermögen. In diesem Zusammenhang unüberwindlicher Konflikte übernehmen die Menschenrechte eine regulierende Funktion. Als rechtsförmige Ordnung bilden sie eine „Form institutionalisierter Konfliktbewältigung"[67], die verhindern soll, dass sich die Konflikte „zwischen Individuen, zwischen Gruppen und der Regierung sowie zwischen der Gesellschaft und dem Staat"[68] verschärfen.

Ähnlich schreibt auch Li Buyun den Menschenrechten eine ordnende Funktion zu. Kommt es zwischen den gesellschaftlichen Akteuren aufgrund unterschiedlicher evaluativer Standards unweigerlich zu Interessenkonflikten, so garantieren nach Li die Menschenrechte, dass die Rechtssubjekte trotz dieser Konflikte in der Verfolgung und Erfüllung ihrer Interessen nicht gehindert werden.[69] Das Zusammenprallen evaluativer Standards bildet ebenso bei Xu Xianming den

64 Xia 2005, 350.
65 Ebd., 162.
66 Xia 2007, 200.
67 Xia 2005, 176.
68 Ebd.
69 Li 2010a, 4.

Hintergrund für die Hervorhebung der ordnenden Funktion der Menschenrechte. So stehen die Menschenrechte auch bei Xu für eine Ordnung, die es dem Einzelnen erlaubt, seine Interessen inmitten ständiger Konflikte zu verwirklichen.[70] Dabei gilt bei Li Buyun und Xu Xianming das gleiche wie bei Xia Yong: Sicherlich liegen in jeder Gesellschaft allgemein anerkannte Prinzipien vor, die bei der Ausgestaltung gesellschaftlicher Normen berücksichtigt werden. Dazu zählen bei Li und Xu vor allem Freiheit (*ziyou* 自由) und Gleichheit (*pingdeng* 平等).[71] Als solche reichen diese Prinzipien allerdings nicht schon aus, um einen einheitlichen Rahmen für die Aufhebung der Konflikte zwischen unvereinbaren „individuellen Interessen" (*geren de liyi* 个人的利益)[72] bereitzustellen. Die abstrakten Prinzipien müssten interpretiert werden, d.h. in allseits anerkannte, konkretere moralische Regeln überführt werden, bevor sie ihre soziale Funktion der Vermeidung von Dissens erfüllen können. Bei Li Buyun und Xia Yong lassen sich allerdings keine Vorschläge zur Erzielung allgemein zustimmungsfähiger Interpretationen und Ausgestaltungen der allgemeinen Prinzipien finden. Was die widerstreitenden individuellen evaluativen Standards angeht, so können wir in modernen Gesellschaften auf keine gemeinsamen Maßstäbe zur Konfliktlösung zurückgreifen. Eine schnelle Konfliktlösung muss somit aussichtslos bleiben.[73] Wie aber vermag die ordnende Funktion der Menschenrechte diese unlösbaren Konflikte dennoch zu ‚lösen'?

5. Die Zuständigkeitstheorie des Rechts

Die ordnende Leistung der Menschenrechte gerät erst in den Blick, wenn man das Verständnis von Recht, das auch den Menschenrechtstheorien zu Grunde liegt, näher betrachtet. Für die drei Autoren kann festgehalten werden, dass ihre Menschenrechtstheorien auf eine ‚Zuständigkeitstheorie des Rechts' zurückgreifen. Nach dieser Theorie, die im englischen Sprachraum auch als ‚jurisdiction theory of rights' bekannt ist[74], werden Rechte vor allem als Sphären verstanden, in denen der Rechtsträger normative Autorität über einen bestimmten Bereich besitzt. Diese stark an das Modell der Eigentumsrechte angelehnte Rechtstheorie besagt also, dass Rechte dem Rechtsträger evaluative Hoheit über einen bestimmten Bereich verleihen. Der Rechtsträger ist somit in den von den Rechten

70 Xu 2008, 82.

71 Li 2010a, 5; Xu 2008, 78.

72 Xu 2008, 75.

73 Das Problem unlösbarer Konflikte im Kontext des evaluativen Pluralismus werden ebenfalls von Li Qiang (Li 2007, 162ff.) sowie von Wan Junren (Wan 2009, 172-182, 308ff.) als Merkmale moderner Gesellschaften thematisiert.

74 Siehe Mack 2000.

bestimmten Bereichen allein zuständig für die Wahl der evaluativen Standards.[75] So etwa kann der Mieter seine Wohnung einrichten, wie es seinem Geschmack entspricht, ohne dabei auf die Urteile anderer gehorchen zu müssen. Hier besitzt der Rechtsträger evaluative Hoheit. Dehnt man dieses Verständnis auf alle Rechte aus, so bilden die einzelnen Rechte zusammen ein Geflecht getrennter Sphären normativer Autorität.

Die Zuständigkeitstheorie stellt eine zwischen der Willens- und der Interessentheorie des Rechts vermittelnde Rechtskonzeption dar. Während die Interessentheorie Rechte auf besonders wichtige menschliche Interessen zurückführt,[76] und die Willenstheorie die Freiheit des Rechtsträgers, über das Handeln des Rechtsadressaten bestimmen zu können, in den Mittelpunkt rückt,[77] entzieht sich die Zuständigkeitstheorie dieser Alternative, um damit den spezifischen Problemen dieser beiden vorherrschenden Theorien auszuweichen.[78] Einerseits trägt sie durch die Hervorhebung der Autorität des Rechtsträgers über einen Bereich der Welt den spezifischen Interessen des Einzelnen Rechnung, versucht Rechte aber nicht auf Interessen zu begründen. Andererseits bezieht sie im Gegensatz zur Willenstheorie die Autorität des Rechtsträgers weniger auf den Rechtsadressaten als vielmehr auf den Rechtsträger selbst, der in der ihm zugeschriebenen Sphäre Hoheit über die Bestimmung der evaluativen Standards besitzt. Damit versucht die Zuständigkeitstheorie des Rechts zentrale Momente der Interessen- und Willenstheorie zusammenzuführen.[79]

Eine solche Theorie des Rechts, welche die normative Autorität des Rechtsträgers in den Mittelpunkt stellt, lässt sich bei Xia Yong, Li Buyun und Xu Xianming gleichermaßen ausmachen.[80] Wenn Xia Yong etwa hervorhebt, „Die Gesellschaft muss [...] einen Rahmen bereitstellen, der es jedem erlaubt, seine moralische/normative Fähigkeit [...] auszuüben. In diesem Rahmen bilden Rechte ein Element, das nicht fehlen darf, da Rechte die individuellen Lebenspläne und Entscheidungen dadurch schützen können, dass sie Übergriffe anderer Individuen oder gesellschaftlicher Organisationen abwenden“[81], so bilden Rechte auch für ihn Sphären normativer Autorität, in denen der Einzelne seine eigenen evalu-

75 Vgl. hierzu ebd., 92ff.

76 Vgl. etwa Raz 1984, 195.

77 Vgl. etwa Hart 1955, 178.

78 Vgl. dazu die Ausführungen von Mack 2000, 74-92.

79 Der konziliante Charakter der Zuständigkeitstheorie des Rechts hat auch zur Folge, dass die Auseinandersetzungen zwischen der Interessen- und der Willenstheorie des Rechts im chinesischen Kontext nur eine untergeordnete Rolle spielen, bzw. dort keine Neuauflage erhalten. Die Vereinbarkeit der Zuständigkeitstheorie mit den beiden anderen Theorien tritt z. B. bei Xia Yong deutlich hervor. Dazu Xia 2007, 39-40.

80 Genauso greifen z. B. auch Luo Mingda und He Hangzhou (Luo/He 1993, 56) sowie Yu Yong (Yu 2001, 87-90) auf die Zuständigkeitstheorie zurück.

81 Xia 2005, 351.

ativen Standards anwenden kann. Ähnlich identifiziert auch Li Buyun „Autorität“ (*quanwei* 权威) und „Interessen“ als die beiden konstitutiven Bestandteile von Rechten.[82] Durch die enge Verbindung zwischen Autorität und Interessen ermöglichen Li zufolge Rechte dem Einzelnen, „einige Interessen zu erfüllen und bestimmte Handlungen vorzunehmen.“[83] Dank der Zuschreibung von Rechten besitzen die Individuen innerhalb bestimmter Bereiche Entscheidungshoheit hinsichtlich der zu befolgenden Maßstäbe. Genauso sieht Xu Xianming die eigentümliche Leistung von Rechten im Bereitstellen von bestimmten Räumen, in denen der Rechtsträger allein für die Verfolgung seiner individuellen Interessen zuständig ist. Rechte und Menschenrechte geben in diesem Sinne „ein Maß zur Trennung der Interessen“ (*liyi de duliang fenjie* 利益的度量分界)[84] an die Hand. Sie ziehen Grenzen zwischen den Menschen, welche verhindern sollen, dass man gezwungen wird, die eigenen evaluativen Standards denen anderer unterzuordnen.

Werden die Menschenrechte in den obigen Theorien mit einer Zuständigkeitstheorie des Rechts in Verbindung gebracht, so wird die ordnende Funktion, welche die chinesischen Theoretiker den Menschenrechten zuschreiben, greifbarer. Die Zuständigkeitstheorie von Recht steht nämlich in einer engen Beziehung zu eben dieser Funktion.

6. Menschenrechte als Ermöglichung von Pluralismus

Vor dem Hintergrund des Problems des Konfliktes unvereinbarer evaluativer Standards in modernen Gesellschaften wirft die Zuständigkeitstheorie klärendes Licht auf die den Menschenrechten in diesem Zusammenhang zugestandene ordnende Funktion. Der Zuständigkeitstheorie zufolge würden Menschenrechte nämlich, als Sphären normativer Autorität, insofern die Konfliktsituationen ‚lösen’, als sie die Koexistenz widerstreitender evaluativer Standards und damit die Aufrechterhaltung einer pluralistischen Gesellschaft ermöglichen. Als Rechte markieren die Menschenrechte grundlegende Grenzen zwischen den Menschen, durch die verhindert werden soll, dass die eigenen evaluativen Standards denen eines anderen zum Opfer fallen. Durch die Zuschreibung und Verteilung von Sphären normativer Autorität, in denen allein der Rechtsträger zuständig für die Wahl evaluativer Standards ist, erlauben sie, dass jeder seinen eigenen Interessen nachgehen kann, ohne sie den Ansprüchen anderer unterzuordnen.[85] Nicht ein übergreifender evaluativer Konsens ist also das Ziel der Menschenrechte, sondern die friedliche Koexistenz gleicher und freier Individuen. Insofern für die

82 Li 2010a, 4.
83 Li 2010d, 145.
84 Xu 2008, 82.
85 Xia 2008, 82.

hier betrachteten chinesischen Theoretiker keine hinreichend konkreten, Konsens stiftenden Maßstäbe in Sicht sind, wird durch die Menschenrechte der Pluralismus nicht auf einheitliche Maßstäbe hin zu überwinden versucht. Vielmehr ermöglichen sie die mit dem Pluralismus einhergehenden Spannungen überhaupt auszuhalten. Indem die Menschenrechte die unterschiedlichen Interessen auf einer fundamentalen Ebene koordinieren, bleibt die gleiche personale Autonomie aller gewahrt.[86] In diesem Sinne weist auch Xia Yong darauf hin, dass die Menschenrechte den für moderne Gesellschaften charakteristischen evaluativen Konflikt dadurch lösen, dass sie „den Widerstreit innerhalb des Gesellschaftskörpers akzeptieren", ihn aber in einem bestimmten Rahmen durch „Regulierung" (*tiaozheng* 调整) zu „entschärfen" (*huanshi* 缓释) versuchen.[87] Konflikte werden somit nicht durch die Bemühung um eine öffentliche, die Zustimmung aller erhaltenden Lösung zu beheben versucht. Rechte und Menschenrechte reduzieren vielmehr den Aufwand für eine öffentliche Konfliktlösung auf ein Minimum. Als Rechte dezentralisieren die Menschenrechte die Konfliktlösung, indem sie diese in die Sphären verlagern, in denen die Konflikte stattfinden, um dort dem Rechtsträger allein das maßgebende Wort zu verleihen.

Wie die Menschenrechte ihre so zu verstehende ordnende Funktion allerdings auf nationaler und internationaler Ebene im Detail erfüllen, führen Li, Xia und Xu nicht weiter aus. Bei dem Recht auf Familiengründung etwa leuchtet ein, dass dieses Recht dem Einzelnen normative Autorität über die Wahl seines Lebenspartners gibt. Wie aber ist dieses Verständnis von Menschenrechten auf die sozialen Rechte, etwa auf das Recht auf einen angemessenen Lebensstandard, zu übertragen? Inwiefern besitzt der Einzelnen hier normative Autorität? Meinen die chinesischen Theoretiker, dass der Einzelne einfach Autorität über den Strom der Ressourcen hat, sich also das Nötigste herausnehmen kann? Diesen Fragen kann hier nicht mehr weiter nachgegangen werden. Wie das hier freigelegte Menschenrechtsverständnis letztlich auszuwerten ist, bzw. ob sich damit eine weiterführende Menschenrechtstheorie abzeichnet, wird somit offen bleiben müssen.

Als vorläufiges Ergebnis kann jedenfalls festgehalten werden, dass die hier behandelten chinesischen Menschenrechtstheoretiker keine interessenzentrierte Begründung der Menschenrechte vorlegen. Die Menschenrechte werden nicht durch Berufung auf eine *ex ante* konsensfähige Grundlage vor allen Adressaten zu rechtfertigen versucht. Vielmehr gerät ihr Potential, das Problem des Konfliktes evaluativer Standards zu lösen, in den Mittelpunkt ihrer Begründung. Dadurch erhalten die Menschenrechte gleichwohl keine rein funktionalistische Begründung. Im Zentrum der Menschenrechte steht die gleiche personale Autono-

[86] Li 2010d, 145.
[87] Xia 2005, 176.

mie aller, d.h. der liberale Wert des Individuums, nach dem jeder gleichermaßen nach seinen eigenen Präferenzen handeln können muss. Freiheit und Gleichheit stellen somit die *abstrakte* Rechtfertigungsgrundlage der Menschenrechte dar. Diesen beiden Prinzipien der Freiheit und Gleichheit werden die Menschenrechte durch die Bereitstellung von verschiedenen Sphären normativer Autorität gerecht. In dieser Aufteilung selbst finden Gleichheit und Freiheit ihren Ausdruck. Indem der Einzelne nämlich innerhalb eines Bereiches über seine eigenen evaluativen Standards verfügen kann, erhält er seinen Status als gleiche und freie Person.

Wurzeln die Menschenrechte in der Forderung nach gleicher personaler Autonomie aller, so können sie gleichwohl nicht vollends aus ihr abgeleitet werden. Aus der Freiheit und Gleichheit allein lässt sich nicht schon eine bestimmte Menschenrechtsliste gewinnen. Verkörpern die Menschenrechte *als* Sphären normativer Autorität Freiheit und Gleichheit, so fragt sich, wieso sie gerade die Aufteilung aufweisen sollten, die von den internationalen Menschenrechtsdokumenten nahe gelegt wird, und nicht eine andere. Die Prinzipien der Freiheit und Gleichheit mögen die Aufteilung von Sphären normativer Autorität *als solche* rechtfertigen, nicht aber deren besondere Gestaltung. Damit scheint das Begründungsproblem in den behandelten Theorien auf einer anderen Ebene erneut aufzutauchen. Es stellt sich nämlich nunmehr die Frage, nach welchen zusätzlichen Kriterien die menschenrechtsrelevanten Sphären normativer Autorität bestimmt und verteilt werden. Die hier berücksichtigten Theorien liefern jedenfalls keine Hinweise dafür, dass es die eine ideale Verteilung der Rechtssphären gibt. Vielleicht aber wird für die chinesischen Theoretiker an dieser Stelle der Faktor relevant, der bereits mehrfach durchschien: der historische Prozess. In diesem Sinne wäre die Bestimmung und Verteilung der Sphären normativer Autorität anderen, historischen Kräften zu überlassen.

Literatur

Angle, S., 2002, *Human Rights in Chinese Thought. A Cross-Cultural Inquiry*, New York.

Beitz, Ch., 2009, *The Idea of Human Rights*, New York.

Gewirth, A., 1979, The Basis and Content of Human Rights. In: *Georgia Law Review*, 13.

Griffin, J., 2008, *On Human Rights*, New York.

Hart, H. L. A., 1955, Are There Natural Rights? In: *The Philosophical Review*, 64.

Höffe, O., 1998, Transzendentaler Tausch – eine Legitimationsfigur für Menschenrechte? In: S. Gosepath/ G. Lohmann (Hg.), *Philosophie der Menschenrechte*, Frankfurt am Main.

Li, B. 李步云, 2010a, Shenme shi renquan 什么是人权. In: Li Buyun, *Lun Renquan* 论人权, Beijing.

Li, B. 李步云, 2010b, Lun renquan de san zhong cunzai xingtai 论人权的三种存在形态. In: Li Buyun, *Lun Renquan* 论人权, Beijing.

Li, B. 李步云, 2010c, Lun renquan de benyuan 论人权的本原. In: Li Buyun, *Lun Renquan* 论人权, Beijing.

Li, B. 李步云, 2010d, Ren de quanli yu yiwu de bianzheng tongyi 人的权利与义务的辩证统一. In: Li Buyun, *Lun Renquan* 论人权, Beijing.

Li, Q. 李强, 2007, *Ziyouzhuyi* 自由主义, Changchun.

Luo, M. 罗明达/ He, H. 贺航洲, 1993, Lun renquan de geti shuxing 论人权的个体属性. In: Zhengfa luntan 政法论坛.

Mack, E., 2000, In Defense of the Jurisdiction Theory of Rights. In: *The Jounal of Ethics*, 4.

Müller, S.-U., 1997, *Konzeptionen der Menschenrechte im China des 20. Jahrhunderts*, Hamburg.

Peerenboom, R. P., 1993, What's Wrong with Chinese Rights?: Toward a Theory of Rights with Chinese Characteristics. In: *Harvard Human Rights Journal*, 6.

Raz, J., 1984, On the Nature of Rights. In: *Mind*, 93.

Wan, J. 万俊人, 2009, *Xunqiu pushi lunli* 寻求普世伦理, Beijing.

Zhao, T. 赵汀阳, 1996, Youchang renquan he zuorenzhuyi 有偿人权和做人主义. In: *Zhexie yanjiu* 哲学研究.

Xia, Y. 夏勇, 2005, *Zhongguo minquan zhexue* 中国民权哲学, Beijing.

Xia, Y. 夏勇, 2007, *Renquan gainian qiyuan* 人权概念起源, Beijing.

Xu, X. 徐显明, 2008, *Renquanfa yuanli* 人权法原理, Beijing.

Yu, Y. 余涌, 2001, Daode quanli yanjiu 道德权利研究, Beijing.

Zheng, L. 郑丽珍, 2009, Renquan de benyuan yanjiu shuping 人权的本源研究述评. In: *Zhexue dongtai* 哲学动态.

Die Autoren

HEINER BIELEFELDT, Prof. Dr., hat in Bonn und Tübingen Philosophie, kath. Theologie und Geschichte studiert, im Fach Philosophie promoviert und sich habilitiert. Nach Lehrtätigkeit in unterschiedlichen Fachbereichen an den Universitäten Mannheim, Heidelberg, Toronto, Bielefeld und Bremen leitete er von 2003 bis 2009 das auf Beschluss des Deutschen Bundestages eingerichtete Deutsche Institut für Menschenrechte. 2007 Honorarprof. an der juristischen Fakultät der Universität Bielefeld. Seit 2009 Prof. Inhaber des interdisziplinären Lehrstuhls für Menschenrechte und Menschenrechtspolitik an der Universität Erlangen-Nürnberg. 2010 Ernennung zum Sonderberichterstatter der Vereinten Nationen für Religions- und Glaubensfreiheit. Forschungsschwerpunkte: Philosophie der Menschenrechte, interkulturelle Rezeptionschancen des menschenrechtlichen Universalismus, Religionsfreiheit und staatliche Säkularität, Ideengeschichte der Menschenrechte (in nicht-eurozentrischer Perspektive), Diskriminierungsschutz, feministische Menschenrechtskritik, Behindertenrechte. Veröffentlichungen zu Fragen der Rechtsphilosophie, Ideengeschichte, politischen Ethik und insbesondere zu Theorie und Praxis der Menschenrechte, u.a. *Philosophie der Menschenrechte. Grundlagen eines weltweiten Freiheitsethos* (1998); *Muslime im säkularen Rechtsstaat. Integrationschancen durch Religionsfreiheit* (2003); *Menschenrechte in der Einwanderungsgesellschaft. Plädoyer für einen aufgeklärten Multikulturalismus* (2007).

PHILIPPE BRUNOZZI, Dr. phil, Studium der Sinologie und Philosophie an den Universitäten Trier und Wuhan (VR China). Promotion 2009 in Trier. Seit 2009 wissenschaftlicher Mitarbeiter an der Universität Kassel. Forschungsschwerpunkte: Ethik der Globalisierung, politische Philosophie, Moralphilosophie, chinesische Philosophie. Veröffentlichungen u.a.: *Vollzug und Geschehen* (2011).

SARHAN DHOUIB, Dr. phil., Studium der Philosophie an den Universitäten Sfax (Tunesien) und Paris 1 – Sorbonne. 2004-2008 DAAD-Promotionsstipendiat an der Universität Bremen; 2008-2009 Wissenschaftlicher Mitarbeiter am Georg-Eckert-Institut für Internationale Schulbuchforschung in Braunschweig. Seit Januar 2010 Wissenschaftlicher Mitarbeiter am Institut für Philosophie an der Universität Kassel. Forschungsschwerpunkte: Kant und der Deutsche Idealismus, Arabisch-islamische Philosophie, Interkulturelle Philosophie, Menschenrechtsdiskurse. Veröffentlichungen u.a.: *Arabisch-islamische Philosophie der Gegenwart* (Gasteditor, Concordia. Internationale Zeitschrift für Philosophie/59, 2011), *Système et identité chez F.W.J. Schelling. 1794-1802* (2011), *Wege in der Philo-*

sophie. Geschichte – Wissen – Recht – Transkulturalität (Hg., mit A. Jürgens, 2011).

UDO DI FABIO, Prof. Dr. Dr., 1970-1980 Kommunalverwaltungsbeamter bei der Stadt Dinslaken; 1985-1986 Richter beim Sozialgericht Duisburg; 1987 Promotion Rechtswissenschaften; 1990 Promotion Sozialwissenschaften; 1993 Habilitation an der Universität Bonn; 1993-2003 Professor an den Universitäten Münster, Trier, München; seit 2003 an der Universität Bonn; seit 1999 Richter des Bundesverfassungsgerichts; Mitglied der Nordrhein-Westfälischen Akademie der Wissenschaften. Veröffentlichungen u.a.: *Wachsende Wirtschaft und steuernder Staat* (2010); *Gewissen, Glaube, Religion* (^{2}2009); *Die Kultur der Freiheit* (2005); *Die Staatsrechtslehre und der Staat* (2003); *Das Recht offener Staaten. Grundlinien einer Staats- und Rechtstheorie* (1998); *Risikoentscheidungen im Rechtsstaat* (1994).

MATTHIAS KAUFMANN, Prof. Dr., Studium der Mathematik (Diplom 1980), der Philosophie und der Politischen Wissenschaft in Erlangen und Osnabrück/Vechta. Promotion in Philosophie 1986 in Erlangen. 1988 Heinz-Maier-Leibnitz-Preis. Habilitation 1992 in Erlangen. Seit 1995 Prof. für Philosophie in Halle. Seit 2008 Sprecher der *Graduate School Society and Culture in Motion* in Halle. Seit 2009 Mitglied der Accademia di Scienze morali e politiche der Società Nazionale di Scienze, Lettere e Arti in Napoli. Forschungsschwerpunkte: Sprachphilosophie, politische Philosophie, Rechtsphilosophie. Veröffentlichungen u.a. *Politische Metaphysik. Die Entstehung moderner Rechtskonzeptionen in der Spanischen Scholastik* (Hg. mit R.Schnepf, 2007), *Diritti umani* (2009).

GEORG MOHR, Prof. Dr., Studium der Philosophie, ev. Theologie und Erziehungswissenschaft an den Universitäten Bonn, Genf und Neuchâtel. 1989 Promotion an der Université de Neuchâtel, 1994 Habilitation an der Universität Münster. 1995-1997 Gastprof. für Philosophie und Pädagogik an der Humboldt-Universität Berlin; seit 1997/98 Prof. für Philosophie mit Schwerpunkt Praktische Philosophie an der Universität Bremen. Forschungsschwerpunkte: Rechtsphilosophie, Moralphilosophie/Ethik, Musikphilosophie, Immanuel Kant. Veröffentlichungen u.a.: *Kants Grundlegung der kritischen Philosophie* (2004), *Subjektivität und Anerkennung* (Hg. mit B. Merker u. M. Quante, 2004), *German Idealism. An Anthology and Guide* (Hg. mit B. O'Connor, 2006), *Menschsein – On Being Human. Deutsche und koreanische Studien* (Hg. mit Hong-Bin Lim, 2011).

GREGOR PAUL, Prof. Dr., Studium der Philosophie, Mathematik und Germanistik an den Universitäten Tübingen, Heidelberg und Mannheim. Wissenschaftl. Staatsexamina 1970/71. Päd. Staatsexamen 1973/74. Promotion 1976 in Mannheim; Habilitation 1982 in Karlsruhe. 1971 bis 1979 Gymnasiallehrer in Mannheim und Karlsruhe. 1978 OStR. Mit Unterbrechungen 1979 bis 1993, 2005/2006 Lektor oder Gastprofessor in Japan. Außerdem Gastprofessuren, Lehr- und Studienaufenthalte in Hongkong und Taiwan. Seit 1993 apl. Prof. für Philosophie in Karlsruhe und Wiss. Berater eines japanischen Kulturzentrums. Seit 1998 Präsident der Deutschen China-Gesellschaft. Hauptsächliche Interessen: Epistemologie und Wissenschaftsphilosophie, Logik, Ästhetik, Philosophie der Menschenrechte, Interkulturelle Philosophie. Veröffentlichungen u.a.: *Mythos, Philosophie und Rationalität* (1988), *Philosophie in Japan* (1993), *Interkulturelle Philosophie* (2008), *Konfuzius und Konfuzianismus* (2010).

HANS JÖRG SANDKÜHLER, Prof. Dr., Studium der Philosophie und Rechtswissenschaft an den Universitäten Innsbruck, Münster und Paris (Sorbonne). Promotion 1967 in Münster; Habilitation 1971 in Gießen. 1971-1974 Prof. für Philosophie am Zentrum für Philosophie und Grundlagen der Wissenschaft der Universität Giessen; 1974-2005 Prof. für Philosophie in Bremen. 1989-2002 Sprecher des interdisziplinären Forschungszentrums Zentrum Philosophische Grundlagen der Wissenschaften an der Universität Bremen. 2003-2010 Leiter der Deutschen Abteilung ›Menschenrechte und Kulturen‹ des europäischen UNESCO-Lehrstuhls für Philosophie (Paris). Forschungsschwerpunkte: Epistemologie und Wissenschaftsphilosophie, Rechts- und Staatstheorie. Veröffentlichungen u.a.: *Menschenwürde. Philosophische, theologische und juristische Analysen* (Hg., 2007), *Menschenrechte in die Zukunft denken. 60 Jahre Allgemeine Erklärung der Menschenrechte* (Hg., 2009), *Enzyklopädie Philosophie* (Hg., 2. Aufl. in 3 Bdn., 2010).

THOMAS SUKOPP, Dr. phil., Studium der Chemie, Geschichte und Philosophie an der TU Braunschweig. Von 2003-2005 wiss. Mitarbeiter am Seminar für Philosophie der TU Braunschweig. Promotion 2006 in Braunschweig. Von 2007-2008 wiss. Mitarbeiter/Lehrkraft für besondere Aufgaben an der Universität Bamberg. Seit 2009 wiss. Assistent an der Universität Augsburg und wiss. Mitarbeiter an der TU Braunschweig. Forschungsschwerpunkte: Zeitgenössische Erkenntnis- und Wissenschaftstheorie, Philosophie der Menschenrechte, interkulturelle Philosophie. Veröffentlichungen u.a.: *Naturalismus: Kritik und Verteidigung erkenntnistheoretischer Positionen* (2006). *Artikel ›Kulturrelativismus‹* (in: H.J. Sandkühler (Hg.). Enzyklopädie Philosophie, 2010). *Interdisziplinarität: Theorie, Praxis, Probleme* (Hg. zusammen mit Michael Jungert, Elsa Romfeld und Uwe Voigt, 2010).

RAINER TETZLAFF, Prof. Dr., Studium der Germanistik, Geschichte und Politikwissenschaft an den Universitäten Bonn und Berlin (West). Promotion 1968 am Friedrich-Meinecke-Institut der Freien Universität in Berlin im Fach Geschichte;

Habilitation 1977 im Fach Politische Wissenschaft am Otto-Suhr-Institut der Freien Universität Berlin. 1968-1974 Assistenz-Professor an der FU Berlin. Von April 1974 bis März 2006 Professor für Politische Wissenschaft an der Universität der Freien und Hansestadt Hamburg. Sommersemester 2006 Otto-von-Freising-Gastprofessur an der Katholischen Universität Eichstätt. Seit 2008 Wisdom Professor of African and Development Studies an der Jacobs University Bremen. Forschungsaufenthalte in Ghana, Kamerun, Südafrika, Namibia, Sambia, Tansania, Kenia, Sudan und Äthiopien sowie bei Weltbank, IWF und UNO in den USA. Forschungsschwerpunkte: Politische und wirtschaftliche Entwicklung afrikanischer Staaten; Verschuldung der Dritten Welt, Demokratisierungsprozesse in Entwicklungsländern; Entwicklungspolitik der Weltbank; kulturelle Globalisierung. Veröffentlichungen u. a. *Weltkulturen unter Globalisierungsdruck. Erfahrungen und Antworten aus den Kontinenten*, (Hg., 2000); *Das nachkoloniale Afrika. Politik – Wirtschaft – Gesellschaft*. Lehrbuch. Grundwissen Politik. (zus. mit C. Jakobeit, 2005); *Afrika in der Globalisierungsfalle* (2008); *Wachsende Religiosität als Antwort auf Globalisierung* (in: W. Weisse/ H.M. Gutmann (Hg.), *Religiöse Differenz als Chance*, 2010, 250-269).

FATHI TRIKI, Prof. Dr., Studium der Philosophie in Tunis; 1986 Doctorat d'Etat in Philosophie an der Université de Paris I-Sorbonne; seit 1986 Prof. für Philosophie an der Université de Tunis, Faculté des Sciences Humaines et Sociales; 1990-1996 Dekan der Faculté des Lettres et Sciences Humaines an der Universität Sfax; seit 1997 Inhaber des UNESCO-Lehrstuhls für Philosophie für die arabische Welt; seit 2002 Mitglied des Réseau de Recherche en Philosophie de l'AUF ›L'état de droit saisi par la philosophie‹; 2003 Gastprof. an der Université de Paris 8; seit 2003 Leiter des Projekts ›L'étranger saisi par la philosophie‹. Forschungsschwerpunkte: Arabische Philosophie, Politische Philosophie, Philosophie des Zusammenlebens und der Transkulturalität. Veröffentlichungen u.a. (Hg. mit J. Poulain und/oder H.J. Sandkühler): *Die Aufgaben der Philosophie in der transkulturellen Welt. La tâche de la philosophie dans le monde tranculturel* (2002); *Der Fremde und die Gerechtigkeit. L'étranger et la justice* (2003); *L'agir philosophique dans le dialogue interculturel* (2006); *Menschheit – Humanität – Menschlichkeit. Transkulturelle Perspektiven* (2009); *Pour une démocratie transculturelle* (2010); *Demokratische Ethik und Politik im Islam. Arabische Studien zur transkulturellen Philosophie des Zusammenlebens*. Aus d. Franz. übers. u. hg. v. H.J. Sandkühler (2011).

Personenregister

PHILOSOPHIE UND TRANSKULTURALITÄT
PHILOSOPHIE ET TRANSCULTURALITÉ

Herausgegeben von
Sous la direction de
Jacques Poulain (Paris), Hans Jörg Sandkühler (Bremen/Brême), Fathi Triki (Tunis)

Im Mittelpunkt der von den *UNESCO-Lehrstühlen für Philosophie* an den Universitäten Tunis (Fathi Triki) und Paris (Jacques Poulain) sowie der Deutschen Abteilung «Menschenrechte und Kulturen» des Pariser Lehrstuhls (Hans Jörg Sandkühler) herausgegebenen Reihe stehen Fragen der Praktischen Philosophie, des transkulturellen Dialogs und des humanen Zusammen-Lebens sowie epistemologische Beiträge zur Reflexion über die Wissenschaften, über Ethik, Politik und Recht und über Ästhetik in dem durch die UNESCO definierten Rahmen. Die philosophische Arbeit des Begriffs, die Erneuerung der Ideen und das Infragestellen der Weltbilder tragen zur besseren Meisterung der Weltprobleme bei. Die Philosophie leistet durch die Analyse der Lebensweisen und durch die Begründung eines neuen Universalismus, der die Differenzen und Unterschiede ernst nimmt, ihren Beitrag zur Stiftung einer pluralen, für das heutige menschliche Leben offenen Identität.

Au centre de la série, publiée par les *Chaires UNESCO de Philosophie* aux Universités de Tunis I (Fathi Triki) et de Paris (Jacques Poulain) et de la Section allemande «Droits de l´Homme et cultures» de la chaire parisienne (Hans Jörg Sandkühler), figurent les questions de la philosophie pratique qui concernent, d'un côté, le dialogue interculturel et le vivre-ensemble transculturel et, de l'autre, les contributions épistémologiques au développement de la réflexion sur les sciences, la politique et les droits, l'éthique et l'esthétique dans le cadre défini par l'UNESCO. Le travail des notions et des concepts philosophiques, le renouvellement de notre glossaire d'idées et la mise en question de nos visions du monde, nous aident à mieux maîtriser notre monde. Par l'examen attentif des modes de vie, par la fondation d'un nouvel universalisme qui prend au sérieux les différences et les diversités, la philosophie participe à édifier une identité plurielle ouverte à l'homme contemporain.

Bd./Vol. 1 Hans Jörg Sandkühler / Fathi Triki (Hrsg./éd.): Die Aufgaben der Philosophie in der transkulturellen Welt / La tâche de la philosophie dans le monde transculturel. 2002.

Bd./Vol. 2 Hans Jörg Sandkühler / Fathi Triki (Hrsg./éd.): Der Fremde und die Gerechtigkeit / L'étranger et la justice. 2003.

Bd./Vol. 3 Hans Jörg Sandkühler / Fathi Triki (Hrsg./éd.): Gewalt und Recht in transkultureller Perspektive / Violence et droits dans une perspective transculturelle. 2004.

Bd. 4 Jacques Poulain / Hans Jörg Sandkühler / Fathi Triki (Hrsg.): Menschheit – Humanität – Menschlichkeit. Transkulturelle Perspektiven. 2009.

Vol. 5 Jacques Poulain / Hans Jörg Sandkühler / Fathi Triki (éd.): Les figures de l'humanité. Perspectives transculturelles. 2009.

Vol. 6 Anthony Onyemachi Agwuele: Rorty's Deconstruction of Philosophy and the Challenge of African Philosophy. 2009.

Vol. 7 Jacques Poulain / Hans Jörg Sandkühler / Fathi Triki (éd.): La dignité humaine. Perspectives transculturelles. 2009.

Vol. 8 Cyrille B. Koné: De la réconciliation terrestre. Essai sur la citoyenneté réhabilitée. 2010.

Vol. 9 Jacques Poulain / Hans Jörg Sandkühler / Fathi Triki (éds.): Justice, Droit et Justification. Perspectives transculturelles. 2010.

Bd. 10 Jacques Poulain / Hans Jörg Sandkühler / Fathi Triki (Hrsg.): Gerechtigkeit, Recht und Rechtfertigung in transkultureller Perspektive. 2010.

Vol. 11 Cyrille B. Koné (éd.): Méditation et gestion des conflits. Essais sur les fins et les moyens pacifiques de sortie de crise. 2011.

Bd. 12 Hong-Bin Lim / Georg Mohr (Hrsg./eds.): Menschsein. On Being Human. Deutsche und koreanische Studien zu Epistemologie, Anthropologie, Ethik und Politischer Philosophie. German and Korean Studies in Epistemology, Anthropology, Ethics and Political Philosophy. 2011.

Bd. 13 Hans Jörg Sandkühler (Hrsg.): Recht und Kultur. Menschenrechte und Rechtskulturen in transkultureller Perspektive. 2011.

www.peterlang.de